SOMMAIRE

GÉOPOLITIQUE

PARTIE 1

POLITIQUE FRANÇAISE ET EUROPÉENNE

PARTIE 2

ÉCONOMIE, ENTREPRISES ET MONDE DU TRAVAIL

PARTIE 3

SOCIÉTÉ

PARTIE 4

CULTURE ET SPORT

PARTIE 5

SCIENCES ET ENVIRONNEMENT

PARTIE 6

PARTIE 7

CLASSEMENTS INCONTOURNABLES EN 2021

PARTIE 1

GÉOPOLITIQUE

La victoire des talibans : État stabilisé ou risque géopolitique ?

par Jérôme Calauzènes

Le 15 août 2021, le président d'Afghanistan, Ashraf Ghani, a fui le pays et les talibans ont progressivement pris plusieurs villes et notamment la capitale, Kaboul. Les offensives ont été menées suite à la décision confirmée par Joe Biden de retirer les troupes américaines au 31 août 2021, après vingt ans de guerre.

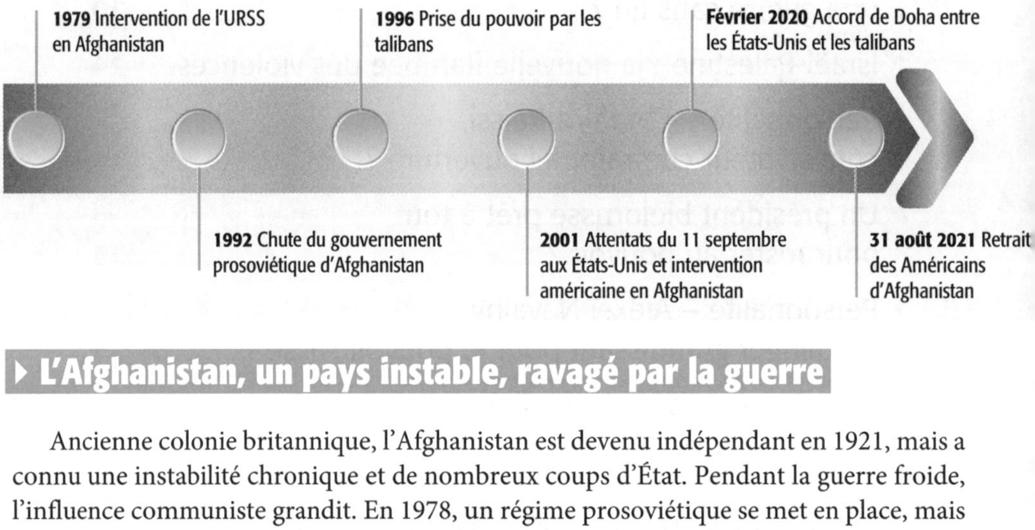

L'Afghanistan, un pays instable, ravagé par la guerre

Ancienne colonie britannique, l'Afghanistan est devenu indépendant en 1921, mais a connu une instabilité chronique et de nombreux coups d'État. Pendant la guerre froide, l'influence communiste grandit. En 1978, un régime prosoviétique se met en place, mais il est rapidement mis en difficulté car les réformes menées heurtent les coutumes du pays. À la suite d'un nouveau coup d'État, l'URSS décide d'envahir le pays en décembre 1979 afin de pérenniser son influence dans la zone.

Une résistance s'organise autour des moudjahidines (les « guerriers saints »), qui revendiquent leur appartenance à l'islam. Ils constituent différents groupes, mais le plus connu est celui du commandant Massoud. La guerre est finalement gagnée par les rebelles, les troupes soviétiques quittent progressivement le pays. L'aide de l'URSS s'amenuise d'année en année jusqu'à s'arrêter en 1989, date du début de l'implosion du bloc de l'Est. Le Pakistan voisin contribue également à attaquer le régime prosoviétique, et les États occidentaux soutiennent la résistance (notamment les États-Unis).

Le régime prosoviétique tombe finalement en 1992 et l'État islamique d'Afghanistan est proclamé. Les rivalités entre les anciens alliés s'exacerbent pourtant et, en 1994, une nouvelle force apparaît, les talibans, un groupe d'étudiants en théologie, essentiellement de l'ethnie pachtoune. Ils prennent finalement Kaboul en 1996. Seul Massoud, à la tête de l'Alliance du Nord, tente de s'opposer à eux. Le pays est renommé Émirat islamique d'Afghanistan, dirigé par le mollah Omar qui s'autoproclame commandeur des croyants. Soutenus par le Pakistan qui voit d'un bon œil la stabilité de son voisin, les talibans restaurent la paix et imposent un régime politique islamique, fondé sur une interprétation stricte de la charia.

Les pays occidentaux prennent leurs distances avec ce régime qui offre des camps d'entraînement à Al-Qaïda et qui dynamite, en 2001, les statues de Bouddha de Bamiyan, vestiges archéologiques d'une valeur historique universelle… En 2001, suite aux attentats du 11 septembre, les États-Unis décident d'intervenir dans le pays en octobre afin d'en chasser les talibans. C'est chose faite en novembre, mais les talibans organisent une résistance farouche, avec le soutien du Pakistan voisin.

Les États-Unis ne parviennent pas à stabiliser ni à démocratiser le pays malgré la mise en place d'une nouvelle Constitution en 2003 et d'élections en 2004 (où Hamid Karzai est désigné Président). Après l'assassinat de Ben Laden en 2011, ils songent progressivement à se désengager.

Les raisons du retrait américain et de la victoire rapide des talibans

Les États-Unis de Trump ont finalement négocié l'accord de Doha en février 2020 : retrait complet des troupes étrangères, en échange de garanties de sécurité et d'un engagement des talibans à discuter avec le gouvernement régulier de Kaboul, et notamment le président Ghani. Lors de son arrivée au pouvoir, Joe Biden n'avait pas vraiment la possibilité de revenir sur cette décision, et l'engagement a été pris de retirer les troupes américaines avant le 31 août 2021. Les États-Unis ont connu la guerre la plus longue de leur histoire, qui leur a coûté près de 1 000 milliards de dollars sans voir de perspective de réelle stabilisation.

Cet échec américain est dû au fait que l'Afghanistan a toujours été un pays rentier qui vit encore, outre du narcotrafic, de l'argent donné par d'autres puissances : le Royaume-Uni pour lutter contre l'influence russe à l'époque de la colonisation, l'URSS et les États-Unis dans le cadre de la guerre froide. Après 2001, Washington a poursuivi en ce sens ce qui n'a pas permis de développer le pays (or, cela aurait pu gagner une partie de la population à la cause occidentale). Les États-Unis ne se sont pas non plus suffisamment appuyés sur le Pakistan (jamais considéré comme un véritable allié car il jouait un double jeu) ni sur l'Iran, tous deux voisins. Enfin, l'Irak semblait être une priorité sur l'Afghanistan.

Les talibans ont, quant à eux, rapidement vaincu une armée afghane dont les observateurs avaient largement surévalué les effectifs pour recevoir plus de subsides américains. Celle-ci était également corrompue et démoralisée. De nombreux chefs locaux et seigneurs de guerre se sont rapidement ralliés aux talibans tandis que le gouvernement mis en place par les Américains était discrédité (échec en termes de stabilisation, manque de légitimité, corruption).

▸ Les incertitudes sur le nouvel État afghan et sur l'avenir de la région

Il faut d'abord souligner les divisions au sein du mouvement des talibans, principalement entre les modérés et les radicaux. Ces forces centrifuges se doublent d'oppositions ethniques (Pachtounes majoritaires, Baloutches, Hazaras, Ismaéliens, Kirghizes, Turkmènes...). Mais pour Olivier Roy, spécialiste de l'islam et de l'Afghanistan, les talibans ont toujours réussi à surmonter leurs divergences, à tel point qu'un consensus a été trouvé autour de Mohammad Hassan Akhund, nommé à la tête de l'État afghan.

Les divisions ethniques en Afghanistan, facteur d'instabilité

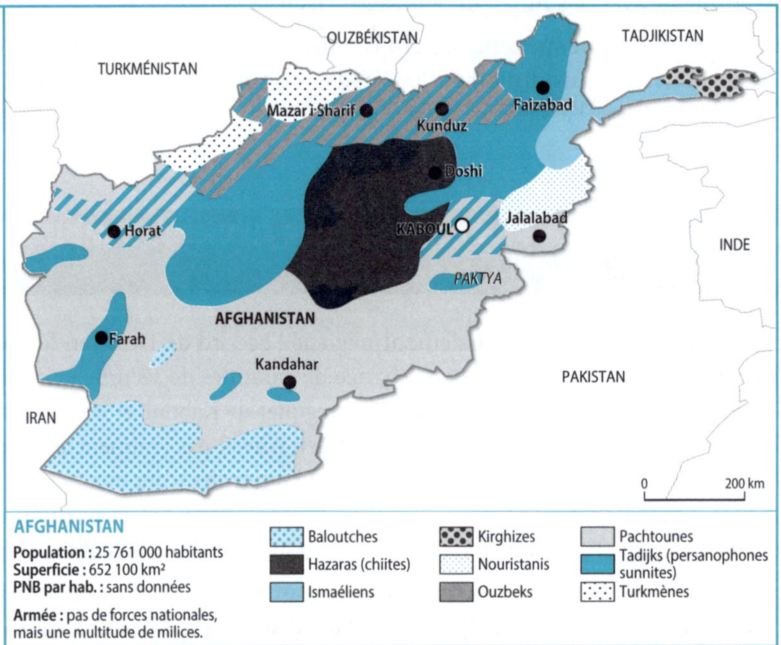

Source : *Le Monde*, 2001

Le nouveau régime va mettre en place une application stricte de la charia, malgré sa volonté de donner une image « acceptable ». Un ministère pour la Promotion de la vertu et la Répression du vice a été créé en 2021. Les femmes et les minorités comme les Hazaras, presque tous chiites, risquent d'être les premières victimes des talibans.

La menace terroriste fait aussi peser beaucoup d'incertitudes sur le nouvel État afghan. L'État islamique au Khorassan, branche de Daech, a commis le 26 août 2021 à l'aéroport de Kaboul un attentat qui a fait plus de 180 morts, pour dénoncer l'accord de Doha et s'opposer au fait que les talibans aient négocié avec les Américains. Force est donc de constater que, si les talibans restent les alliés d'Al-Qaïda (cette organisation faisant planer le risque de création d'un foyer du terrorisme international en Afghanistan), l'État islamique cherche à s'opposer à eux.

Enfin, sur un plan économique, les talibans seront-ils à même de développer un pays dont l'économie repose essentiellement sur l'agriculture et qui produit surtout, de façon illégale, du pavot pour alimenter les réseaux de drogue (il est le principal producteur d'opium au monde) ? Et s'il dispose de nombreuses réserves de matières premières (cuivre, fer, mercure, cobalt, lithium et « terres rares »), à peu près aucune mine n'est exploitée en raison de l'insécurité et de l'absence d'investissements.

L'économie de l'opium en Afghanistan

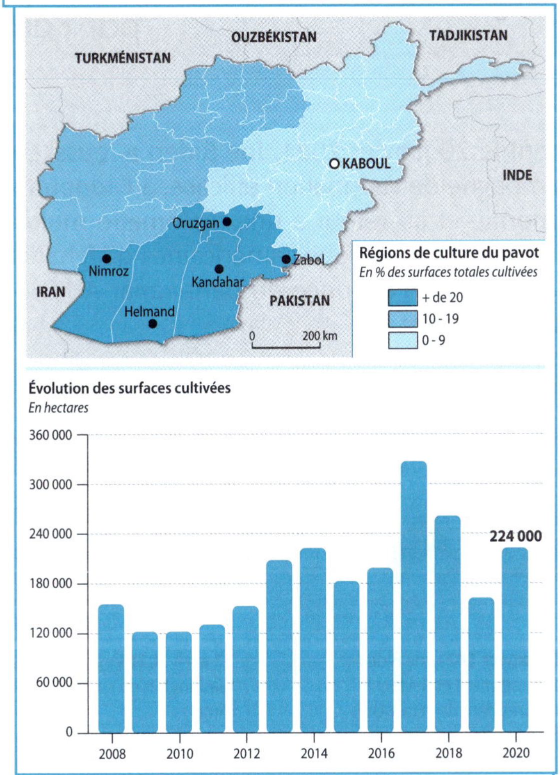

Source : AFP.

C'est là peut-être que la pression de la communauté internationale peut jouer et tenter d'infléchir la politique des talibans. Mais elle semble très divisée puisque la Chine et la Russie ont décidé de maintenir leur ambassade à Kaboul, montrant par là qu'elles sont prêtes à dialoguer avec le nouveau régime.

Mise en perspective

Beaucoup s'interrogent sur un retour de l'isolationnisme américain. Cela pourrait laisser espérer à la Chine ou à la Russie la possibilité d'annexer des territoires (Taïwan…).

Le début de mandat de Joe Biden : une réussite entachée par l'échec en Afghanistan ?

par Pablo Ahumada

Investi officiellement le 20 janvier 2021, Joe Biden a réussi son début de mandat grâce à une campagne de vaccination efficace, à l'adoption d'un plan massif de soutien à l'économie et au retour à une diplomatie multilatérale. Toutefois, les conséquences du retrait des troupes américaines d'Afghanistan, la gestion de l'immigration et la forme de l'annonce du partenariat AUKUS pourraient entacher durablement son mandat.

Un début de mandat essentiellement consacré à la crise sanitaire et économique

Dès son investiture, la priorité affichée de Joe Biden a été d'organiser une réponse forte à la crise sanitaire, par contraste avec son prédécesseur Donald Trump, pour qui la Covid-19 ne représentait pas un risque sérieux. Cette priorité s'est déclinée en deux volets, avec comme premier volet l'organisation de la campagne de vaccination menée avec un certain succès. Ainsi, plus de 200 millions de doses ont pu être administrées en moins de cent jours, bien au-delà des 100 millions que Biden avait fixés lors de sa campagne.

Le deuxième volet de la réponse à la crise sanitaire visait à répondre aux conséquences économiques de la pandémie. Sur cet aspect, également, le début du mandat de Joe Biden peut être qualifié de succès, puisqu'un plan de soutien à l'économie (*American Rescue Plan)* d'une valeur de 1 900 milliards de dollars a été adopté dès le 11 mars 2021. Ce plan de soutien prévoit, par exemple, le versement de chèques de 1 400 dollars aux Américains dont les revenus imposables sont inférieurs à 75 000 dollars par an ou la prolongation d'une allocation-chômage hebdomadaire de 300 dollars versée par l'État fédéral.

Ce plan de soutien doit ultérieurement être complété par un plan massif de relance de l'économie, dont l'ampleur représente un tournant majeur quant au rôle de l'État (traditionnellement peu interventionniste) dans l'économie aux États-Unis. Articulé également autour de deux volets, ce plan de relance devrait s'élever à un montant total de 4 000 milliards de dollars. Le premier volet, d'un montant de 1 000 milliards de dollars, relatif aux infrastructures « physiques » a été adopté le 10 août 2021. Un deuxième volet (montant prévisionnel de 3 500 milliards de dollars) concernant les infrastructures « humaines » (financement des familles, de l'assurance maladie ou de l'école maternelle) doit le compléter ultérieurement.

En somme, en ayant adopté 42 décrets exécutifs en cent jours, visant essentiellement à apporter une réponse forte à la crise sanitaire et économique engendrée par la pandémie de Covid-19, Joe Biden a réussi les débuts de son mandat sur le plan de la politique intérieure.

Le plan de relance américain

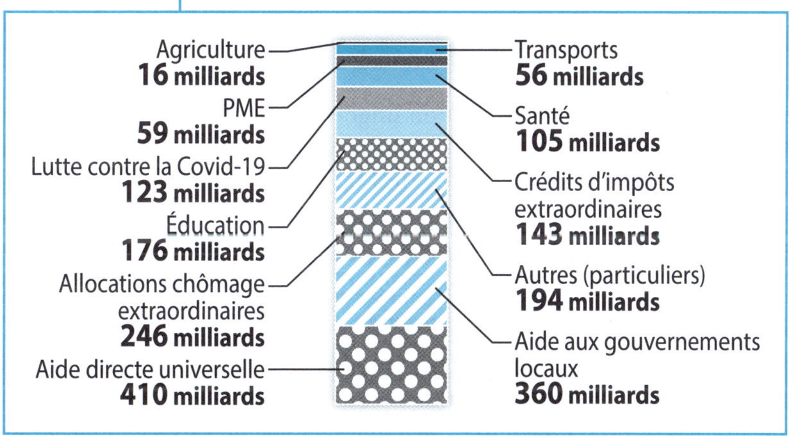

▸ Le retour à une diplomatie multilatérale et la poursuite du pivot vers l'Asie

Lors de son discours du 4 février 2021 prononcé depuis le département d'État américain, Biden avait notamment affirmé le « *retour de la diplomatie au cœur de la politique étrangère américaine* ». Marquant ainsi une rupture avec son prédécesseur, il a dès le début de son mandat souhaité consacrer le retour à une diplomatie traditionnelle, reposant sur le multilatéralisme et les alliances traditionnelles américaines. Concrètement, les États-Unis ont signifié leur retour dans l'accord de Paris sur le climat, au Conseil des droits de l'homme et à l'Organisation mondiale de la Santé. L'organisation d'un sommet sur le climat, le 22 avril 2021 à Washington, illustre cette volonté de redevenir un acteur diplomatique central. L'administration Biden a également annoncé vouloir revenir au sein de l'accord sur le nucléaire iranien (JCPoA) en contrepartie d'un retour de l'Iran à ses propres obligations. Si elles n'ont pas encore abouti, des négociations se sont tenues au printemps et à l'été 2021 à Vienne dans cet objectif.

La diplomatie américaine s'est également attachée à rétablir ses alliances traditionnelles, en particulier en Europe et en Asie. Joe Biden a ainsi participé au sommet du G7 à Londres en mai 2021 et à des sommets de l'OTAN et avec l'Union européenne en juin 2021. Mais c'est surtout l'Asie qui a constitué la priorité de la diplomatie américaine au début de ce mandat. Inquiètes de l'émergence et de la rivalité de la Chine, les autorités américaines ont réservé leurs premières visites officielles à l'Asie. Le président Biden a ainsi participé à un Sommet virtuel du Quad (États-Unis, Australie, Inde, Japon) en mars 2021, puis reçu le Premier ministre japonais Yoshihide Suga à Washington en avril et le président de la République de Corée du Sud Moon Jae-in en mai. Pour sa part, Anthony Blinken, secrétaire d'État américain, avait effectué son premier déplacement à l'étranger en Asie (Japon, Corée du Sud et Inde). L'Indopacifique apparaît donc comme la priorité de la politique étrangère américaine en ce début de mandat, essentiellement dans l'objectif de contrecarrer l'influence de la Chine. En témoigne notamment le nouveau partenariat officialisé le 15 septembre 2021 avec le Royaume-Uni et l'Australie.

▸ Plusieurs crises pourraient cependant entacher le mandat de Joe Biden

La première crise concerne la question migratoire à la frontière sud des États-Unis. Rien que pour le mois de février 2021, plus de 100 000 personnes auraient tenté d'entrer aux États-Unis par la frontière avec le Mexique et 10 000 enfants et adolescents sans papiers auraient été recensés. L'opposition républicaine a estimé que le projet de réforme de l'immigration, annoncé par le président Biden, prévoyant notamment le gel de la construction du mur à la frontière mexicaine et la régularisation de 11 millions de sans-papiers, aurait créé un afflux de migrants.

De plus, les conséquences du retrait des troupes américaines d'Afghanistan pourraient entacher durablement le bilan du début de mandat de Joe Biden. En avançant la date du retrait militaire américain d'Afghanistan au 4 juillet au lieu du 11 septembre, les États-Unis ont ouvert la voie à la reconquête du pouvoir par les talibans. De fait, le 15 août, la capitale Kaboul était de nouveau contrôlée par les talibans. L'administration Biden a été fortement critiquée pour son impréparation et pour n'avoir pas anticipé la possibilité d'une reprise en main aussi rapide du pays par les talibans. Les critiques se sont amplifiées après les attentats à l'aéroport de Kaboul le 26 août, faisant 182 morts, dont 13 militaires américains. Qui plus est, les États-Unis ont dû renvoyer des soldats en Afghanistan afin de sécuriser l'aéroport et de pouvoir organiser l'évacuation de leurs ressortissants et d'Afghans sous la menace des talibans.

Enfin, l'annonce, le 15 septembre, du partenariat AUKUS (acronyme de Australia, United Kingdom, United States) risque de ternir l'image de « renouveau » que laissait augurer l'élection de Joe Biden. Cette alliance militaire, dont l'objectif sera de fournir à l'Australie huit sous-marins à propulsion nucléaire de conception américaine, s'est créée au prix de la rupture soudaine du contrat qui liait la France et l'Australie pour la livraison de douze sous-marins conventionnels. La manière dont cette annonce a été rendue publique, sans aucune consultation en amont de la France, pourtant État allié, a conduit le ministre des Affaires étrangères français à dénoncer la méthode Biden, similaire à celle de Trump « *sans les tweets* ».

Évolution de la cote de popularité de Joe Biden entre le début de son mandat et septembre 2021

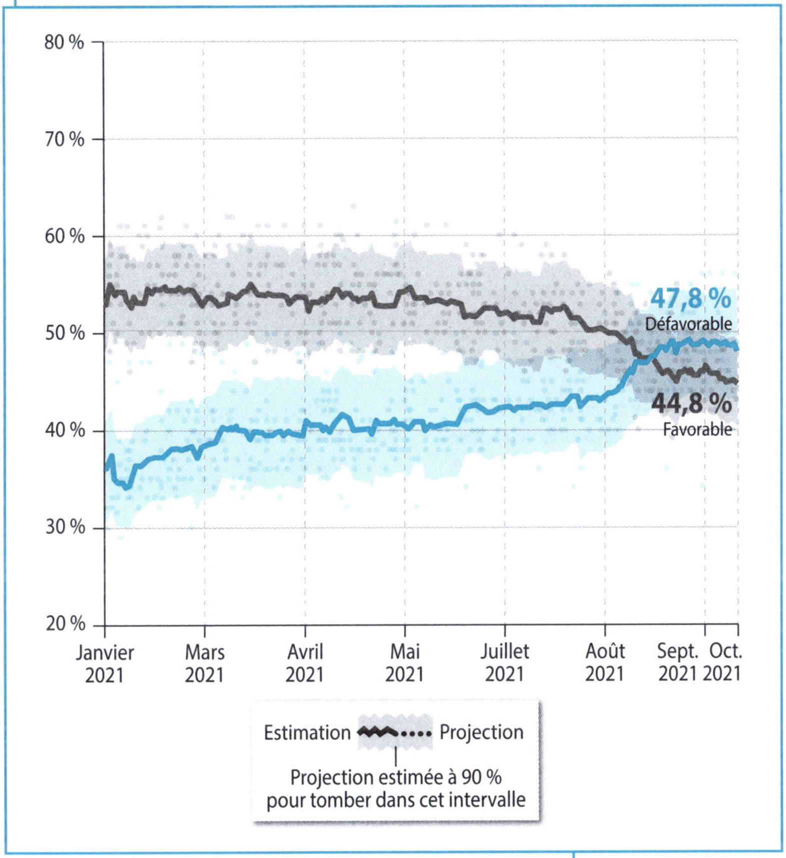

Source : projet FiveThirtyEight.

Mise en perspective

Joe Biden pourrait perdre son étroite majorité au Congrès lors des élections de mi-mandat prévues le 8 novembre 2022. Traditionnellement, ces élections sont défavorables au parti du président de la République au pouvoir.

Birmanie : un énième recul politique ?

par Paul Muthelet

Le 1er février 2021, un coup d'État renverse le président birman Win Myint et la célèbre chef du gouvernement Aung San Suu Kyi. Le pays replonge dans une période de dictature militaire et de répressions que les Birmans espéraient finie avec la transition démocratique en cours depuis 2010. Cette situation cause une indignation nationale, avec de nombreuses manifestations locales, mais aussi internationales.

1962 Coup d'État du chef militaire Ne Win, dictature militaire marxiste et déclin économique du pays

1988 Création de la Ligue nationale pour la démocratie (LND) par Aung San Suu Kyi

2015 La LND remporte les élections législatives

2020 Réélection de la LND aux élections législatives : nouveau mandat de chef du gouvernement pour Aung San Suu Kyi

1er février 2021 Coup d'État du commandant en chef de l'armée Min Aung Hlaing

Depuis février 2020 Violente répression de l'armée contre les manifestants demandant le retour à la démocratie

D'anciennes tensions politiques birmanes cristallisées par l'élection de 2020

Depuis le milieu du xxe siècle et les occupations successives par le Royaume-Uni et le Japon, l'histoire politique birmane est marquée par l'instabilité. Dès 1962, un coup d'État place le général Ne Win et sa junte militaire à la tête du pays. La soudaine autarcie de la Birmanie provoque un arrêt brutal de son développement économique. Alors que le pays était en 1939 le plus grand exportateur de riz au monde, qu'il avait une économie prometteuse et les meilleures universités d'Asie du Sud-Est, l'ONU le classe en 1987 parmi les pays les moins avancés. Malgré le départ de Ne Win en 1988, la dictature militaire se perpétue et entérine le déclin économique birman. C'est dans ce contexte qu'Aung San Suu Kyi, fille du très populaire leader indépendantiste Aung San, crée la Ligue nationale pour la démocratie (LND) qui s'oppose frontalement à la junte militaire. Elle est alors arrêtée en 1989 et placée en résidence surveillée pendant six ans. Aung San Suu Kyi reçoit le prix Nobel de la paix en 1991 et devient une figure mondiale de la lutte contre l'oppression. Elle est libérée en 1995, mais il lui est interdit de quitter Rangoun.

En 2010, la junte militaire met en place des élections largement contestées par la LND qui les qualifie de mascarade. Cependant, Thein Sein, élu président de la République, dissout la junte et met en place le premier gouvernement civil depuis 1962. Ce gouvernement donne des signes d'ouverture et de libéralisation, rétablissant le droit de grève, de se syndiquer et de manifester. La censure de la presse et l'accès à Internet sont assouplis, et une Commission nationale sur les droits de l'homme est créée. Aung San Suu Kyi, libérée depuis 2010, voit son parti remporter les élections législatives de 2015, et elle commence à préparer une transition démocratique pour son pays en y faisant notamment office de Premier ministre. En novembre 2020, la LND remporte une nouvelle fois les élections législatives face au PUSD (parti de l'union, de la solidarité et du développement) nationaliste et au parti des militaires. Win Myint, membre de la LND proche d'Aung San Suu Kyi, devient président tandis que cette dernière conserve ses fonctions de conseillère spéciale et chef du gouvernement. L'élan démocratique birman semble se confirmer, mais les tensions se creusent lorsque les forces armées contestent leur défaite et parlent de fraude électorale massive. Les vétérans de l'armée birmane n'ont jamais digéré la perte de la toute-puissance de la junte et savent que le deuxième mandat de la LND sera synonyme d'un nouvel affaiblissement politique de l'armée.

▸ Le coup d'État militaire de février 2021

Le 26 janvier 2021, Min Aung Hlaing demande une vérification des listes et un nouveau décompte des voix. Min Aung Hlaing est commandant en chef des forces armées birmanes depuis 2011 et est de fait l'un des principaux acteurs de la répression de l'armée birmane contre les Rohingyas. Son deuxième mandat de cinq ans en tant que commandant en chef devait prendre fin lorsqu'il atteindrait l'âge de la retraite obligatoire de 65 ans, en juillet 2021, ce qui peut expliquer l'urgence de l'enjeu que représente la prise du pouvoir pour lui. Ainsi, face au refus de la commission électorale de recompter les voix, un coup d'État militaire est perpétré le 1er février 2021 par les forces de Min Aung Hlaing, qui devient Premier ministre avec les pleins pouvoirs au motif de « *préserver la stabilité de l'État* », et décrète immédiatement l'état d'urgence pour un an. Win Myint et Aung San Suu Kyi sont arrêtés, et cette dernière assignée à résidence. Elle réagit dans une lettre diffusée sur les réseaux sociaux par son parti et demande à la population de « *réagir et manifester de tout cœur contre le putsch mené par l'armée* ».

Des appels à la grève sont alors lancés sur les réseaux sociaux et d'importantes manifestations éclatent à travers le pays, exigeant la libération des opposants et la fin de la dictature militaire. Les principaux rassemblements ont lieu à Rangoun, la capitale économique, et à Mandalay, la seconde ville du pays. Avec ces mouvements de désobéissance civile, les systèmes de santé et l'économie du pays sont complètement à l'arrêt. Le 9 février 2021, la vaccination contre la Covid-19 est suspendue et la plupart des hôpitaux du pays ont fermé leurs portes, aggravant largement la situation sanitaire. En vertu de l'état d'urgence, l'armée déclare la loi martiale dans plusieurs parties du territoire, interdit les rassemblements de plus de cinq personnes et met en place un couvre-feu. Si le putsch militaire du 1er février s'était déroulé sans effusion de sang, plus de 1 000 pertes civiles et 5 700 arrestations sont attribuées à la seule répression des manifestations selon l'AAPP (Assistance Association for Political Prisoners). Une période de graves restrictions des libertés et de récession économique se profile pour le peuple birman.

Plan visant à remplacer le système démocratique birman par un seul homme, Min Aung Hlaing, avec les pleins pouvoirs

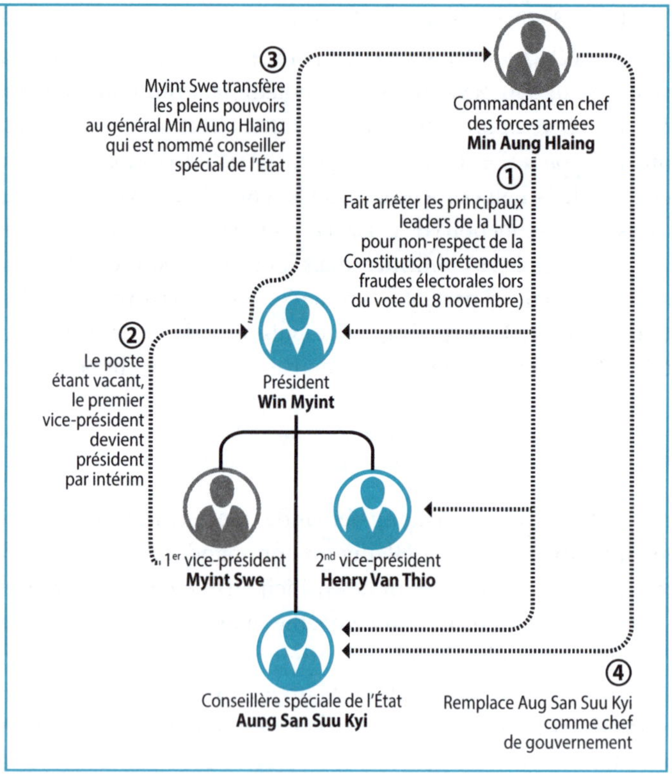

▸ Un événement à portée internationale

Le coup d'État est déploré par la communauté internationale, qui y voit un grave retour en arrière dans un pays qui semblait en voie de démocratisation. Quelques États comme la Russie et la Chine, en vertu de leur principe de souveraineté nationale, ont refusé d'émettre tout commentaire qui serait vu comme une ingérence dans les affaires birmanes. Seuls ces deux pays semblent être enclins à envisager un dialogue avec le nouveau gouvernement, ce qui laisse présager une future dépendance de l'économie birmane envers le géant chinois. Au sein du Conseil de sécurité de l'ONU, la Chine a exercé son droit de veto afin de bloquer une condamnation du coup d'État, mais le Conseil de sécurité a tout de même pu adopter une résolution le 4 février 2021, exigeant la libération immédiate d'Aung San Suu Kyi. Le secrétaire général des Nations Unies, António Guterres, a dénoncé à plusieurs reprises ce coup d'État et « *condamné fermement* » l'arrestation d'Aung San Suu Kyi.

Les États-Unis, qui avaient déjà annoncé des sanctions à l'encontre des militaires, ont condamné « *la violence abominable des forces de sécurité* ». Le président nouvellement élu Joe Biden a déclaré : « *Ceci ne peut être mis en doute : dans une démocratie, la force ne peut être utilisée contre la volonté du peuple.* » De fait, le bilan humain de cet événement est catastrophique. En plus du nombre de morts, l'ONU a dénombré près d'un demi-million de Birmans déplacés suite à ces événements, à l'intérieur même de la Birmanie mais aussi vers l'Inde, la Thaïlande et le Bangladesh. Ces pays ont déjà fait part officiellement de profondes inquiétudes quant à la situation, sachant qu'ils accueillent déjà plus de 750 000 Rohingyas ayant fui la Birmanie depuis 2017.

Carte des principales manifestations contre la junte en Birmanie en 2021

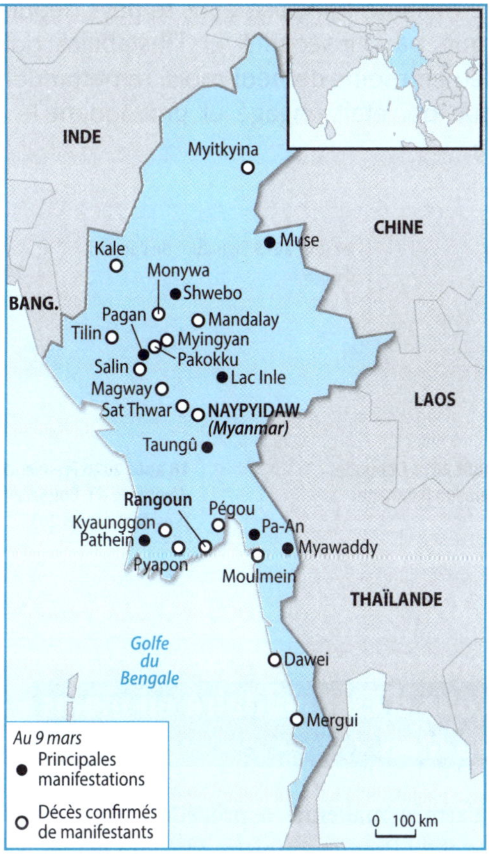

▸ Mise en perspective

La situation politique birmane n'est pas un cas isolé dans la région : la Thaïlande, pays voisin, a également vu ses instances politiques accaparées par une junte militaire qui se maintient depuis le coup d'État de 2014.

Nouveau coup d'État militaire au Mali : une guerre sans fin ?

par Pablo Ahumada

Malgré la présence militaire française dans le pays depuis 2013, le Mali reste profondément marqué par l'insécurité et l'instabilité politique. Deux coups d'État ont ainsi eu lieu en moins de neuf mois, remettant en cause le processus de transition politique qui était engagé et provoquant le retrait progressif de l'opération Barkhane.

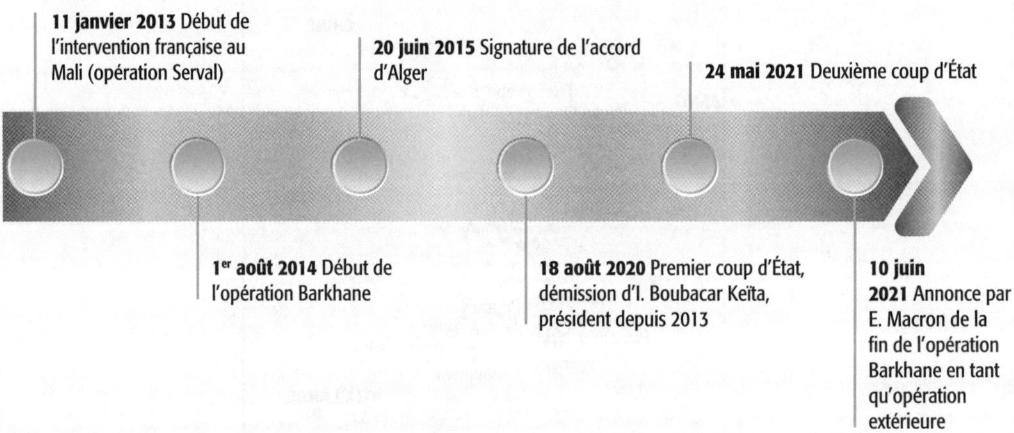

▸ Un deuxième coup d'État militaire en moins de neuf mois au Mali

Le 24 mai 2021, l'armée malienne a procédé à l'arrestation du président de la République Bah N'Daw et du Premier ministre Moctar Ouane, avant de les relâcher et de les contraindre à la démission. À l'issue de ce coup d'État, le colonel Assimi Goïta a été déclaré chef de l'État par la Cour constitutionnelle malienne, pour exercer les fonctions de président de la transition. A. Goïta, ancien commandant des forces spéciales, occupait jusqu'alors les fonctions de vice-président chargé des questions de défense et de sécurité au sein du gouvernement de transition mis en place en août 2020. Ce même mois, A. Goïta avait déjà mené le même groupe de cinq colonels responsables à réaliser un premier coup d'État, conduisant alors le président de la République, Ibrahim Boubacar Keïta, élu en août 2013, à la démission.

Si le premier coup d'État venait conclure des semaines de manifestations contestant les résultats des élections législatives d'avril 2020, autour du « Mouvement du 5 juin-Rassemblement des forces patriotiques » (M5-RFP), le deuxième trouve son origine dans un conflit d'autorité. En effet, afin de réduire l'influence grandissante des militaires au sein du gouvernement de transition et des institutions maliennes, le président de la transition, Bah N'Daw, avait décidé le 14 mai la dissolution du gouvernement. Le 24 mai, la mise à l'écart de proches de A. Goïta dans le nouveau gouvernement a déclenché en réaction un second coup d'État militaire. Les colonels qui occupaient respectivement les fonctions de ministres de la Défense et de la Sécurité, et qui avaient participé, aux côtés de A. Goïta au premier coup d'État, avaient été remplacés par deux généraux réputés éloignés des positions des putschistes, comme en témoigne leur arrestation pendant le coup d'État de 2020.

▸ La transition politique décidée en 2020 pourrait être remise en cause

Après le coup d'État survenu en août 2020, une charte de transition, finalisée le 12 septembre 2020, avait été rédigée. Elle prévoyait la mise en place d'un processus de transition politique devant conduire à rendre le pouvoir à des personnalités civiles. Il était notamment prévu que des élections présidentielles et législatives soient organisées le 27 février 2022, et que les postes de président de la République et de Premier ministre soient occupés par des personnalités issues de la société civile. La transition devait également aboutir à la rédaction d'une nouvelle Constitution devant être approuvée par référendum, à une modification de la loi électorale, ainsi qu'à la relecture de l'accord de paix d'Alger signé en 2015 avec les groupes rebelles du nord du Mali.

Si le colonel A. Goïta a dans un premier temps promis de respecter le calendrier initial de la transition, il a par la suite indiqué que ce calendrier n'était pas une loi, mais « *des estimations, des prévisions* », laissant planer le doute sur ses intentions de mener à bien le processus. En outre, plusieurs obstacles de fond pourraient s'avérer bloquants. Il est d'abord peu probable que la révision du système électoral puisse être menée à son terme, l'organe unique de gestion des élections qui devait être mis en place n'ayant toujours pas vu le jour. Il s'agit pourtant d'un point crucial. Cet organe devait garantir une meilleure indépendance et une plus grande transparence dans la gestion des scrutins, pour éviter que de nouvelles élections soient entachées de soupçons de fraudes, comme les législatives d'avril 2020. En outre, les élections de février 2022 ne pourront se tenir qu'après la révision des listes électorales, qui aurait dû prendre fin le 15 juillet, mais qui n'a toujours pas débuté. Aussi, aucun projet de nouvelle Constitution n'a encore été rendu public, alors même qu'il doit être soumis au référendum le 31 octobre 2021. Enfin, le nouveau découpage territorial électoral n'a toujours pas été finalisé, alors que les groupes armés signataires de l'accord d'Alger de 2015 souhaitent étendre leurs zones d'influence. Faute de consensus avant les élections, des difficultés pourraient survenir et menacer leur tenue, alors que deux tiers du territoire échappent au contrôle de l'État.

▸ L'opération Barkhane contrainte au retrait progressif

En conséquence de ce deuxième coup d'État au Mali, Emmanuel Macron a annoncé le 10 juin 2021 la « *fin de l'opération Barkhane en tant qu'opération extérieure* ». Il a notamment déclaré, en visant le Mali et les autres États du G5 Sahel : « *Nous ne pouvons pas sécuriser des régions qui retombent dans l'anomie parce que des États décident de ne pas prendre leurs responsabilités.* » Le 3 juin, il avait déjà suspendu la coopération militaire bilatérale avec le Mali. Le président de la République française a par la suite précisé qu'il s'agissait plutôt d'une « *transformation* » de l'opération, dans l'objectif de « *s'adapter à la nouvelle posture des groupes terroristes et d'accompagner la prise de responsabilité des pays de la région* ». La transition débutera par la fermeture des bases de Barkhane situées au nord du Mali (Kidal, Tessalit, Tombouctou) entre la fin 2021 et le début 2022. À terme, Barkhane devrait passer de 5 100 à 2 500 hommes, soit une réduction de 40 % des effectifs.

Le retrait partiel de l'opération Barkhane

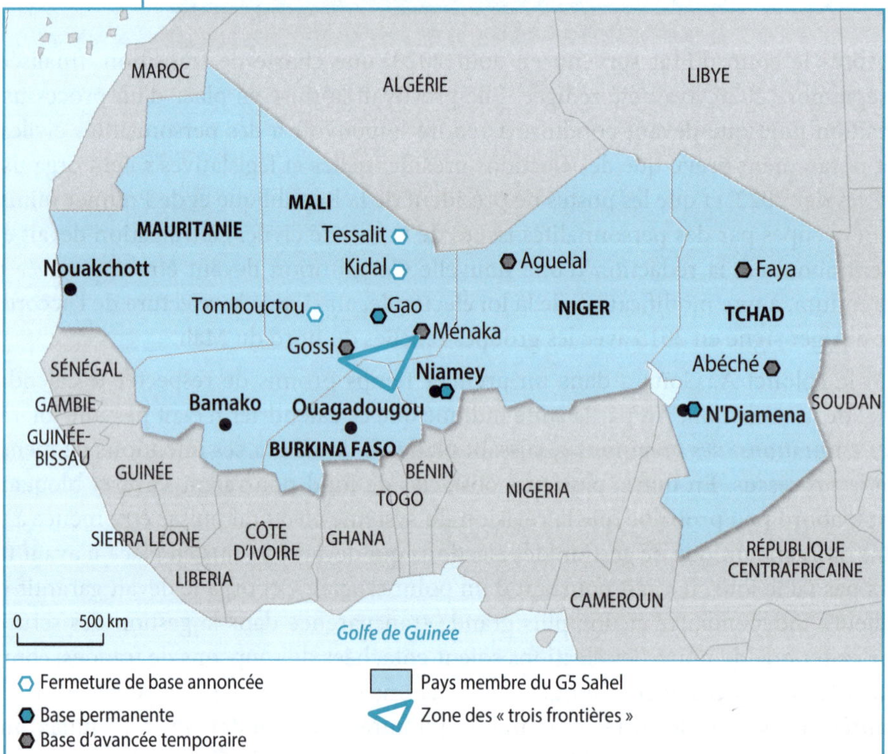

Source : état-major des armées.

L'opération Barkhane en tant qu'opération extérieure aura duré sept ans. Créée en 2014, elle avait pour objectif de lutter contre les mouvements terroristes au Sahel. Elle n'aura donc pas permis de préserver la stabilité du Mali. Elle prenait la suite de l'opération Serval, l'intervention militaire française lancée au Mali entre janvier 2013 et juillet 2014, en réponse à la demande des autorités maliennes d'un appui français pour repousser des groupes armés islamistes qui avaient pris le contrôle de la région de l'Azawad. Malgré l'opération Barkhane et la signature en 2015 de l'accord pour la paix et la réconciliation au Mali, dit accord d'Alger, entre le gouvernement malien et la Coordination des mouvements de l'Azawad (CMA), la situation du Mali reste particulièrement instable, près de dix ans après le début de la crise.

La sécurité du Sahel reposera désormais essentiellement sur la force conjointe dite « du G5 Sahel » (Mauritanie, Mali, Niger, Burkina Faso, Tchad), aidée par la Task Force Takuba, qui réunit des forces spéciales européennes pour accompagner et former l'armée malienne.

La présence de groupes terroristes au Mali

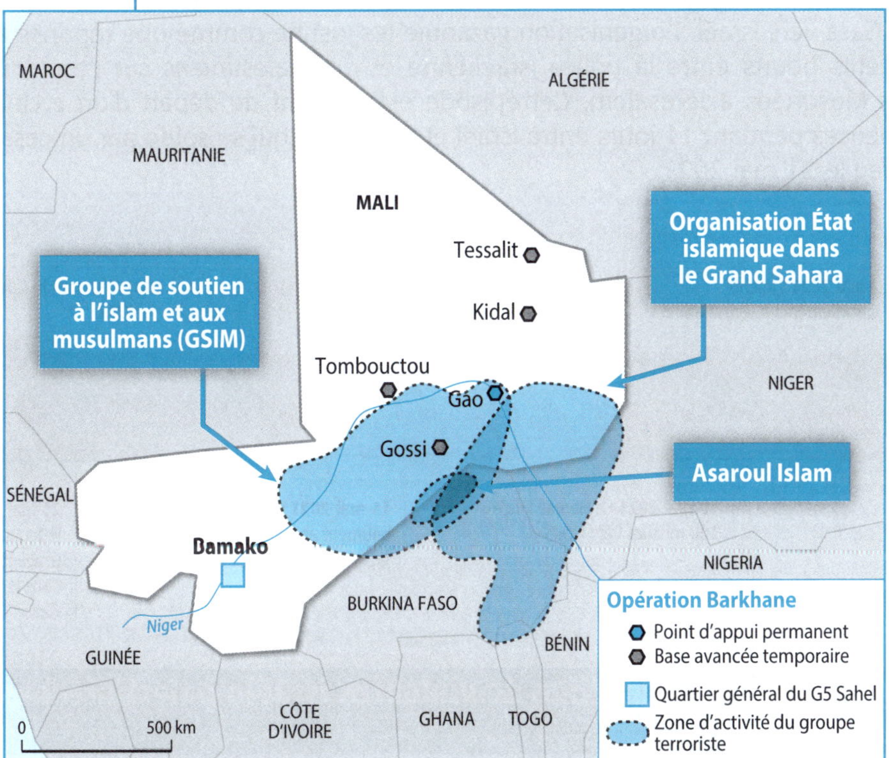

Source : ACLED.

Mise en perspective

Si les autorités françaises préfèrent parler de sa transformation plutôt que de sa fin ou de son échec, l'évolution de l'opération Barkhane ainsi que le retrait américain d'Afghanistan relancent le débat sur la pertinence des opérations militaires extérieures occidentales de long terme.

Israël-Palestine : la nouvelle flambée des violences

par Fabrice Senechal

Le 10 mai 2021, le Hamas annonce avoir lancé 100 roquettes depuis la bande de Gaza vers Israël. L'organisation gazaouie les justifie comme une réponse aux violents heurts entre la police israélienne et des Palestiniens sur l'esplanade des Mosquées à Jérusalem. Cet épisode est le point de départ d'un cycle de violences pendant 11 jours entre Israël et le Hamas, qui se solde par un cessez-le-feu le 21 mai 2021.

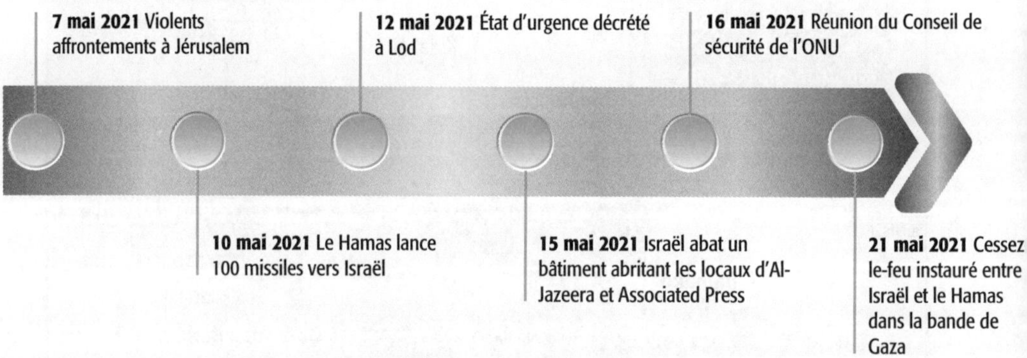

▸ À l'origine du tourbillon de violences israélo-palestiniennes de mai 2021

La question palestinienne reste une équation géopolitique irrésolue et complexe qui inquiète le Proche-Orient et la scène internationale. Dans la nuit du 22 au 23 avril 2021, de jeunes extrémistes israéliens, du mouvement ultraorthodoxe et d'extrême droite Lahava, scandent « *Mort aux Arabes !* » à l'entrée de la vieille ville de Jérusalem. Les heurts qui s'ensuivent sont le premier épisode de violences israélo-palestiniennes depuis la relative accalmie imposée par l'arrivée de la pandémie de la Covid-19.

Cependant, le véritable terreau de la spirale de violences de mai réside dans les violentes manifestations entre Israéliens et Palestiniens au sujet de l'expulsion de familles palestiniennes à Jérusalem-Est. Ce quartier, historiquement à majorité palestinienne, cristallise les tensions, car Israël revendique le principe de l'indivisibilité pour Jérusalem. En ce sens, Israël procède à une vague d'annexions, appuyée par la justice israélienne qui établit que, si des Israéliens prouvent qu'ils ont des titres antérieurs à 1948 dans cette partie de la ville, alors les Palestiniens se doivent de restituer leurs biens et leurs terres. De ce fait, c'est en raison de ce principe que quatre familles palestiniennes de Sheikh Jarrah – un quartier palestinien de Jérusalem-Est – ont été menacées d'une expulsion imminente au profit d'Israéliens. Ce quartier devient le symbole et l'épicentre du conflit israélo-palestinien, car il met en lumière l'insoutenabilité de la situation.

C'est dans ce climat extrêmement tendu que le 7 mai, alors que des milliers de fidèles se sont réunis sur l'esplanade des Mosquées pour la dernière grande prière du vendredi avant la fin du mois de ramadan, de violents heurts éclatent entre des Palestiniens et la police israélienne, engendrant plus de 200 blessés. Le cycle des violences perdure jusqu'au lundi 10 mai, où plus de 300 manifestants sont blessés. La situation se tend alors inexorablement vers une issue conflictuelle, avec le silence lourd de la communauté internationale.

▸ La déstabilisation soudaine de la sécurité au Proche-Orient

Le 10 mai 2021, le Hamas, organisation considérée comme terroriste par la communauté internationale et Israël, lance une salve de 100 roquettes vers Israël depuis la bande de Gaza. Contrôlant, depuis 2007, la partie occidentale des territoires palestiniens, le Hamas procède à cette frappe avec une logique duale d'affirmation de sa légitimité pour la défense de la cause nationaliste palestinienne, et de démonstration de sa capacité de nuisance face à Israël en menaçant directement les grandes villes telles que Tel-Aviv.

La situation vire rapidement au conflit généralisé entre le Hamas et l'État d'Israël. Ce dernier riposte de manière ferme en menant des raids contre des positions stratégiques de l'organisation gazaouie dans le nord de l'enclave. Le Premier ministre Benyamin Netanyahu avertit le Hamas qu'il a franchi « *une ligne rouge* » et que la réponse de Tsahal (l'armée israélienne) sera invariable. Les images des missiles éclairant le ciel et celles des nombreuses victimes civiles réveillent la communauté internationale qui s'était tue jusqu'à présent. Le président américain Joe Biden adoptant une posture timide, les États-Unis ne savent réagir face à la célérité de la spirale de violences entre son allié stratégique et le Hamas. Les chancelleries européennes et l'ONU, quant à elles, multiplient les appels au cessez-le-feu et à une résolution diplomatique du conflit car la stabilité sécuritaire de la région risque de vaciller si le conflit bascule vers une guerre à grande échelle.

Tsahal continue de frapper des sites stratégiques du Hamas, notamment à Gaza-City, et vise ainsi les bureaux des dirigeants disséminés dans l'enclave palestinienne. La destruction de la tour Al-Jalaa abritant les locaux de la chaîne de télévision qatarie Al-Jazeera et de l'agence de presse mondiale Associated Press est particulièrement marquante. L'immeuble était soupçonné d'abriter des bureaux du renseignement militaire du Hamas. Cette frappe provoque la stupeur internationale car elle est considérée comme une atteinte à la liberté de la presse puisque la majeure partie des informations de terrain y était centralisée. La spirale s'arrête finalement grâce à un cessez-le-feu le 21 mai

2021 entre les deux parties, mettant un terme à 11 jours de conflit ayant causé la mort de 232 Palestiniens (dont 65 enfants) et entraîné 1 900 blessés. Du côté israélien, le bouclier antimissile « Dôme de fer » a intercepté 90 % des 4 300 roquettes lancées par le Hamas, mais le bilan reste lourd avec 12 Israéliens tués et 355 blessés.

L'arsenal balistique du Hamas : une composante structurante de sa dissuasion

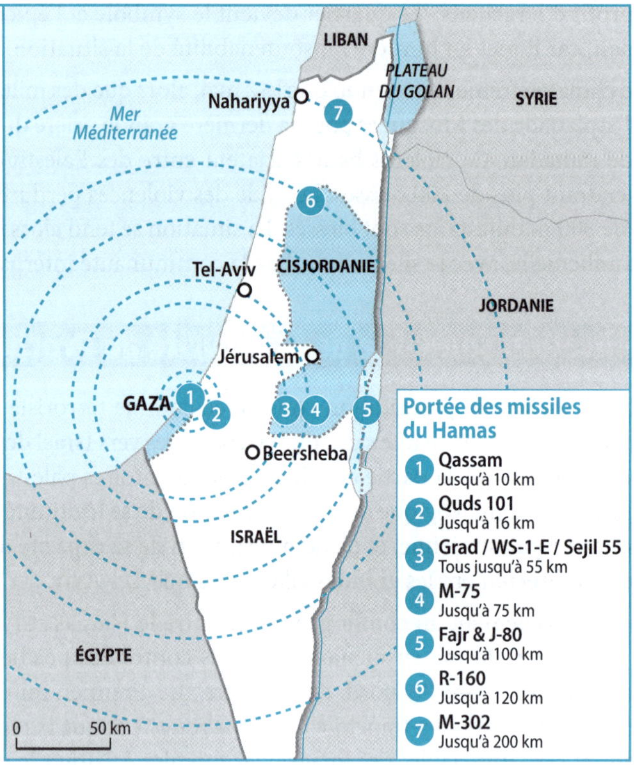

▸ Les ressorts politiques et géostratégiques du conflit

Ce sursaut de violences et ce déchaînement guerrier a rappelé à la communauté internationale l'importance de la question israélo-palestinienne pour penser la stabilité sécuritaire au Proche-Orient. Ce conflit a en effet désacralisé l'importance des accords d'Abraham négociés sous l'égide américaine en août 2020. La normalisation des relations entre Israël et le Bahreïn, le Maroc, le Soudan et les Émirats arabes unis n'a aucune incidence sur le cœur de la préoccupation israélienne, qui reste le Hamas.

Ce dernier assoit son emprise sur la bande de Gaza, et même plus largement se revendique progressivement comme le défenseur légitime de la cause palestinienne. En effet, un fait saillant de ce conflit est l'absence de réaction de la part de Ramallah, siège de l'Autorité nationale palestinienne dirigée par Mahmoud Abbas. Ce silence du concurrent politique du Hamas a créé un vide politique qui a rapidement été comblé par ce dernier. Dès lors, le Hamas n'a plus d'intérêt à négocier un *statu quo* avec Israël car le sursaut nationaliste palestinien – ayant transcendé la bande de Gaza et la Cisjordanie – lui a permis de créer une vraie dynamique politique soutenue par sa branche armée, les brigades Izz al-Din al-Qassam. La perspective d'une résolution pacifique et diplomatique de la question semble dès lors compromise.

Les territoires sous autorité palestinienne : un État scindé en deux

Pour Israël, la droite et l'extrême droite israéliennes ont également tiré profit de ce conflit qui a consolidé l'entrisme des idées ultra-orthodoxes et ultranationalistes au sein de la Knesset (Parlement israélien). L'efficacité du « Dôme de fer » et la cinglante réponse de Tsahal ont ravivé un sursaut nationaliste israélien. En outre, Israël peut également continuer sa vague d'annexions et développer ses colonies en Cisjordanie et à Jérusalem-Est. S'enferrer dans des négociations longues et âpres avec l'autorité palestinienne semble être superflu car cette dernière devra d'abord réussir à reconquérir sa légitimité sur le plan national.

▸ Mise en perspective

De nombreuses associations israéliennes ont organisé des manifestations avec des citoyens arabes et juifs, de tous bords politiques, dans les grandes villes israéliennes pour renouer le dialogue.

Personnalité : Ebrahim Raïssi, un président conservateur contraint à l'ouverture ?

par Pablo Ahumada

L'élection d'Ebrahim Raïssi marque le retour d'un président conservateur en Iran, après deux mandats du modéré Hassan Rohani. Religieux ayant occupé les plus hautes fonctions judiciaires, connu pour des violations de droits de l'homme, Raïssi incarne une ligne dure de la politique iranienne. Ses positions sur le dossier nucléaire et les droits de l'homme donneront une indication sur sa capacité à normaliser les relations de l'Iran avec la communauté internationale.

▸ Une formation religieuse

Né en 1960 à Mashhad en Iran, Ebrahim Raïssi a la particularité d'être *seyyed*, c'est-à-dire qu'il est considéré comme descendant du prophète Mahomet, ainsi qu'en atteste le turban noir qu'il arbore. Sa formation initiale est tournée vers la religion. Il entre dès ses 15 ans au séminaire de Qom et obtient ensuite un doctorat en jurisprudence religieuse et en droit privé à l'université religieuse Shahid Motahari de Téhéran. Il aurait reçu des enseignements de la part de l'ayatollah Khomeiny. Il a actuellement le statut religieux d'*hodjatoleslam* dans le clergé chiite musulman, soit le rang directement inférieur à celui d'ayatollah. Il est d'ailleurs pressenti pour succéder à l'ayatollah Khamenei comme Guide suprême. Ce dernier l'a au demeurant nommé, en mars 2016, à la tête de la fondation religieuse Astan Quds Razavi, une des plus influentes et importantes économiquement en Iran. Elle administre notamment le mausolée de l'imam Reza.

▸ Un passé trouble hérité de sa carrière au sein du pouvoir judiciaire

E. Raïssi a effectué toute sa carrière professionnelle au sein du pouvoir judiciaire iranien, jusqu'à en occuper les plus hautes fonctions. Dès 1980, au lendemain de la révolution islamique, il devient adjoint au procureur de Karaj, une province frontalière de Téhéran. En 1985, il est nommé procureur adjoint de Téhéran, puis procureur entre 1989 et 1994. En 2004, il devient procureur adjoint d'Iran, puis procureur général d'Iran en 2014. En 2019, il est nommé par le Guide suprême à la tête de l'autorité judiciaire iranienne, la plus haute instance juridique du pays.

Cependant, sa carrière judiciaire reste entachée par des accusations de violations de droits de l'homme. En 1988, à la fin de la guerre entre l'Iran et l'Irak, alors procureur adjoint de Téhéran, il aurait été un des quatre juges siégeant à la commission spéciale qui a ordonné l'exécution de plusieurs milliers d'opposants politiques (les estimations varient entre 3 000 et 30 000). C'est pour cette raison qu'il fait l'objet de sanctions de la part des États-Unis : tout comme l'état-major des forces armées iraniennes et huit autres individus occupant des postes clés en Iran, il a été inscrit en novembre 2019 sur une liste de personnes dont les avoirs à l'étranger ont été gelés.

▸ Le retour d'un conservateur à la présidence : une nouvelle période d'incertitude en Iran

C'est donc fort de sa légitimité religieuse et après avoir occupé les fonctions judiciaires les plus importantes du pays que E. Raïssi a été élu président de la République islamique d'Iran pour les quatre prochaines années. Le 18 juin 2021, il a remporté l'élection présidentielle dès le premier tour de scrutin, en obtenant 61,95 % des suffragescomme candidat du camp conservateur, soutenu par le Guide suprême. Son élection a été facilitée par l'absence de candidats crédibles, leurs candidatures ayant été invalidées en amont par le Conseil des gardiens de la Constitution. L'élection a toutefois été marquée par un fort taux d'abstention (51,2 %) et 3,7 millions de bulletins blancs ou nuls.

L'élection de E. Raïssi ouvre une période d'incertitude pour l'Iran. Sur le dossier nucléaire, les sanctions économiques américaines prises après le retrait des États-Unis de l'accord sur le nucléaire iranien en mai 2018 ont eu de lourdes conséquences sur l'économie iranienne. C'est probablement la raison pour laquelle E. Raïssi a montré des signes d'ouverture, considérant l'accord comme un contrat validé par le Guide suprême, que l'Iran s'est engagé à respecter. Cela doit toutefois être confirmé dans les faits. Le passé de E. Raïssi et les sanctions américaines dont il fait l'objet pourraient également compliquer la normalisation des relations entre l'Iran et les autres États. Ses décisions envers la société civile, notamment sur la question des droits de l'homme, seront particulièrement scrutées, alors que M. Raïssi incarne un pouvoir autoritaire.

Un président biélorusse prêt à tout pour rester au pouvoir ?

par Adrien Beaulieu

Réprimant toute opposition depuis son élection en 1994, le président biélorusse est assailli par une vague de contestations depuis l'été 2020. Le 23 mai 2021, Alexandre Loukachenko détourne le vol Athènes-Vilnius pour arrêter Roman Protassevitch, opposant à son régime exilé. Cet acte représente-t-il la toute-puissance ou la peur grandissante d'éviction du « dernier dictat[eur] d'Europe » ?

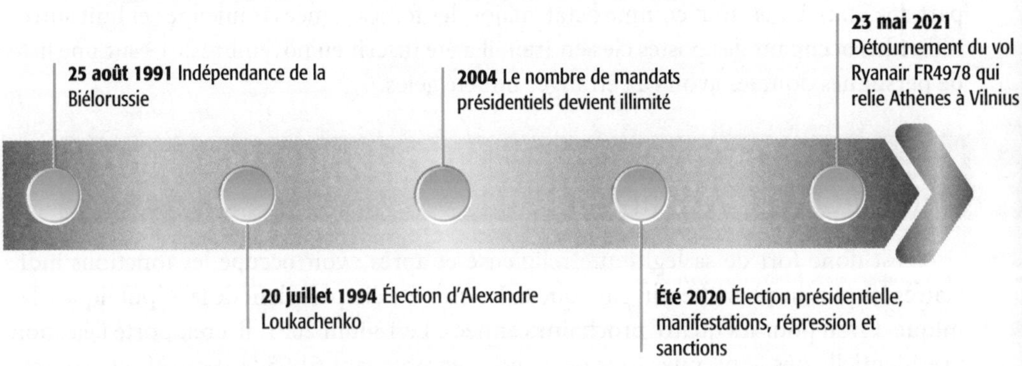

▸ Un régime autoritaire dans la continuité de l'ère soviétique

Enclavée entre les anciennes républiques soviétiques de l'Union européenne (UE), la Russie et l'Ukraine, la Biélorussie est souvent considérée comme un État autoritaire. Devenue indépendante en 1991, elle figure parmi les rares anciens membres de l'URSS à avoir conservé l'organisation socio-économique des années passées, plébiscitée par 83 % de la population lors d'un référendum organisé cette même année. En 1994, son nouveau président élu, A. Loukachenko, défend une économie de marché régulée par l'État. Malgré une forte dépendance économique envers la Russie, le système biélorusse produit de meilleurs résultats que ses anciens pairs socialistes ou que les pays ayant dérégulé leur économie.

Lors de ses premières années au pouvoir, A. Loukachenko bénéficie ainsi d'un large soutien du peuple biélorusse. Ses origines populaires, son ancienne fonction de secrétaire général d'un sovkhoze, tout comme son populisme nostalgique de l'ère soviétique s'opposant à l'hégémonie occidentale, y contribuent. Il n'hésite pas non plus à investir dans l'industrie nationale, qui représente encore 36 % du PIB en 2018.

Néanmoins, derrière ces résultats, se cache un système autoritaire concentré dans les mains du président de la République de Biélorussie depuis bientôt vingt-sept ans. Grâce au musellement de l'opposition et au non-respect du processus électoral démocratique, « *Batka* » (père) s'est progressivement assuré un règne à vie. À travers plusieurs référendums, il s'octroie le pouvoir de dissoudre l'Assemblée, de choisir une partie des députés, de prolonger son mandat, et de se représenter à l'élection présidentielle sans limite. Plusieurs de ses anciens collaborateurs passés dans l'opposition disparaissent à la fin des années 1990, et les opposants politiques sont systématiquement qualifiés de marionnettes des puissances occidentales. Pendant de nombreuses années, la contestation à son hégémonie est ainsi étouffée.

Une monopolisation du pouvoir depuis vingt-sept ans

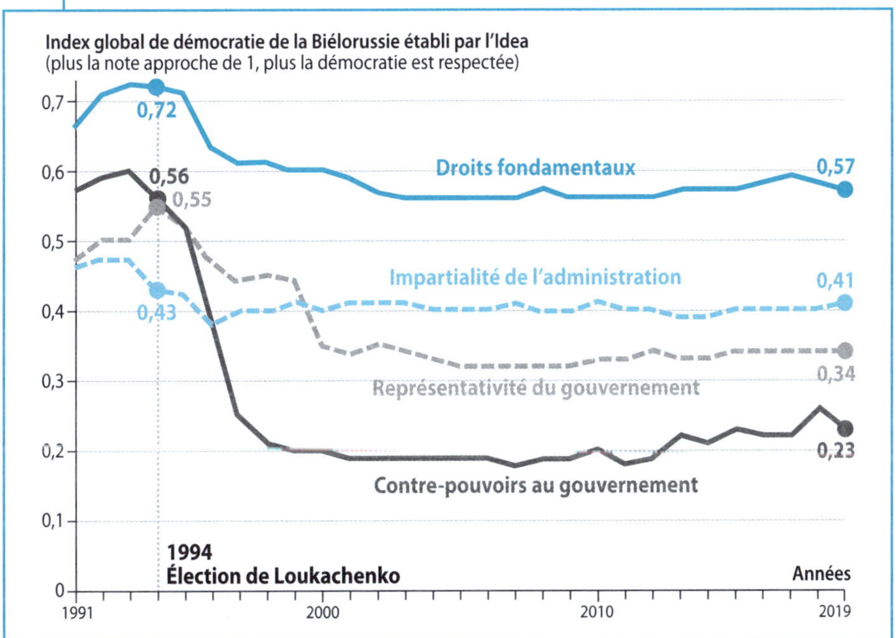

Source : Idea.

▸ Une récente vague de contestations face au pouvoir du président Loukachenko

Les élections de 2001, 2006, 2010 et 2015 laissent peu de place à l'opposition et celles de 2020 ne dépareillent pas, à l'image de l'emprisonnement du blogueur anticorruption et candidat de l'opposition Sergueï Tikhanovski. Svetlana Tikhanovskaïa, son épouse, décide de se présenter à sa place et voit sa candidature validée par le régime. Elle fédère rapidement l'opposition, rassemble de nombreux soutiens et devient en quelques semaines une opposante crédible face au président sortant.

À l'annonce des résultats de l'élection, le 9 août au soir, des milliers de Biélorusses décident de manifester pacifiquement pour contester la victoire annoncée du « dictateur » avec plus de 80 % des votes. Le score obtenu par S. Tikhanovskaïa est difficile à déterminer, mais les évidentes fraudes dans les bureaux de vote motivent des milliers de Biélorusses à refuser les résultats de cette élection et à demander la destitution du président. À Minsk et dans d'autres villes du pays, cette contestation est reprise et accompagnée de grèves historiques, y compris dans les usines, traditionnel soutien de Loukachenko.

En réponse, le président réprime avec violence ceux qu'il compare à des « *rats* » et incarcère les organisateurs de ces mobilisations. Selon diverses sources, cette répression a entraîné plusieurs morts, des dizaines de blessés et des milliers d'arrestations dans la capitale. En 2021, un an après le début de la révolte, près de 400 personnes (journalistes, opposants politiques, femmes et hommes d'affaires) seraient emprisonnés. Les tortures et les humiliations subies sont relayées par celles et ceux qui en sortent vivants. Comme de nombreux opposants politiques, S. Tikhanovskaïa s'est vue contrainte de s'exiler en Lituanie, deux jours après le scrutin, d'où elle continue à mener l'opposition biélorusse. Toutefois, comme le soulignent le détournement de l'avion qu'avaient pris l'activiste R. Protassevitch et sa compagne ou la mort suspecte de l'opposant Visaly Chichov à Kiev, A. Loukachenko laisse entendre à ses opposants que leur traque n'a pas de frontière.

▸ Entre soutiens et sanctions, les réactions étrangères divergent

Une majorité de pays occidentaux condamnent ces violences et ne reconnaissent pas la victoire de l'autocrate à l'élection de 2020. À l'instar des sanctions prises de 2004 à 2016 suite aux réformes limitant la démocratie représentative en Biélorussie, l'Union européenne puis les États-Unis gèlent, à l'automne 2020, les avoirs de plusieurs dignitaires et entreprises biélorusses et interdisent leur présence sur leur territoire. Néanmoins, l'impact de ces mesures n'a pas été démontré à ce jour. Suite à la persistance de la répression et au détournement du vol de R. Protassevitch à l'été 2021, de nouvelles sanctions sont appliquées par l'UE. Certaines importations, principalement la potasse, dont la Biélorussie tire chaque année entre 1,5 et 2,5 milliards d'euros, sont interdites. Les mesures restrictives de l'UE s'étendent et concernent désormais 166 personnes et 15 entités liées au régime. De son côté, l'opposition bénéficie d'un soutien indéfectible : accueil des opposants en exil, défense du droit à l'autodétermination, rencontres avec la cheffe de l'opposition, attribution au peuple biélorusse du prix Sakharov pour la liberté de l'esprit.

Nonobstant, les condamnations de la politique biélorusse ne sont pas unanimes. Alliée historique de la Russie, avec laquelle elle a signé un projet non abouti d'union politique en 1997, la Biélorussie bénéficie du soutien de son grand voisin, axé sur une collaboration économique et des services de renseignement. Par le passé, la Biélorussie jouait de sa position géostratégique pour conserver son indépendance, se rapprochant du bloc européen ou du bloc russe au gré du contexte. La non-reconnaissance par la Biélorussie de l'annexion de la Crimée, ayant entraîné une chute de 60 % des échanges commerciaux entre les deux pays, à l'heure où les sanctions européennes contre le pays se levaient, en est une illustration. Mais, dans le contexte actuel, A. Loukachenko est contraint de s'appuyer sur son homologue russe. Or, si les échanges commerciaux entre les deux pays bénéficient principalement à la Biélorussie (environ 40 % de ses exportations), Vladimir Poutine souhaiterait concrétiser l'union entre les deux pays en remplaçant progressivement son « *gênant* » homologue, comme le caractérise le député européen Bernard Guetta. Un tiers des recettes budgétaires de l'État biélorusse provenant de la rente accordée par la Russie en échange du transit et du raffinement des produits énergétiques russes, les marges de manœuvre de A. Loukachenko pour conserver l'État social qu'il dirige sont faibles. Il pourrait être obligé de céder une part de sa souveraineté pour échapper à la vengeance d'un peuple lassé.

Une forte dépendance de la Biélorussie envers le grand frère slave

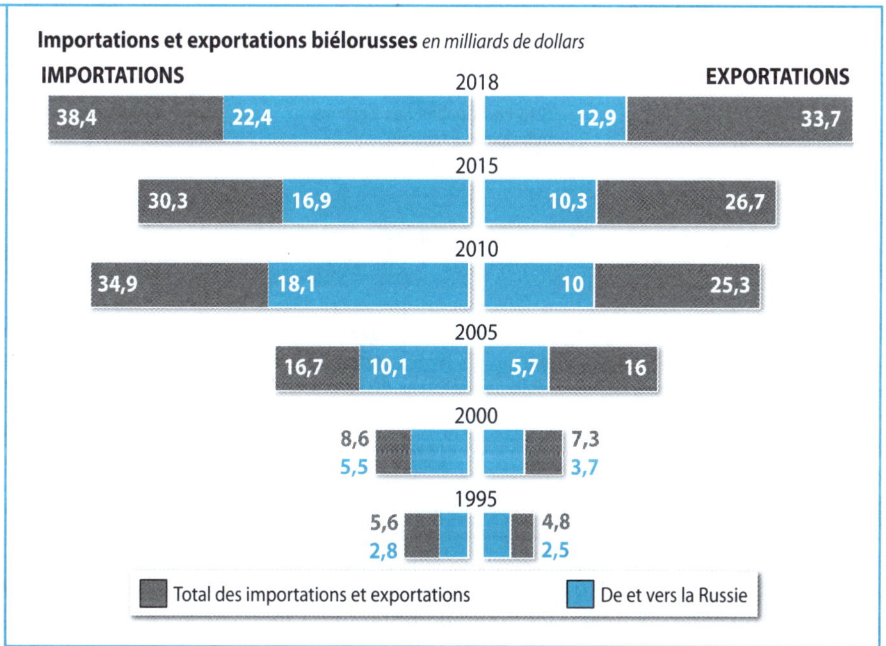

Source : UNCTAD.

Mise en perspective

Près de dix ans après les Printemps arabes et la crise ukrainienne, rares sont les pays où les révoltes populaires ont conduit à la démocratie, à l'instar des dérives du président Saïed en Tunisie.

Alexeï Navalny, un danger grandissant pour le pouvoir russe ?

par Paul Muthelet

Alexeï Navalny, opposant de longue date au régime de Vladimir Poutine, a fait la une de l'actualité en août 2020 après qu'une tentative d'empoisonnement présumée a eu lieu contre lui. Aujourd'hui, il incarne l'opposition d'une frange de la jeunesse excédée face au régime.

▸ Le leader d'une opposition encadrée par le régime russe

Alexeï Navalny naît en 1976 dans la banlieue de Moscou. Il est diplômé de droit en 1998, puis rejoint Yale en 2009. Dès 2006, il alimente un blog sur le site LiveJournal, et il crée en 2010 le site Rospil. À travers ces médias, il critique les abus et la corruption du parti « Russie unie » avec lequel Vladimir Poutine s'est fait élire trois fois à la tête du pays depuis 2004. En 2011, Navalny en parle comme du « *parti des voleurs et des escrocs* ». La même année, il crée la Fondation anticorruption (FBK) critiquant régulièrement la corruption du pouvoir en place.

A. Navalny provoque frontalement V. Poutine ; en réponse, ce dernier l'ignore et ne prononce jamais son nom en public, ne voulant pas laisser entrevoir l'existence même de ce duel. Le nom de Navalny est d'ailleurs rarement évoqué dans la presse nationale. Afin de le décrédibiliser, les hauts fonctionnaires du parti rappellent ses débuts controversés. En effet, il a mené des combats nationalistes aux côtés de l'extrême droite, notamment à l'encontre des immigrés du Caucase qu'il qualifiait de « *cafards qu'il faut écraser* ».

L'empoisonnement, suivi d'une peine de prison litigieuse et médiatisée

Le régime de V. Poutine veille à encadrer strictement toute forme d'opposition. En 2012, puis en 2014, A. Navalny est inculpé pour deux affaires de détournement de fonds. Il est placé en résidence surveillée en 2014 pour avoir quitté la capitale alors que ses jugements le lui interdisaient. Il accuse la justice, qu'il dit être à la solde de V. Poutine, de vouloir l'empêcher de jouer un rôle politique. Suite à ces affaires judiciaires, il est déclaré inéligible aux élections présidentielles de 2018.

En 2020, alors que la popularité d' A. Navalny augmente, la réponse du régime monte encore d'un cran. Selon toute vraisemblance, les services secrets russes orchestrent en août son empoisonnement au cours d'un vol Tomsk-Moscou. Après que les médecins russes ont déclaré ne pas avoir trouvé de poison dans son corps, il est extradé puis hospitalisé en Allemagne, où plusieurs analyses confirment qu'il a été empoisonné.

Cela crée une première vague d'indignation à l'échelle mondiale. Ce sentiment général de révolte s'accentue encore lorsque A. Navalny, après sa convalescence, rentre en Russie en janvier 2021 et est alors directement condamné, le 2 février, à trois ans et demi d'incarcération (deux ans et demi en appel) pour violation de contrôle judiciaire. L'opinion publique internationale condamne fermement ces procès, d'autant qu'il entame dès le 31 mars une grève de la faim, disant subir des « *tortures* » par privation de sommeil et refus d'accès aux soins. Au bout de trois semaines, le 23 avril, il cesse sa grève de la faim, mais continue de critiquer ses conditions d'incarcération auprès des médias. En août 2021, il dénonce la contrainte qui le force à regarder la télévision d'État huit heures par jour.

Le soulèvement d'une génération sous l'étendard d'Alexeï Navalny ?

La raison de l'insistance d' A. Navalny à retourner en Russie malgré le danger évident est qu'il tient à être vu comme l'unique alternative de V. Poutine et à devenir le président de la fédération de Russie, ce qu'il ne saurait accomplir en quittant le pays. Dans ce but, ayant compris que ses premiers combats nationalistes et anti-immigration n'étaient pas fédérateurs, il axe son créneau politique sur la lutte contre la corruption et la dénonciation du système, et propose un programme social visant à réduire les inégalités.

De fait, malgré ses nombreux propos controversés et sa censure par le régime, A. Navalny est, pour beaucoup, l'un des symboles majeurs d'une jeunesse russe excédée par le parti au pouvoir. En effet, la plupart de ses soutiens sont jeunes et son mouvement de lutte s'étend, sortant de plus en plus des frontières de Moscou. Mais c'est aussi cette influence, trop grande au goût du régime, qui lui a valu de rejoindre la longue liste des opposants emprisonnés, assassinés (Boris Nemtsov) ou exilés (Leonid Volkov). Depuis juin 2021, d'ailleurs, il est interdit aux opposants « *impliqués dans une organisation extrémiste* » de se présenter aux élections en Russie.

Le projet Pegasus : une affaire de surveillance généralisée

par Jérôme Calauzènes

En juillet 2021, le consortium de journalistes Forbidden stories, associé à l'ONG Amnesty International, révèle que onze États ont utilisé le logiciel espion Pegasus, édité par la société israélienne NSO Group, pour obtenir des renseignements sur au moins 180 journalistes, 600 hommes et femmes politiques, 85 militants des droits humains, ou encore 65 chefs d'entreprise de différents pays.

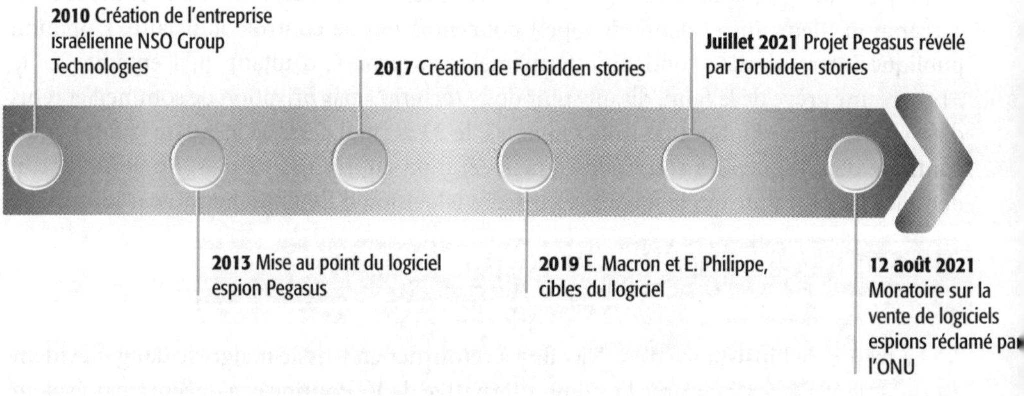

▸ Une enquête journalistique internationale sur un logiciel espion performant

À la suite d'une fuite de données, une liste a été transmise à des journalistes, qui recense environ 50 000 numéros de téléphone de cibles potentielles du logiciel espion Pegasus, présélectionnées par des États clients de NSO. Plus de 80 journalistes et 17 médias, issus du groupe Forbidden stories, se sont emparés de l'affaire : *Die Zeit* (Allemagne), *The Guardian* (Royaume-Uni), *Le Monde* (France), le *Washington Post* (États-Unis), ainsi que des journaux libanais, mexicains, hongrois, israéliens, indiens et autres.

Si tous n'ont vraisemblablement pas été hackés, Amnesty International a analysé 67 numéros présents dans cette liste avec l'accord de leur propriétaire et a montré que 37 d'entre eux avaient montré des traces d'infection ou de tentatives d'infection. Selon NSO, la liste des 50 000 numéros de téléphone serait celle des utilisateurs d'un service HLR (*Home Location Register*, service qui enregistre la localisation géographique des abonnés).

Pegasus est en fait un logiciel espion qui fonctionne sur iOS et Android et qui s'installe sur des téléphones mobiles. Conçu et commercialisé par NSO Group, il est acheté par des clients dans le but de collecter des informations et de permettre un accès total aux fonctions et à l'ensemble des données (y compris les mots de passe) présentes sur les appareils touchés. Il peut écouter les appels, déclencher l'enregistrement audio, la caméra ou encore le suivi de la géolocalisation.

Pegasus, un logiciel espion aux multiples possibilités

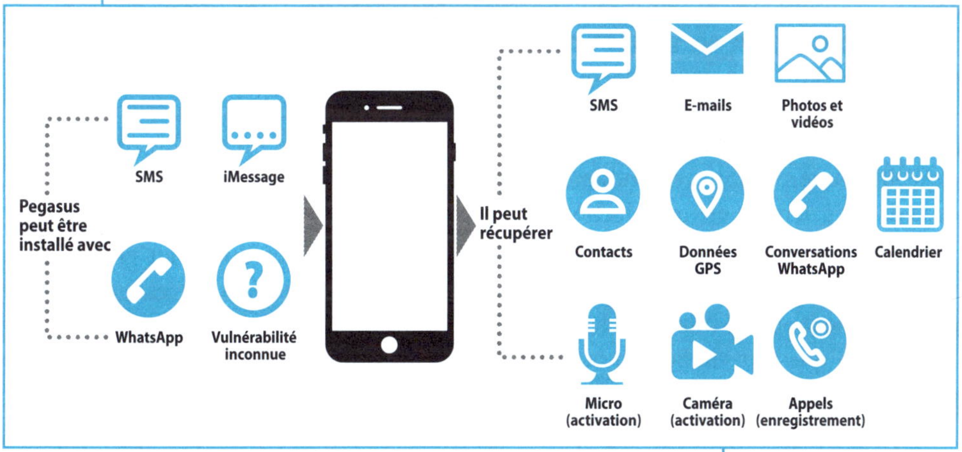

Source : Pegasus Project.

L'acquisition d'une licence peut coûter jusqu'à 25 000 dollars par cible, mais chaque vente doit être visée par le ministère israélien de la Défense. Officiellement, seules des organisations étatiques sont habilitées à acheter le logiciel.

NSO Group revendique une quarantaine de clients étatiques et avance que ce logiciel est particulièrement utile dans la lutte contre le terrorisme et le crime organisé. Il a notamment permis de faire avancer des enquêtes criminelles comme celle qui a mené à l'arrestation d'El Chapo, baron de la drogue, en 2016. Pourtant, nombre de ses utilisations semblent largement abusives. Plusieurs enquêtes menées par des journalistes et des ONG en 2016 et en 2019 avaient d'ailleurs déjà alerté contre certaines pratiques.

▸ Une affaire d'espionnage qui révèle des fractures géopolitiques

Le Mexique est le premier pays à avoir acquis le logiciel et celui qui a sélectionné le plus grand nombre de numéros de téléphone (15 000). Sous le mandat d'Enrique Peña Nieto (2012-2018), le numéro d'Andrés Manuel López Obrador (actuel président de la République) avait été présélectionné ainsi que ceux des membres de son entourage et de son parti, le « Mouvement de régénération nationale. » En tout, 700 numéros étaient rattachés à des personnalités politiques, y compris à des membres du PRI (Parti révolutionnaire institutionnel), alors au pouvoir. Des journalistes ont aussi été visés, comme Carmen Aristegui et d'autres journalistes de *Proceso*, un hebdomadaire de gauche.

Les Émirats arabes unis sont le deuxième État ayant présélectionné le plus de numéros (10 000), sous l'influence du prince héritier et ministre de la Défense, Mohammed ben Zayed. Un militant émirati des droits de l'homme, Ahmed Mansour, ainsi que des membres de la famille royale (notamment des princesses ayant tenté de fuir), des journalistes britanniques, mais aussi environ 300 Libanais ont été placés sur la liste (en raison de l'influence croissante du Hezbollah dans ce dernier pays). Saad Hariri, ancien Premier ministre du Liban, ayant fait alliance avec l'organisation, aurait donc été placé sur écoute de même que le président de la République, Michel Aoun.

Le Maroc arrive en deuxième position, à égalité avec les Émirats arabes unis (10 000 numéros). Le roi du Maroc lui-même, Mohammed VI, et son entourage proche auraient été mis sur la liste par les services chargés de la surveillance intérieure et extérieure, de même que le chef du gouvernement, Saad Dine El-Otmani. En Algérie, près de 6 000 numéros, dont ceux des membres de la famille de l'ancien président Bouteflika ceux dont également été présélectionnés, montrant la rivalité entre les deux pays.

Mais c'est surtout l'espionnage de personnalités françaises qui a fait grand bruit. Emmanuel Macron, Édouard Philippe et son entourage et plusieurs autres membres du gouvernement ont été mis sur la liste. D'autres personnes ont été ciblées en raison de leur lien avec la question du Sahara occidental comme Philippe Bouyssou, maire d'Ivry (le conseil municipal de la ville avait voté une subvention de soutien aux enfants sahraouis).

D'autres pays ont également signé des contrats avec NSO : la Hongrie (pour espionner des opposants et des journalistes), l'Inde (Rahul Gandhi, opposant à Narendra Modi, a été espionné), l'Arabie saoudite, le Rwanda, le Togo, l'Azerbaïdjan et le Kazakhstan.

Pays où des journalistes ont été espionnés par Pegasus en 2021

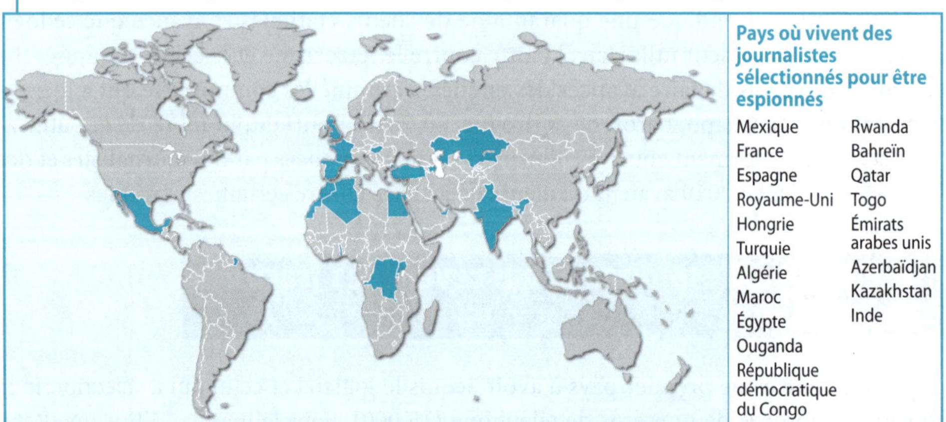

Source: Forbidden Stories, Amnesty International.

Enjeux multiples et absence de régulation internationale

Ces révélations témoignent des possibilités offertes par le renseignement numérique pour réduire l'opposition et maintenir au pouvoir des régimes autoritaires. Les États mis en cause ont pour l'essentiel nié ces accusations de même que NSO. Tous les pays clients ont surtout de très bonnes relations avec Israël, y compris le Maroc et les Émirats arabes unis.

Il s'agit aussi de mettre en évidence le fait que le marché de la cybersurveillance semble hors de contrôle. On assiste d'abord à une monétisation des failles des systèmes informatiques : lorsque celles-ci sont découvertes, elles sont revendues, généralement très cher (leur prix atteindrait souvent 1 million de dollars), à des entreprises comme NSO. La marchandisation de l'espionnage numérique est donc en forte hausse.

Ces logiciels ne permettent pas, d'ailleurs, de traquer les terroristes, qui n'utilisent le plus souvent pas de smartphones. Le risque est, au contraire, que ces logiciels passent entre les mains d'organisations mafieuses ou terroristes.

Face à cela, plusieurs autorités en appellent à un moratoire international sur la vente de tels logiciels (les experts de l'ONU, ou Edward Snowden). L'Arrangement de Wassenaar, signé en 1996, est censé encadrer l'exportation de biens et de technologies à double usage (produits et technologies initialement conçus pour un usage civil mais qui sont susceptibles d'être détournés à d'autres fins, notamment militaires) mais il est peu contraignant et seulement 42 pays en font partie en 2021. Le contrôle des États reste inefficace puisque des enquêtes ont montré que d'autres entreprises ont exporté des logiciels de surveillance à des États autoritaires : en France, Amesys, une société de services en ingénierie informatique, a vendu des outils de surveillance du trafic Internet à la Libye et à l'Égypte, en 2011 et en 2014.

Mise en perspective

Le marché de la cybersécurité explose. Les experts prévoient une croissance de plus de 12 % en 2021 (ce qui représenterait 150 milliards de dollars), après une hausse de 6,4 % en 2020.

AUTRES FAITS

Samedi 16 janvier En Ouganda, le président Yoweri Museveni, au pouvoir depuis trente-cinq ans, est réélu pour un 6e mandat consécutif. L'opposition critique vivement la validité de cette élection.

Lundi 22 février En Algérie, des milliers de manifestants se réunissent pour célébrer l'anniversaire du Hirak, mouvement de contestation du pouvoir en place.

Mardi 23 février Au Niger, le candidat du pouvoir, Mohamed Bazoum, remporte l'élection présidentielle avec plus de 55 % des voix. L'opposition dénonce des fraudes.

Mercredi 3 mars Au Sénégal, d'importantes manifestations émaillées de violences embrasent le pays. Cette mobilisation est causée par l'arrestation d'Ousmane Sonko, principal opposant au président en place.

Mercredi 17 mars En Tanzanie, le président Magufuli décède des suites de problèmes cardiaques. Cette version officielle suscite cependant le doute : le président de la Tanzanie n'était pas réapparu en public depuis fin février. Opposé au confinement, il maintenait que le virus avait disparu de son pays grâce à la prière.

Mercredi 24 mars Au Mozambique, la ville de Palma tombe aux mains des djihadistes.

Jeudi 25 mars La Corée du Nord aurait tiré deux missiles balistiques en direction de la mer du Japon.

Mardi 6 avril En Turquie, à l'occasion d'une visite officielle, Ursula von der Leyen, présidente de la Commission européenne, est victime d'un incident protocolaire sexiste. Son homologue du Conseil européen, Charles Michel, se voit en effet proposer un siège aux côtés du Président Erdogan, tandis qu'Ursula von der Leyen est reléguée sur un canapé à l'écart des deux hommes.

Mardi 20 avril Idriss Déby, président du Tchad au pouvoir depuis 1990, réélu la veille pour un 6e mandat, décède des suites de ses blessures reçues lors de combats opposant l'armée tchadienne à des rebelles.

Jeudi 20 mai Une crise migratoire sans précédent oppose l'Espagne et le Maroc dans les enclaves de Ceuta et Melilla. Elle est alimentée par l'hospitalisation en Espagne du chef des indépendantistes sahraouis du Front Polisario, ennemi du Maroc. En représailles, le Maroc aurait relâché la surveillance policière de la frontière.

Mercredi 9 juin En Colombie, des milliers de manifestants défilent pour protester contre le président Ivan Duque. Depuis fin avril, le pays est secoué par un mouvement politique et social inédit. La répression des manifestations a entraîné la mort de plusieurs dizaines de personnes.

MARQUANTS 2021

Dimanche 20 juin En Arménie, les élections législatives consacrent le Premier ministre sortant, Nikol Pachinian, pourtant déstabilisé par la récente guerre avec l'Azerbaïdjan en 2020. Le principal candidat de l'opposition, Robert Kotcharian, dénonce des fraudes.

Lundi 21 juin Les élections législatives se tiennent en Éthiopie. Le Premier ministre sortant, Abiy Ahmed, et son Parti de la prospérité remportent une large majorité des sièges.

Samedi 3 juillet Un navire transportant 127 migrants coule au large des côtes tunisiennes, provoquant la mort d'au moins 43 personnes.

Mercredi 7 juillet Le président haïtien Jovenel Moïse est assassiné dans la nuit du 6 au 7 juillet. Martine Moïse, veuve du président, est blessée lors de l'assaut. Le couple a été surpris à son domicile par un commando armé composé de 28 personnes (26 Colombiens et 2 Américains d'origine haïtienne).

Dimanche 11 juillet À Cuba, des manifestations inédites secouent le pays dans un contexte de crise économique et de pénurie alimentées par le Covid-19. Face aux milliers de Cubains qui défilent à travers le pays, le président Miguel Diaz-Canel a appelé ses partisans à répliquer.

Mercredi 21 juillet En Afrique du Sud, le gouvernement annonce que 276 personnes ont péri lors des émeutes et pillages qui ont ravagé le pays pendant plusieurs jours. Ces émeutes ont débuté le 8 juillet après l'incarcération de l'ex-président Jacob Zuma et sont largement alimentées par le chômage massif et les nouvelles restrictions sanitaires imposées à la population.

Dimanche 25 juillet En Tunisie, le président de la République Kaïs Saïed suspend le Parlement et s'arroge les pleins pouvoirs. Ses adversaires politiques dénoncent un coup d'État.

Jeudi 29 juillet Au large des côtes d'Oman, un drone bombarde un pétrolier israélien, causant la mort de deux membres de l'équipage, un Roumain et un Britannique. Les États-Unis, le Royaume-Uni et Israël accusent l'Iran d'être à l'origine de cette attaque.

Dimanche 5 septembre En Guinée, le militaire Mamady Doumbouya mène un coup d'État contre le président Alpha Condé.

Samedi 16 octobre En Côte d'Ivoire, l'ancien président Laurent Gbagbo revient dans le jeu politique après dix ans d'absence.

Lundi 25 octobre Au Soudan, un coup d'État militaire est mené par le général Abdel Fattah al-Burhane.

Dimanche 7 novembre Au Nicaragua, le président Daniel Ortega est réélu pour un quatrième mandat consécutif, dans climat politique très tendu, marqué par la répression de toute opposition.

QCM

Pour chaque question, une seule réponse est correcte.

1 Qui est à la tête du nouvel État afghan en septembre 2021 ?
- a. Le mollah Omar.
- b. Ashraf Ghani.
- c. Mohammad Hassan Akhund.

2 Qui sont les talibans ?
- a. Des étudiants en théologie.
- b. Des combattants du jihad.
- c. Principalement des Hazaras.

3 Quelle ethnie est majoritaire en Afghanistan ?
- a. Les Baloutches.
- b. Les Hazaras.
- c. Les Pachtounes.

4 En quelle année les talibans ont-ils pris Kaboul pour la première fois ?
- a. En 1992.
- b. En 1994.
- c. En 1996.

5 Quelle est la priorité de la politique étrangère pour les États-Unis depuis le début du mandat de J. Biden ?
- a. L'Indopacifique.
- b. L'Afrique.
- c. Le Moyen-Orient.

6 Lequel de ces États est membre de l'alliance AUKUS ?
- a. Le Royaume-Uni.
- b. La Nouvelle-Zélande.
- c. L'Inde.

7 Quelle est la mesure emblématique du plan de soutien à l'économie américaine ?
- a. Un chèque de 300 dollars pour tous les Américains.
- b. L'accès à Internet haut débit pour tous les foyers.
- c. Un chèque de 1 400 dollars à chaque Américain aux revenus inférieurs à 75 000 dollars/an.

8 Quand auront lieu les prochaines élections de mi-mandat ?

❍ a. Le 3 novembre 2021.
❍ b. Le 20 janvier 2022.
❍ c. Le 8 novembre 2022.

9 Quand Aung San Suu Kyi a-t-elle reçu le prix Nobel de la paix ?

❍ a. En1972.
❍ b. En 1989.
❍ c. En 1991.

10 Quelle est la date du coup d'État perpétré par Min Aung Hlaing ?

❍ a. 20 novembre 2020.
❍ b. 1er février 2021.
❍ c. 14 avril 2021.

11 Combien de pertes humaines sont à déplorer suite aux répressions des manifestations qui ont suivi le coup d'État en Birmanie ?

❍ a. Environ 324.
❍ b. Environ 468.
❍ c. Plus de 1 000.

12 Quels sont les deux pays à ne pas avoir dénoncé le coup d'État birman ?

❍ a. La France et le Royaume-Uni.
❍ b. La Russie et la Chine.
❍ c. Le Bangladesh et l'Inde.

13 Quelle est l'origine du coup d'État de mai 2021 au Mali ?

❍ a. La contestation des élections législatives.
❍ b. Un conflit d'autorité.
❍ c. Une affaire de corruption.

14 Lequel de ces pays ne fait pas partie de la force conjointe du G5 Sahel ?

❍ a. Le Sénégal.
❍ b. Le Mauritanie.
❍ c. Le Niger.

15 Fin 2022, combien d'hommes comptera l'opération Barkhane ?

❍ a. 5 100.
❍ b. 2 500.
❍ c. 0.

16 À quelle date doivent normalement se tenir les prochaines élections présidentielles au Mali ?

❍ a. Le 27 février 2022.
❍ b. Le 24 mai 2022.
❍ c. Le 31 octobre 2022.

17 Qu'est-ce que « Sheikh Jarrah » ?

❍ a. Un quartier à majorité palestinienne à Jérusalem.
❍ b. Le nom de la zone nord de la bande de Gaza.
❍ c. Le nom de la branche armée du Hamas.

18 Quel est le nom du mouvement ultraorthodoxe d'extrême droite israélien ?

❍ a. Tsahal.
❍ b. Lahava.
❍ c. Knesset.

19 Quel est le nom des accords ayant permis la normalisation des relations entre Israël et certains États arabes ?

❍ a. Accords d'Abraham.
❍ b. Accords de Jérusalem.
❍ c. Accords d'Al-Jalaa.

20 Qu'est-ce que le « Dôme de fer » israélien ?

❍ a. Le surnom des services de renseignement israéliens.
❍ b. Le nom de la stratégie offensive adoptée par Netanyahu.
❍ c. Le système de bouclier antimissile israélien.

21 Quelle est la particularité religieuse d'Ebrahim Raïssi ?

❍ a. Il est ayatollah.
❍ b. Il est descendant du prophète Mahomet.
❍ c. Il est sunnite.

22 Quelle a été la plus haute fonction judiciaire occupée par Ebrahim Raïssi ?

❍ a. Procureur général.
❍ b. Chef de l'autorité judiciaire.
❍ c. Guide suprême.

23 En quelle année Ebrahim Raïssi a-t-il participé à la commission spéciale condamnant à mort des opposants politiques ?

❍ a. En 1979.
❍ b. En 1988.
❍ c. En 2000.

24 Quelle est la position d'Ebrahim Raïssi sur l'accord sur le nucléaire iranien ?

- ❍ a. Il s'est engagé à le respecter.
- ❍ b. Il souhaite négocier une nouvelle version de l'accord plus conforme aux intérêts de l'Iran.
- ❍ c. Il souhaite s'en retirer dès que possible.

25 Avant les élections de 2020, qu'est-ce qui caractérisait l'économie biélorusse ?

- ❍ a. Un investissement important du gouvernement dans l'économie nationale.
- ❍ b. Une dérégulation complète de l'économie.
- ❍ c. Une croissance économique plus faible que celles des anciens pays soviétiques.

26 Qui est autorisé à se présenter à l'élection présidentielle biélorusse d'août 2020 ?

- ❍ a. Sergueï Tikhanovski.
- ❍ b. Svetlana Tikhanovskaïa.
- ❍ c. Viktor Babariko.

27 Que fait, depuis 2020, le gouvernement d'Alexandre Loukachenko ?

- ❍ a. Il organise des élections démocratiques surveillées par des observateurs internationaux.
- ❍ b. Il autorise la candidature d'une épouse de candidat.
- ❍ c. Il ne laisse aucune place à la démocratie, en muselant l'opposition.

28 Avec quel ou quels pays la Biélorussie a-t-elle pour projet de s'unir politiquement depuis 1997 ?

- ❍ a. Les pays de la Communauté des États indépendants (9 anciennes Républiques socialistes).
- ❍ b. Les pays de l'Union européenne.
- ❍ c. La Russie.

29 Quel est le nom de l'ONG fondée par Alexeï Navalny en 2011 ?

- ❍ a. La Fondation anti-capitaliste (KFA).
- ❍ b. La Fondation anti-corruption (FBK).
- ❍ c. L'Association libérale russe (RLA).

30 Pour quelles élections Alexeï Navalny est-il déclaré inéligible par la Commission électorale centrale russe ?

- ❍ a. La présidentielle de 2018.
- ❍ b. Les municipales de 2013.
- ❍ c. Les législatives de 2021.

31 Où Alexeï Navalny est-il soigné suite à son empoisonnement en août 2020 ?

- ❍ a. En France.
- ❍ b. Aux États-Unis.
- ❍ c. En Allemagne.

32 Qu'arrive-t-il à Alexeï Navalny après son retour en Russie en janvier 2021 ?

- **a.** Il est condamné à deux ans et demi de prison.
- **b.** Une nouvelle tentative d'empoisonnement a lieu contre lui.
- **c.** Il est félicité par Vladimir Poutine.

33 Quel est le nom de l'entreprise ayant édité le logiciel espion Pegasus ?

- **a.** Amesys.
- **b.** Thalès.
- **c.** NSO Group Technologies.

34 Quel pays a présélectionné le plus de numéros de téléphone selon l'enquête de 2021 ?

- **a.** Le Mexique.
- **b.** Le Maroc.
- **c.** Israël.

35 Combien l'acquisition d'une licence Pegasus pour un numéro coûte-t-elle environ ?

- **a.** 15 000 dollars.
- **b.** 25 000 dollars.
- **c.** 30 000 dollars.

36 Quel est le nom de l'ancien Premier ministre marocain, dont le numéro a été présélectionné, en 2021 ?

- **a.** Saad Dine El-Otmani.
- **b.** Saaïd Amzazi.
- **c.** Moulay Hafid Elalamy.

Corrigé

1c, 2a, 3c, 4c, 5a, 6a, 7c, 8c, 9c, 10b, 11c, 12b, 13b, 14a, 15b, 16a, 17a, 18b, 19a, 20c, 21b, 22b, 23b, 24a, 25a, 26b, 27c, 28c, 29b, 30a, 31c, 32a, 33c, 34a, 35b, 36a.

PARTIE 2

POLITIQUE FRANÇAISE ET EUROPÉENNE

Les élections départementales et régionales : une tragédie démocratique ?

Valérie Morin

Les élections départementales et régionales ont eu lieu les 20 et 27 juin 2021 alors que la France était soumise à la troisième vague de la pandémie de Covid-19. Si elles ont donné une prime aux sortants sans révolutionner la vie politique française, elles montrent surtout une très forte abstention, qui fait peser une menace sur la démocratie.

▸ Le contexte particulier des élections départementales et régionales

En 2021, les deux élections, en deux tours, se sont tenues le même jour, ce qui est exceptionnel. Leur mode de scrutin est différent. Les élections départementales présentent des binômes paritaires (une femme et un homme) et des suppléants aussi à parité par canton, élus à la majorité. Pour se maintenir au second tour, chaque binôme doit avoir obtenu 12,5 % du nombre d'électeurs inscrits dans le canton. Les élections régionales ont lieu au scrutin de liste. Les listes doivent être paritaires. Si une liste obtient la majorité absolue au premier tour, un quart des sièges lui revient et les autres sièges sont répartis entre toutes les listes ayant obtenu au moins 5 % des suffrages exprimés. La répartition des sièges se fait à la proportionnelle. Pour se maintenir au second tour, une liste doit avoir obtenu au moins 10 % des suffrages exprimés. Entre les deux tours, les listes peuvent être modifiées en intégrant des candidats des listes ayant obtenu au moins 5 % des voix au premier tour. Les sièges sont répartis au second tour comme lors du premier tour si une liste obtient la majorité des voix.

Devant l'arrivée d'une troisième vague de coronavirus à l'hiver 2020-2021, le gouvernement choisit de différer les élections territoriales qui devaient se tenir en mars. La loi n° 2021-191 du 22 février prévoit le report des élections les 20 et 27 juin, mais aussi un certain nombre de dispositifs pour s'adapter à la situation : la possibilité pour les électeurs de disposer de deux procurations par personne (au lieu d'une), celle d'utiliser une seule machine à voter pour les deux élections et l'obligation pour l'État de fournir aux communes les masques pour la protection sanitaire des membres des bureaux de vote. La durée de la campagne est portée à dix-neuf jours (au lieu de douze) et le plafond des dépenses est augmenté de 20 %. Le calendrier électoral de 2027 est aussi modifié pour ne pas coïncider avec les élections présidentielles et législatives du printemps 2027. Elles auront donc lieu en mars 2028, ce qui monte les mandats des élus de 2021 à six ans et neuf mois.

▸ Les résultats et leurs conséquences sur la vie politique française

La caractéristique principale des élections régionales est la « *prime aux sortants* », comme l'écrit Richard Ferrand dans une lettre adressée au Premier ministre. Tous les présidents qui se représentaient ont été réélus. Les équilibres politiques ne bougent quasiment pas. La gauche conserve les cinq régions qu'elle possédait et gagne la Réunion. Le Rassemblement national (RN), qui espérait conquérir la région PACA, a été vaincu par la « discipline républicaine », le retrait de la liste d'union de la gauche de Jean-Laurent Felizia ayant permis la victoire de Renaud Muzelier (LR) face à Thierry Mariani (RN). Chez La République en Marche (LREM), la déception est aussi très forte. Aucun des quinze ministres présents sur les listes n'a réussi à faire basculer l'élection. Le parti n'a visiblement pas réussi à s'ancrer localement. Les Verts progressent mais n'arrivent pas à gagner une région malgré de vastes coalitions de gauche derrière eux. Ils se retrouvent à la deuxième place en Pays de la Loire avec Matthieu Orphelin et en Île-de-France avec Julien Bayou. La liste unique de gauche qui s'était rassemblée dans les Hauts-de-France derrière la candidate Europe Écologie les Verts (EELV), Karima Delli, ne fait que 21,98 % des voix loin derrière Xavier Bertrand, réélu.

Pour les départementales, on assiste à une nouvelle poussée de la droite au niveau national au nombre de cantons remportés. Elle remporte 64 départements sur les 95 en jeu (on ne votait pas à Paris, à Lyon ni en Corse). Elle récupère cinq départements : les Alpes-de-Haute-Provence, l'Ardèche, le Finistère, le Puy-de-Dôme et le Val-de-Marne. Ce dernier était le dernier département communiste de France, et son basculement marque une forme d'usure de la politique territoriale de ce parti. La gauche néanmoins 30 départements. Elle en gagne même deux : les Côtes-d'Armor et la Charente. Elle conserve une forte présence dans le quart sud-ouest de la France. EELV ne remporte aucun département mais progresse en nombre d'élus grâce à ses alliances avec les partis de gauche. Enfin, le RN remporte quelques cantons principalement dans ses fiefs du Sud-Est et du Pas-de-Calais. Mais il représente moins de 10 % des voix au niveau national.

Les résultats du second tour des élections régionales

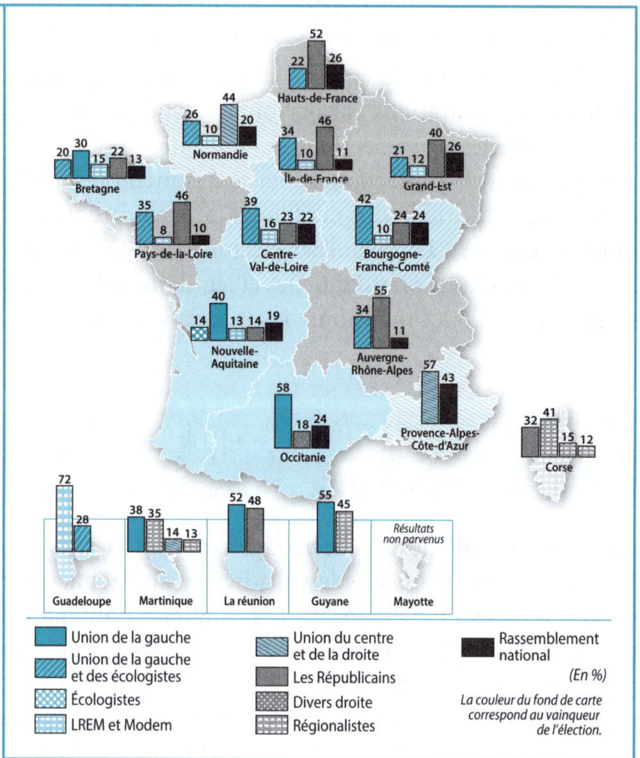

Source : ministère de l'Intérieur.

▸ La victoire de l'abstention

Mais la grande tendance de ces élections territoriales est bien l'abstention particulièrement élevée. Pour les régionales, la participation est de 33,28 % au premier tour et de 34,69 % au deuxième (en 2015, elle était respectivement de 49,91 % et de 58,41 %). Pour les départementales, elle est quasiment équivalente : 33,32 % au premier tour et 34,36 % au deuxième (en 2015, 50,17 % et 49,98 %). Seuls trois électeurs sur dix se sont déplacés aux urnes. Cette abstention touche plus particulièrement les jeunes, les milieux populaires et les femmes – d'où les très faibles scores du RN puisque ces catégories représentent le cœur de ses électeurs, et cela malgré les appels à la mobilisation de sa présidente, Marine Le Pen. Il n'y a d'ailleurs pas eu de sursaut dans l'entre-deux-tours comme on le constate lors d'autres élections.

Taux d'abstention au second tour des élections régionales depuis 2004

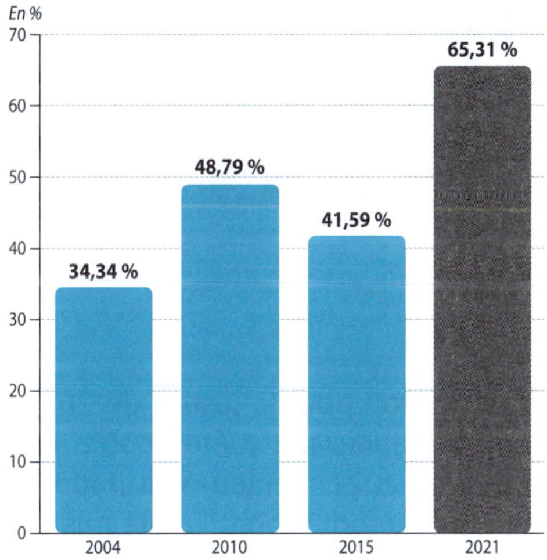

Source : ministère de l'Intérieur.

Comment peut-on expliquer cela ? Il est vrai que les élections territoriales n'ont jamais mobilisé les électeurs, qui n'en connaissent pas vraiment les enjeux. Les compétences des collectivités territoriales sont mal connues et éloignées des problématiques des citoyens qui sont plutôt la sécurité, la santé et les impôts (d'après un sondage de mars 2021 pour *Libération*), trois domaines qui ne relèvent pas de la compétence des régions et des départements. Mais cela n'explique pas tout. Il est évident que les partis politiques ne sont plus les animateurs du débat politique et de la vie locale qu'ils ont pu être. Ils souffrent d'une réelle défiance démocratique.

Se pose alors la question de changer les pratiques pour dynamiser la vie démocratique. L'Assemblée nationale a lancé en octobre une consultation citoyenne pour mieux cerner les causes de l'abstention. Plusieurs solutions sont d'ores et déjà envisagées : mise en place du scrutin proportionnel pour une meilleure représentation des points de vue, instauration d'un référendum d'initiative populaire comme le souhaitent les Gilets jaunes, mise en place du vote obligatoire ou du vote à distance, comptabilisation des votes blancs. Toutes les solutions sont proposées et débattues à la suite de ce fiasco démocratique, sans que ne se dégagent cependant de réels consensus entre les partis. Sans doute, la pandémie, des élections fin juin, un redécoupage régional mal expliqué, un divorce entre les responsables politiques et les Français peuvent-ils mieux expliquer cette désaffection.

Mise en perspective

La dynamique électorale a changé de camp. Ni LREM ni le RN n'ont réussi à détrôner les partis traditionnels. Un duel Emmanuel Macron contre Marine Le Pen au deuxième tour pour la présidentielle de 2022 reste-t-il envisageable ?

La réforme de la justice en France : vers plus de confiance ?

par Jérôme Calauzènes

Suite à la loi de programmation pour la justice de 2019, le projet de loi pour la confiance dans l'institution judiciaire a été adopté en première lecture par l'Assemblée nationale en mai 2021. L'enjeu était important, d'autant plus que le ministre de la Justice, Éric Dupont-Moretti, a été mis en examen pour « *prise illégale d'intérêts* » en juillet et que certains points de la réforme font débat.

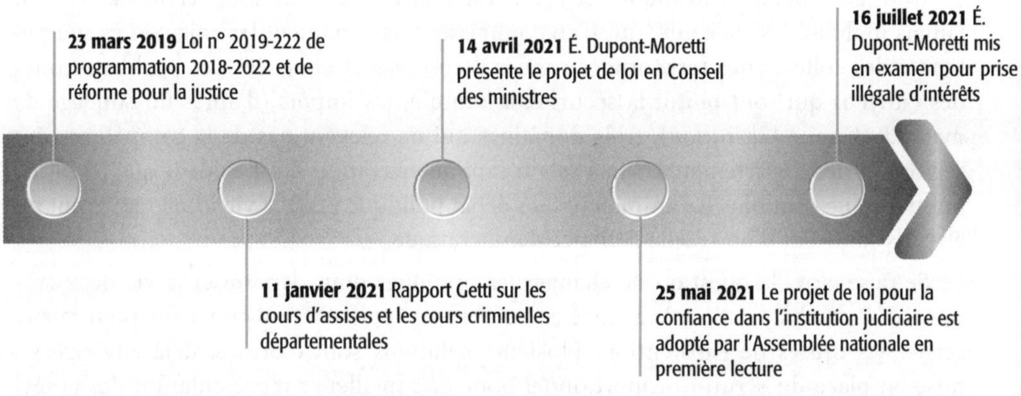

▸ La généralisation des cours criminelles départementales sans jury populaire

Les cours criminelles départementales, composées de cinq magistrats professionnels sans jury populaire constitué de citoyens tirés au sort, sont généralisées à compter du 1er janvier 2022. Elles avaient été créées à titre expérimental par la loi de programmation pour la justice de 2019 et deviennent compétentes pour juger en première instance des crimes punis de quinze à vingt ans de réclusion criminelle, ce qui représentera environ 60 % des affaires et des viols dans 90 % des cas. En appel, en revanche, les affaires seront examinées par une cour d'assises classique.

L'objectif est de désengorger les cours d'assises, jusqu'alors seules habilitées à juger les viols, les meurtres et les vols à main armée. Les expérimentations ont en effet montré que les cours criminelles départementales permettaient de gagner du temps (en moyenne une journée et demie d'audience par procès par rapport aux assises classiques) et le taux d'appel y est inférieur (21 % contre 32 %). Les cours criminelles départementales permettront aussi d'éviter que nombre d'affaires de viols se retrouvent jugées en correctionnelle et que leurs auteurs soient condamnés à des peines plus faibles. En effet, la requalification des viols en délits d'agression sexuelle est aujourd'hui relativement fréquente afin d'obtenir un procès plus rapidement (en moyenne 13,5 mois de délai en 2018).

Pourtant certains, et notamment les avocats, émettent des critiques sur cet aspect de la réforme. D'une part, selon les détracteurs, il s'agit d'une justice sans jury populaire, rendue uniquement par des magistrats professionnels. Or, la participation des citoyens à la justice est un des fondements de la démocratie. D'autre part, contrairement aux avocats ou aux magistrats qui ont accès au dossier avant le procès, actuellement, les jurés découvrent l'affaire pendant le procès, ce qui nécessite l'audition des témoins et des experts. Avec les cours criminelles, le risque serait que ces derniers ne soient plus convoqués alors que leur témoignage peut parfois varier, ou être moins catégorique. Le gain de temps signifierait, en contrepartie, un procès désincarné, voire bâclé. Le risque est enfin que les cours criminelles soient à leur tour saturées.

Des mesures pour renforcer le sentiment de sécurité

En réponse aux manifestations des policiers, en mai 2021, et à la volonté d'une partie de la population de mettre fin à une justice dite « laxiste », le Parlement a ajouté certaines mesures dans la loi.

Tout d'abord, la période de sûreté est portée à trente ans pour les auteurs de crimes contre un policier ou un gendarme, alors qu'aujourd'hui cela n'était prévu que pour les crimes commis en bande organisée.

De plus, le rappel à la loi est supprimé comme alternative aux poursuites. Il s'agissait en fait d'un simple avertissement à certaines personnes ayant commis une infraction de faible gravité (vols sans violence, par exemple). Les magistrats s'inquiètent de cette abrogation décidée sans alternative alors qu'elle représentait 21 % de la réponse pénale apportée en 2019. Ils affirment que le rappel à la loi est une façon à la fois simple, rapide et peu coûteuse, de répondre à un acte de faible gravité. Avec cette suppression, c'est donc soit un classement sans suite (ce qui peut entraîner un sentiment d'impunité), soit une alternative plus lourde, voire des poursuites pénales, ce qui surchargerait la justice encore plus.

Enfin, l'automaticité de la libération sous contrainte en fin de peine de détention est supprimée et les réductions de peine pour les auteurs de violences sur les personnes dépositaires de l'autorité publique sont diminuées. Pour tous les détenus, les crédits automatiques de réduction de peine sont supprimés. À la place, les juges de l'application des peines pourront octroyer jusqu'à six mois de réduction de peine par an aux condamnés pour bonne conduite et s'ils ont fait des efforts de réinsertion (hors terrorisme).

Organisation de la justice française

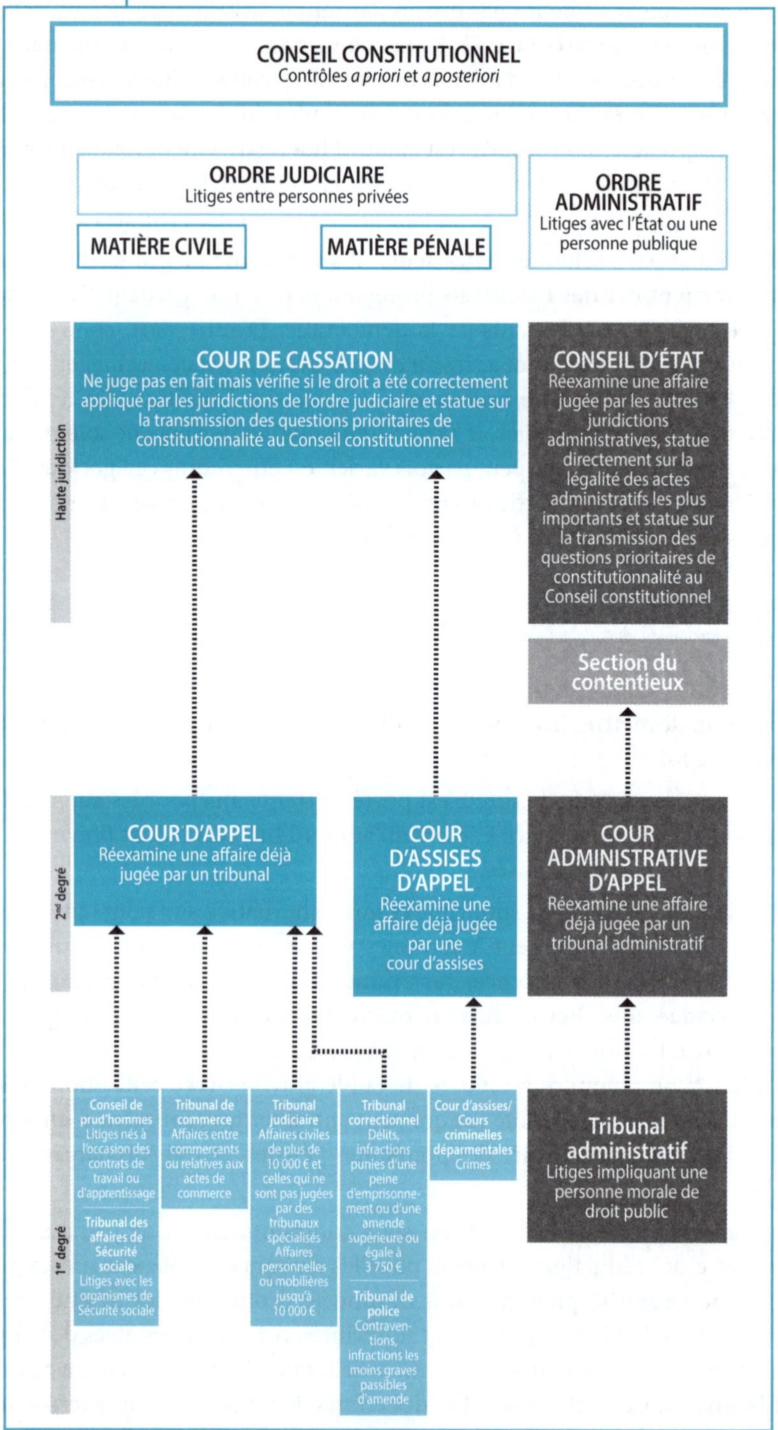

Source : ministère de la Justice.

▸ D'autres mesures moins polémiques

Les procès pourront être filmés à des fins pédagogiques, au civil ou au pénal, « *pour un motif d'intérêt général* ». Une fois l'affaire définitivement jugée, ils pourront être diffusés sur le service public, avec l'accord et dans le respect des droits des parties (droit à l'image, présomption d'innocence, droit à l'oubli…). Cette possibilité de filmer et de diffuser est même étendue aux audiences, aux interrogatoires et aux confrontations réalisées par le juge d'instruction. Les audiences publiques devant la Cour de cassation et le Conseil d'État pourront être diffusées en direct (comme le fait le Conseil constitutionnel), après accord des parties.

Cette mesure pose cependant la question de l'opportunité de filmer tous les procès. La justice est certes publique et chacun est autorisé à assister à des procès (à l'exception de ceux qui se tiennent à huis clos). Mais la diffusion, *a fortiori* en direct, de tous les procès, comme cela peut se faire aux États-Unis, risque d'accentuer la pression médiatique sur les magistrats. De plus, un prévenu pourra être jugé à l'aune de sa prestation sur les écrans. Le Conseil constitutionnel a rendu, en décembre 2019, une décision concluant que la justice avait besoin de garantir la sérénité des débats et que la présence de caméras ne garantissait pas cette sérénité. D'un autre côté, la justice doit pouvoir être transparente et accepter de se montrer. Les citoyens sont en demande et ils ont besoin de savoir comment se déroule réellement un procès, et les moyens techniques existent déjà pour cela. Le syndicat de la magistrature est d'ailleurs plutôt favorable au fait de filmer la justice du quotidien (mais pas les grands procès très médiatiques).

L'objectif de la réforme est aussi que la justice soit rendue plus rapidement. Une audience préparatoire criminelle permettra aux parties de se mettre d'accord sur le déroulement du procès (liste des témoins et des experts, durée du procès). Les enquêtes préliminaires seront mieux encadrées et leur durée sera désormais limitée à deux ans, avec une possible prolongation d'un an, sur décision du procureur de la République. Enfin, la médiation est développée (pour les divorces par exemple) et les accords contresignés par des avocats n'auront plus à passer par un juge, après visa du greffe de la juridiction.

Certaines mesures concernent enfin les détenus. Un contrat d'emploi pénitentiaire, à temps plein ou partiel, pourra être conclu entre le détenu et l'administration pénitentiaire, à durée déterminée ou indéterminée, et respectera les dispositions du Code du travail sur les temps de repos, la durée du travail, les heures supplémentaires… De même, la fin de peine doit être mieux anticipée pour permettre l'accompagnement des détenus.

▸ Mise en perspective

À la Cour pénale internationale de La Haye, aux Pays-Bas, tous les procès sont filmés, ce qui accrédite la thèse d'une justice plus transparente. Cela pourrait être un modèle pour la France.

Quel avenir pour la réforme des retraites en France ?

par Jérôme Calauzènes

En 2018, en lien avec un déficit croissant des caisses de retraite, une réforme des retraites a été engagée par la présidence de la République et par le gouvernement Philippe. Malgré des manifestations importantes, le texte était passé en mars 2019, mais la crise du coronavirus est venue interrompre le processus. En 2021, alors que la crise sanitaire se poursuit, la question d'une reprise de la réforme se pose.

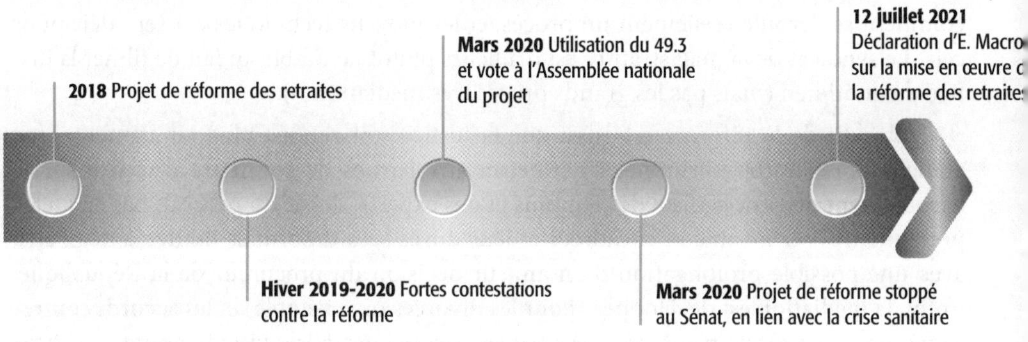

▸ Un projet de réforme en profondeur

Cette réforme des retraites s'applique à toute personne née après 1975 et vise à maintenir un système de retraite par répartition.

Il prévoit notamment la fin des quarante-deux régimes spéciaux au profit d'un système universel en répartition. Le calcul des pensions se fera par points, dont la valeur devra évoluer au rythme de l'inflation, accumulés « *tout au long de la carrière professionnelle* ». Le système fonctionne ainsi : un actif cotise et accumule chaque année un nombre de points transformés ensuite en pension mensuelle une fois l'âge de la retraite atteint. Chaque personne dispose d'un compte sur lequel les points sont additionnés. Les points sont par la suite transformés en une somme d'argent que le retraité recevra chaque mois. Le passage de points à une pension se fait *via* un coefficient de conversion qui peut prendre en compte plusieurs facteurs (nombre d'années cotisées, espérance de vie moyenne du pays…). La pension correspond donc au nombre de points acquis durant la vie active multiplié par la valeur du point en vigueur à la date du départ à la retraite. Le régime général français et les régimes complémentaires (Agirc et Arrco) fonctionnent de cette façon.

L'âge légal de départ à la retraite est maintenu à 62 ans. Mais, en vue d'inciter les Français à travailler plus longtemps, l'exécutif veut mettre en place un âge pivot, à 64 ans, avec un mécanisme de décote ou de surcote de la pension. L'âge pivot dépendrait de l'espérance de vie de la génération à laquelle l'assuré appartient. Autrement dit, il pourrait être révisé pour prendre en compte les contraintes financières du régime. Il existe par ailleurs des dérogations à cet âge légal. Il peut descendre à 57, voire à 52 ans pour les fonctionnaires exerçant des fonctions régaliennes (policiers, douaniers…) ou pour les égoutiers recrutés avant 2022.

Pour les travailleurs exposés à des facteurs de pénibilité, une visite médicale à 55 ans sera généralisée ainsi que l'amélioration des modalités d'acquisition de points, dans le cadre du compte professionnel de prévention, pour les travailleurs exposés à plusieurs facteurs de risques professionnels.

À terme, aucune retraite ne devra être en dessous d'un seuil de 85 % du SMIC.

Un projet de loi organique a en outre été adopté, à la suite d'un vote, par l'Assemblée nationale en mars 2020. Il doit encadrer la réforme sur le plan financier, notamment en établissant une règle d'or obligeant le système de retraite à être à l'équilibre pendant cinq ans.

La réforme des retraites telle qu'elle était prévue dans le projet de loi voté en 2020

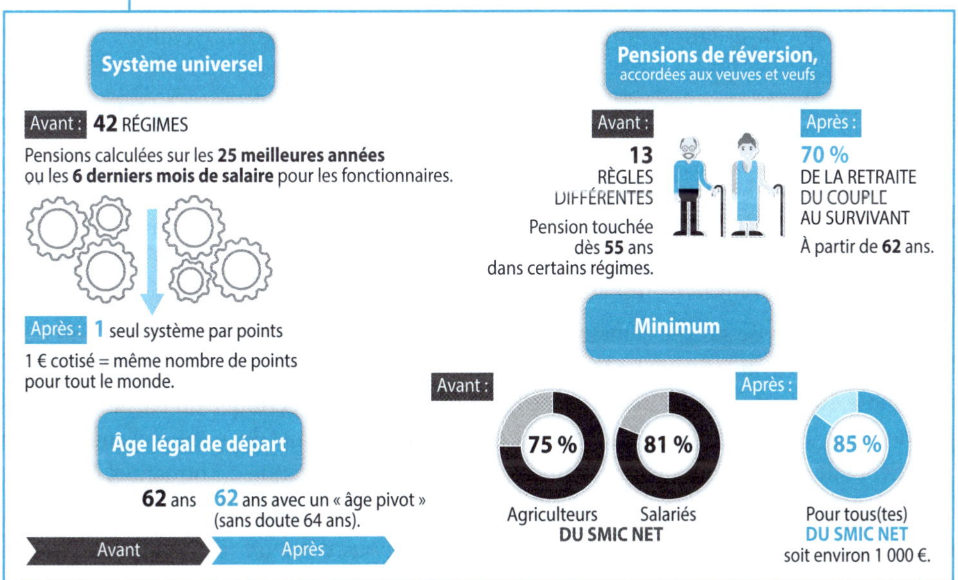

Source : rapport Delevoye.

▸ Un projet contesté puis stoppé par la crise sanitaire

De nombreux salariés et fonctionnaires ainsi que des syndicats (FO, CGT, CFDT…) se sont opposés à cette réforme et des grèves importantes ont eu lieu à l'hiver 2019-2020. Elles ont notamment réuni entre 800 000 et 1,5 million de personnes dans toute la France le 5 décembre 2019. Lors de cette première journée de grande mobilisation, 51 % des professeurs des écoles et 42 % des professeurs de collège et de lycée se sont mis en grève, leur retraite étant particulièrement touchée par la réforme, de même que 55 % du personnel de la SNCF et de la RATP. De nombreux sondages indiquaient qu'une majorité des Français étaient d'ailleurs opposés à la réforme.

Le débat s'est aussi porté sur l'utilisation du 49.3 (qui permet de faire passer une loi sans le vote du Parlement) pour faire adopter une réforme impopulaire, mais également sur la multiplication des amendements par l'opposition lors de la procédure de débat parlementaire afin de retarder son adoption.

La réforme des retraites a finalement été stoppée par la crise de la Covid-19 au Sénat (après son adoption par l'Assemblée nationale), les priorités du gouvernement se portant sur le contexte sanitaire.

Des interrogations subsistent quant à sa mise en place avant la fin du quinquennat, en 2022, alors qu'Emanuel Macron en avait fait une promesse de campagne. Des questions peuvent également se poser par rapport aux réactions de l'opinion publique, des salariés et des partenaires sociaux… Le secrétaire d'État chargé de la réforme, Laurent Pietraszewski, a déclaré le 24 janvier 2021 que les conditions n'étaient pas réunies pour relancer la réforme. Mais le 12 juillet, Emmanuel Macron a affirmé que la réforme sera engagée dès que la situation sanitaire le permettra et l'a répété le 9 novembre.

▸ Les enjeux liés à une reprise de la réforme avant 2022

Dans un rapport sur les grands défis économiques élaboré par un groupe d'économistes français et internationaux, piloté par Olivier Blanchard et Jean Tirole, les auteurs insistent sur la nécessité d'une telle réforme : « *Le vieillissement de la population place le système de retraite français dans une dangereuse recherche d'équilibre entre soutenabilités financière et sociale.* »

La question divise surtout la majorité. Parmi les partisans d'une réforme avant la présidentielle de 2022, on trouve Bruno Le Maire, ministre de l'Économie, des Finances et de la Relance. À l'opposé, Richard Ferrand, président de l'Assemblée nationale, critique un réexamen précipité du texte. Il pense plutôt qu'une réforme mieux mûrie pourrait faire une excellente mesure d'un début de second quinquennat, dans l'hypothèse d'une réélection d'Emmanuel Macron.

Il s'agit enfin de savoir de quelle réforme on parle, car le chef de l'État a annoncé que la réforme ne serait pas reprise intégralement. Certains poussent à un relèvement de l'âge de départ à 64 ans, contre 62 ans aujourd'hui. Pour nombre de syndicats, cette mesure constitue une « *ligne rouge* ». D'autres estiment qu'une réforme *a minima*, par décret, serait la meilleure solution autour de deux points : la suppression des régimes spéciaux (SNCF, RATP…) et l'instauration d'un minimum de retraite à 1 000 euros pour une carrière complète.

La réforme est un enjeu pour le chef de l'État, qui pourrait briguer un second mandat. D'un côté, son électorat, qui le soutient pour son volontarisme réformateur, serait déçu d'un certain immobilisme en la matière. Mais de l'autre, un conflit social comme celui des Gilets jaunes ou des manifestations contre la réforme cliveraient encore plus et risqueraient d'alimenter un vote contestataire. Parallèlement, reculer l'âge de la retraite permettrait de couper l'herbe sous le pied du candidat de la droite pour 2022, en lui ôtant cet angle d'attaque. Cela contraindrait aussi Marine Le Pen à expliquer comment elle abaisserait l'âge de départ à 60 ans tout en remboursant la dette.

Il s'agit donc de consolider la base électorale LREM, mais aussi de l'élargir, ce qui semble antinomique. En effet, selon une étude IFOP publiée début juin 2021, 72 % des sympathisants de LREM et 70 % de ceux du LR se disaient favorables à un retour de la réforme des retraites. Mais dans l'ensemble de la population, 66 % des Français se disent opposés à un recul de l'âge légal, selon un sondage BVA du 2 juillet 2021.

Les Français et la réforme des retraites en 2021.

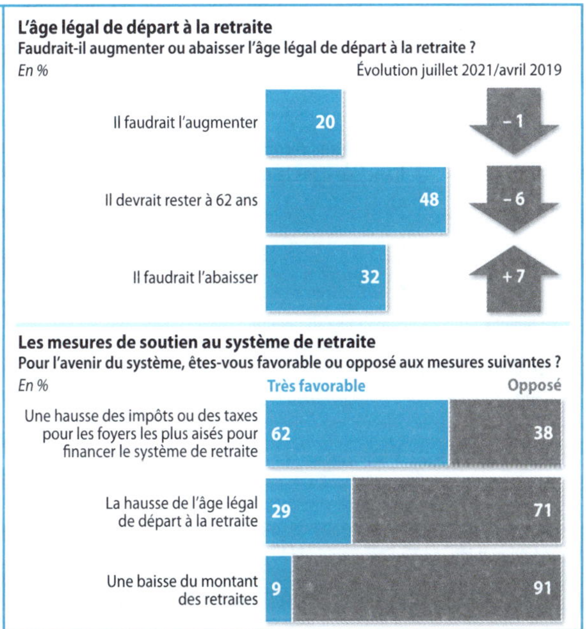

Étude établie pour *Les Echos*, Radio classique et l'institut Montaigne les 6-7 juillet 2021.

Mise en perspective

Afin de résoudre le déficit des caisses de retraite, plusieurs solutions sont envisageables : reculer l'âge de départ à la retraite, diminuer les pensions, ou augmenter les taux de cotisation. Certains affirment qu'il ne faut pas tenir compte du déficit, car celui-ci se rééquilibrera dans quelques années lorsque le nombre de retraités diminuera par rapport au nombre d'actifs.

Rapports Stora et Duclert vers une « réconciliation » des mémoires ?

par Alice Volkwein

En 2021, le rapport Duclert, sur le Rwanda, et le rapport Stora, sur l'Algérie, sont publiés. Ces deux rapports, qui se penchent sur des pages sombres de l'histoire française, sont le fruit d'une politique mémorielle annoncée par Emmanuel Macron dès sa campagne électorale de 2017. L'objectif est d'apaiser les mémoires et d'inaugurer de nouvelles relations avec le continent africain. Quel bilan en tirer ?

- **1830-1962** L'Algérie est française au sein de l'Empire colonial français
- **1994** Génocide des Tutsis au Rwanda
- **1995** Chirac reconnaît la responsabilité française dans la rafle du Vél' d'Hiv
- **23 février 2005** La loi portant reconnaissance de la Nation et contribution nationale en faveur des Français rapatriés reconnaît le « *rôle positif* » de la colonisation
- **Février 2017** Macron qualifie la colonisation de « *crime contre l'humanité* »
- **2021** Rapports Stora (janvier) et Duclert (mars)

▸ Le rapport Duclert sur le Rwanda ou les voies d'une mémoire « apaisée »

Emmanuel Macron a annoncé, dès 2017, sa volonté de faire la lumière sur les responsabilités françaises pendant la période coloniale, d'une part, et au Rwanda, d'autre part. Il a commandé deux rapports sur ces périodes.

Le rapport Duclert sur le génocide du Rwanda qui, en 1994, fit près d'un million de morts parmi la minorité tutsie et les Hutus modérés, a de fait permis d'apaiser les débats autour de cette mémoire. Ce rapport, lourd de près de 1 000 pages, a été salué par le président rwandais comme un « *pas important* ». Il est le travail des 13 historiens composant la commission dirigée par Vincent Duclert et est considéré comme scientifiquement incontestable. La commission a eu exceptionnellement accès à l'ensemble des fonds d'archives français concernant le Rwanda entre 1990 et 1994.

Les conclusions établissant les « *responsabilités lourdes et accablantes* » de la France dans la tragédie, mais écartant toute idée de complicité, ont été perçues comme justes dans les deux pays et confirmées par un deuxième rapport commandé par le Rwanda à un cabinet d'avocats américain. Les deux rapports mettent un terme aux polémiques régulières sur le rôle de l'armée française, mais pointent sans complaisance l'aveuglement du président Mitterrand, ami du dictateur Habyarimana, et la vision postcoloniale de l'état-major qui, engagé en 1990 pour soutenir la démocratisation du pays, a en 1994 ignoré la dynamique génocidaire.

Ce rapport Duclert arrive dans un contexte diplomatique marqué par une volonté d'apaisement, que ledit rapport, envoyé immédiatement à Kigali, n'a fait qu'accélérer. Fin mai, E. Macron s'est ainsi rendu au Mémorial du génocide à Kigali pour y reconnaître les « *responsabilités* » françaises. La nomination, en 2021, d'un ambassadeur français à Kigali, poste vacant depuis 2015, en est la conséquence. De plus, la société française semble aujourd'hui sensibilisée à cette histoire suite à l'instauration, en 2019, d'un jour dédié à la commémoration du génocide (le 7 avril), au renforcement de la place du génocide dans les programmes scolaires, à la multiplication de plaques commémoratives et à la parution d'ouvrages mettant en récit cet épisode traumatique, tel le roman autobiographique de Gaël Faye, *Petit pays* paru en 2016.

Le génocide des Tutsis au Rwanda en 1994

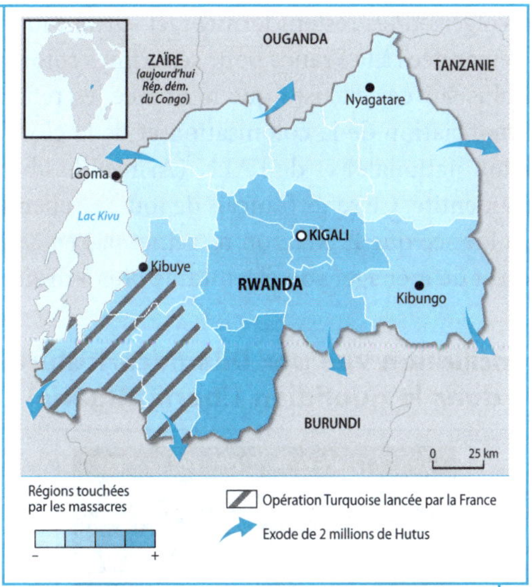

Source : AFP.

▸ Le rapport Stora sur l'Algérie française, premier pas pour réunir des mémoires éclatées

Le rapport Stora, remis le 20 janvier 2021, sur la mémoire de la colonisation et de la guerre d'Algérie a suscité plus de débats. Pourtant, Benjamin Stora, né en Algérie, est un historien reconnu, et la volonté politique réelle. En 2017, lors d'un voyage en Algérie, le candidat E. Macron qualifie la colonisation de « *crime contre l'humanité* » suscitant des réactions indignées à droite. Le rapport Stora n'est d'ailleurs pour E. Macron que le point de départ d'une entreprise plus vaste de « *réconciliation* ». Il s'accompagne de 22 recommandations allant de la panthéonisation de Gisèle Halimi à la mise en place d'une commission « Mémoire et vérité » en passant par des mesures pour faciliter le travail des historiens, mais aussi la libre circulation des Harkis entre la France et l'Algérie, ou encore l'organisation de commémorations communes.

En France, les débats restent vifs au sein de la société. Contrairement au cas rwandais, il s'agit ici de la mémoire d'une période longue de plus d'un siècle qui implique non seulement l'État et l'armée française, mais l'ensemble de la société française où se mélangent aujourd'hui les descendants de Harkis et de Pieds-Noirs, des immigrés et des nostalgiques de l'Algérie française. Un mérite du rapport est d'ailleurs de revenir sur les méandres de ces mémoires éclatées que B. Stora veut « *décloisonner* » sans prétendre écrire un récit unique. Les réactions sont plutôt favorables à gauche mais, à droite et parmi les représentants de Harkis, le rapport est perçu comme complaisant avec l'Algérie. Le rapport n'a pas véritablement suscité, au-delà du cercle universitaire, de larges débats publics, ce qui s'explique en partie par le contexte de la crise sanitaire.

En Algérie, le rapport est perçu comme partial et franco-français, ce qu'il est en partie puisque les archives algériennes restent fermées, et surtout inopérant car ignorant la question des excuses demandées à la France pour ses crimes coloniaux. Le débat algérien se cristallise d'autant plus sur ces excuses que la France les refuse alors que le régime algérien a fait de la dénonciation de la colonisation et de la glorification de la lutte du FLN (Front de libération nationale) et de l'ALN (Armée de libération nationale) une pierre angulaire de son identité. Ce refus français de toute « repentance » fait partie de la position officielle de la France que E. Macron ne remet pas en cause, afin d'éviter toute demande de réparation et de ménager son électorat le plus à droite.

La réconciliation vue par Dilem (caricature parue dans le quotidien *Liberté Algérie*)

© Dilem/DR.

▸ Défis et évolution des mémoires coloniales en Europe

Les débats soulevés par le rapport Stora s'inscrivent en outre dans un contexte international marqué par un sursaut mémoriel autour du passé colonial depuis les manifestations en 2020 du mouvement Black Lives Matter. De nombreux mouvements demandent une décolonisation de l'espace public. À Paris, le *Guide du Paris colonial et des banlieues* de D. Epsztein et P. Silberstein ne recense pas moins de 200 rues, places et avenues portant le nom de figures de la colonisation. À Berlin, la Mohrenstrasse (rue des Maures) a récemment été débaptisée. En Belgique, plusieurs statues du roi Léopold II, artisan de la colonisation belge, ont été repeintes en rouge.

Ces demandes mémorielles bousculent la mémoire officielle et trouvent en partie un écho à l'Université, où se sont développées les études décoloniales, postulant la continuité de pratiques coloniales au-delà de l'époque coloniale *stricto sensu*. Mais si les historiens appellent à un examen sans concession du colonialisme, une majorité rejette la destruction de ses traces. À l'instar de B. Stora, les historiens veulent « *expliquer et non détruire* », renouveler l'histoire coloniale dans les librairies, les musées, les écoles et à la télévision plutôt que déboulonner des statues.

De fait, comparée à ses voisins européens, la France n'est pas à la traîne. Ainsi, la place de la mémoire coloniale reste à définir en Allemagne, dans l'actuelle Namibie où le génocide des Héréros et Namas par l'Empire allemand en 1904 n'est toujours pas enseigné. Le contexte mémoriel est particulier outre-Rhin, où la mémoire de la Shoah occupe une place centrale, mais c'est aussi une question de réparations qui complique le dialogue avec la Namibie. Berlin a adressé en 2021 des excuses et proposé 10 millions d'euros d'indemnisation, pour l'instant rejetés par la Namibie car l'Allemagne refuse de payer des « réparations » afin de ne pas créer de précédent.

Mise en perspective

Si E. Macron multiplie les gestes promouvant le dialogue des mémoires sur la guerre d'Algérie (excuses aux Harkis, dialogue avec 18 jeunes issus de familles qui ont vécu la guerre d'Algérie à l'Élysée), la France a également durci fin septembre 2021 les conditions d'obtention de visas, déclenchant une crise diplomatique entre Paris et Alger.

Personnalité

Valéry Giscard d'Estaing : un homme politique moderne ?

par Jérôme Calauzènes

Le 2 décembre 2020, l'ancien président de la République française Valéry Giscard d'Estaing est mort à l'âge de 94 ans des suites de la Covid-19. Il avait cherché, pendant son mandat, à incarner la jeunesse et la modernité, mais il demeure controversé pour de multiples raisons. Sa carrière politique reste cependant très longue et son engagement européen intact.

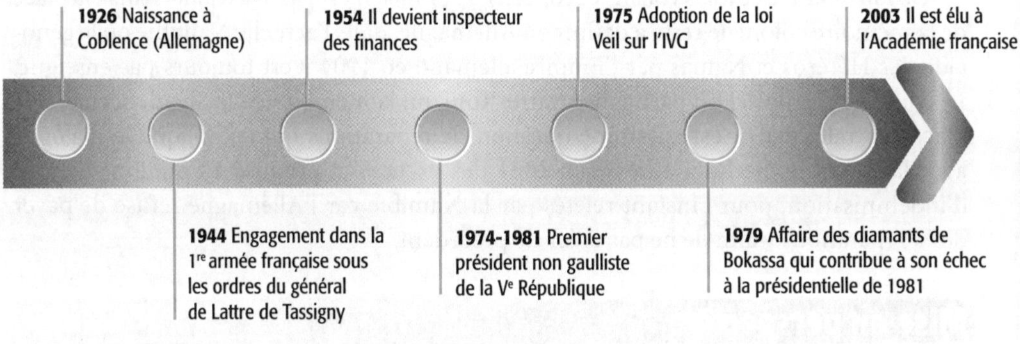

▸ Une ascension rapide en politique

Issu d'une famille bourgeoise, Valéry Giscard d'Estaing naît en Rhénanie, région alors occupée par les forces françaises. À 18 ans, il participe à la libération de Paris en 1944, s'engage dans la 1re armée française, sous les ordres du général de Lattre de Tassigny et est décoré de la croix de guerre 1939-1945. En 1945, il reprend ses études, entre à Polytechnique en 1946, puis intègre l'ENA en 1949. Sorti quatrième, de la promotion Europe, en 1951, il entre à l'Inspection générale des finances.

Il s'investit rapidement en politique. Soutien d'Edgar Faure et de l'aile droite du Parti radical, il entre ensuite au CNIP (Centre national des indépendants et paysans) où il retrouve Antoine Pinay. Dès 1956, il est élu député à 29 ans sous cette étiquette.

Sous la présidence de de Gaulle, il accède à des portefeuilles ministériels : il est secrétaire d'État aux Finances en 1959, aux côtés du ministre Antoine Pinay. Puis il est nommé ministre des Finances et des Affaires économiques en 1962, époque où il est un fervent partisan de l'Algérie française. Libéral, il défend le principe de l'équilibre budgétaire et, sur le plan fiscal, il augmente les impôts. Il prend pourtant peu à peu ses distances avec le pouvoir gaulliste, critiquant sa vision d'une Europe des patries. Il emploie ainsi la formule du « *oui, mais* » pour décrire sa position par rapport au gaullisme.

Sous Pompidou, en 1969, il est nommé ministre de l'Économie et des Finances.

▸ Un mandat entre modernité et tradition

Après le décès de Georges Pompidou en 1974, il se lance dans une campagne innovante pour l'élection présidentielle. Il se présente comme un homme politique jeune, dynamique et moderne. Son slogan « Giscard à la barre » fait mouche d'autant qu'il est soutenu par des personnalités du monde du *show-business* (Johnny Hallyday, Alain Delon, Brigitte Bardot, etc.). Il remporte finalement l'élection au second tour contre François Mitterrand avec 50,8 % des suffrages, soit 425 000 voix d'avance seulement.

Il choisit Chirac, gaulliste, comme Premier ministre. Sa communication se veut également moderne : portrait officiel en extérieur, éboueurs invités à l'Élysée, émission de télévision où il va dîner chez les gens… Son mandat se distingue aussi par des mesures innovantes : divorce par consentement mutuel, dépénalisation de l'interruption volontaire de grossesse (IVG) avec la loi Veil en 1975, abaissement de la majorité de 21 à 18 ans, intégration des handicapés à la société avec le vote de la loi d'orientation en faveur des personnes handicapées (1975).

Pourtant, son mandat doit faire face aux effets de la crise économique des années 1970. En 1976, il nomme Raymond Barre comme Premier ministre, après la démission de Chirac (à qui il s'oppose) et charge celui-ci de mettre en place une politique libérale de lutte contre l'inflation et le déficit budgétaire. Il tente également de lutter contre l'immigration.

Sur le plan international, il est à l'initiative de la première réunion du G6 en 1975. Il est un fervent partisan de la construction européenne. Il crée enfin l'Union pour la démocratie française (UDF) en 1978, pour rassembler la droite non gaulliste.

▸ Un homme politique engagé après la défaite de 1981

Rattrapé par les affaires (diamants de Bokassa en 1979) et par les difficultés économiques, V. Giscard d'Estaing perd les élections présidentielles de 1981 face à François Mitterrand.

Il continue pourtant la politique : il est élu conseiller général du Puy-de-Dôme en 1982 avec 72 % des suffrages au premier tour, puis député de ce département lors de l'élection législative partielle de 1984. En 1986, il devient également président du conseil régional d'Auvergne.

Il entre également au Parlement européen en 1989 et préside à la mise en place d'un projet de constitution européenne entre 2001 et 2005. En 2004, il entre au Conseil constitutionnel où il siège de droit en tant qu'ancien président de la République.

La France et l'Europe à l'épreuve de la Covid-19 : un bilan

par Alice Volkwein

Si le virus SARS-CoV-2 apparu en Chine fin 2019 s'est propagé au monde entier, la pandémie n'aura pas été un facteur d'égalité. Les inégalités sociales et de genre se sont accrues, tout comme la concurrence entre les pays dans la lutte contre l'épidémie, mettant à mal la cohésion européenne. Quel bilan pour l'Union européenne (UE) et pour la France dans l'UE, deux ans après le début de la crise ?

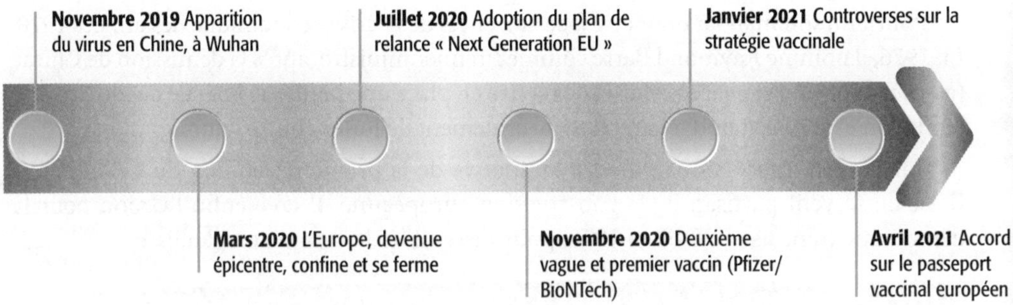

▸ La France, mauvais élève dans la gestion de la crise : un bilan difficile ?

Le nombre d'infections, d'hospitalisations, de morts, de tests, de taux d'incidence ou de vaccinations, ces données chiffrées nécessaires pour suivre l'épidémie encouragent la concurrence entre les nations y compris au sein de l'UE.

Pour ce qui est du bilan chiffré, le classement varie en fonction du choix de la date et du critère, les situations nationales ayant beaucoup fluctué, certains « bons élèves » du printemps 2020 ayant eu du mal à endiguer la deuxième vague à l'automne 2020. À l'été 2021, la France se situe parmi les pays européens les plus touchés par la surmortalité liée à la Covid (de 12 % en 2020 selon la dernière étude d'Ariel Karlinsky et Dmitri Kobak, considérée comme la plus complète), se classant toutefois derrière la République tchèque (30 %), l'Espagne (20 %) et l'Italie (19 %) mais loin devant l'Allemagne (4 %). Mais la

France fait aussi partie des pays recensant le mieux ses victimes, testant aujourd'hui le plus sa population, après un retard au printemps 2020, et ayant produit et distribué le plus de masques en tissu au deuxième semestre 2020. Sur le plan économique, si les mesures d'urgence prises en France ont été rapides et généreuses, l'effort consenti, représentant 7,6 % du PIB, est inférieur à celui de l'Espagne (11,1 % du PIB) ou de l'Allemagne (8,4 %) mais bien supérieur à celui de l'Italie (3,8 %). En raison d'un confinement très strict en 2020, la France fait aussi partie avec l'Espagne et l'Italie des pays ayant connu un fort ralentissement économique (–9,1 % de PIB en 2020, comme l'Italie, contre – 5,5 % pour l'Allemagne), mais elle reste dans une position intermédiaire grâce à un rebond économique plus marqué (prévision de croissance de 6 %) que ses voisins du Sud.

Il est en revanche un domaine où la France a choisi une voie singulière en refusant en 2021, après cinq semaines de fermeture lors du confinement du printemps 2020, de refermer les écoles plus d'une semaine en vertu de leur rôle éducatif, mais aussi social. Les inégalités scolaires et les problèmes psychologiques pourraient à terme être plus forts dans les pays comme l'Allemagne et l'Italie ayant fermé leurs écoles bien plus longtemps.

▸ Anciennes et nouvelles divisions au sein de l'UE face au défi de la Covid

Lorsque, le 13 mars 2020, l'Europe devient l'épicentre de la pandémie, l'Union européenne se relève à peine du choc du Brexit, la sortie du Royaume-Uni ayant pris effet le 31 janvier 2020. La cohésion européenne a également pâti des multiples crises, financières puis migratoires, qui ont secoué l'UE depuis 2008 et abouti au renforcement ou à la victoire de partis eurosceptiques dans plusieurs pays lors des élections européennes de 2019.

De fait, la pandémie semble bien avoir aggravé ces tensions déjà présentes au sein de l'UE. Dans un premier temps, au printemps 2020, c'est la division entre Sud et Nord que l'épidémie réactualise. Les pays du Sud, notamment l'Italie et l'Espagne, premières victimes de la crise de l'euro en 2008, sont les premiers et les plus durement touchés par la première vague alors que l'Allemagne, leader économique incontesté, reste longtemps épargnée. Début 2021, face au défi de la vaccination, ce sont les divisions entre Est et Ouest, héritées de la guerre froide et renforcées par la crise migratoire, qui refont surface. Plusieurs pays d'Europe de l'Est, à l'instar de la Hongrie, choisissent alors d'avoir recours aux vaccins chinois, Sinopharm, et russe, Spoutnik V, non autorisés par l'Agence européenne des médicaments et ne permettant pas la délivrance du pass sanitaire européen. Aujourd'hui, l'Europe de l'Est reste à la traîne en matière de vaccination (avec un taux de vaccination complet de 19,5 % seulement en Bulgarie et de 30 % en Roumanie début septembre 2021) car la pauvreté, la ruralité et la méfiance historique d'une partie de la population face à l'État central mettent en échec les campagnes gouvernementales.

En outre, les premières mesures de lutte contre la pandémie au printemps 2020 (confinement des populations, fermeture des frontières) ont mis à mal les principes au cœur du projet européen en suspendant la libre circulation des personnes et le fonctionnement démocratique en raison de l'urgence sanitaire. Ainsi, à la frontière franco-allemande, fermée de façon unilatérale par l'Allemagne le 16 mars 2020, le retour des contrôles et des préjugés anti-français a réveillé des animosités que l'on croyait appartenir au passé. Les divisions entre Est et Ouest, déjà évoquées dans le cadre de la campagne de vaccination, remettent en cause le principe de solidarité européenne.

▸ La crise de la Covid, une opportunité pour renforcer l'UE ?

Les pays européens parmi ceux ayant le plus fort taux de vaccination au monde en 2021

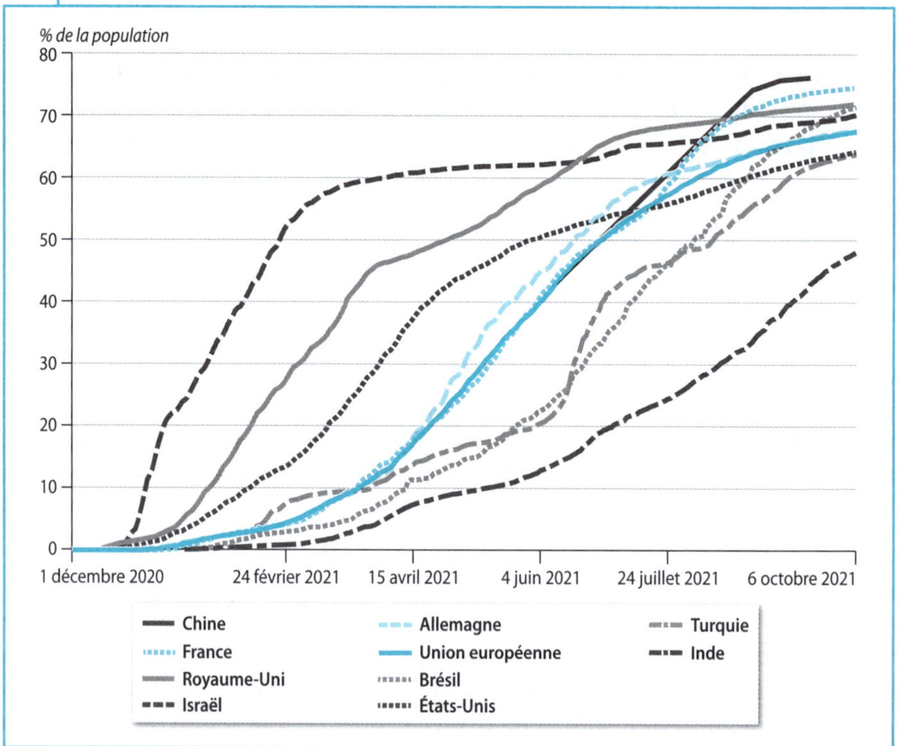

Source : Our World in Data.

Il est vrai que l'UE a eu du mal à convaincre en début de campagne vaccinale alors que le Royaume-Uni, fraîchement sorti de l'UE, avait lancé la vaccination plus tôt et plus fort que ses voisins européens. Pourtant, cette campagne apparaît aujourd'hui comme un succès européen ayant permis à l'UE de se renforcer. Critiquée pour avoir misé sur une approche centralisée imposant aux États membres de passer par la Commission européenne pour se procurer les doses de vaccins, et pour des débuts chaotiques entre retards de livraison et pénuries ponctuelles, l'UE peut aujourd'hui s'enorgueillir d'un bilan plus qu'honorable. Après avoir ajusté sa stratégie pour faire face aux variants et réussi à accélérer la campagne de vaccination fin avril 2021, l'UE affiche début septembre 2021 un taux global de primo-vaccination supérieur à celui des États-Unis (65 % contre 61,6 %)

bien que toujours inférieur aux taux britannique (70,74 %) et israélien (68,44 %). La mise en place d'un pass sanitaire européen pour faciliter les contrôles aux frontières et gérer la question de la mobilité intra-européenne de façon coordonnée montre bien que l'UE a su tirer les leçons du désordre engendré par la pandémie en 2020 et développer une politique de santé commune, domaine qui ne relève pourtant pas de ses compétences.

Par ailleurs, le plan de relance adopté en juillet 2020 sur une initiative franco-allemande et baptisé « Next Generation EU » marque une nouvelle étape dans le projet d'intégration européenne en validant le principe des dettes communes, principe jusqu'ici rejeté catégoriquement par l'Allemagne et tous les pays favorables à une politique de rigueur. La ratification du plan par la Pologne et l'Autriche, fin mai 2021, a permis le versement des premières aides aux États membres pour un montant total qui devrait atteindre les 750 milliards d'euros. Ce plan de relance marque un tournant d'ailleurs décrié par les eurosceptiques, qui y voit une nouvelle perte de souveraineté. De fait, ce plan renforce l'intégration et la solidarité européennes et trace les contours d'un avenir commun au sein d'une Europe qui se veut notamment « *plus verte* » et « *en meilleure santé* ».

Fonctionnement du plan de relance européen

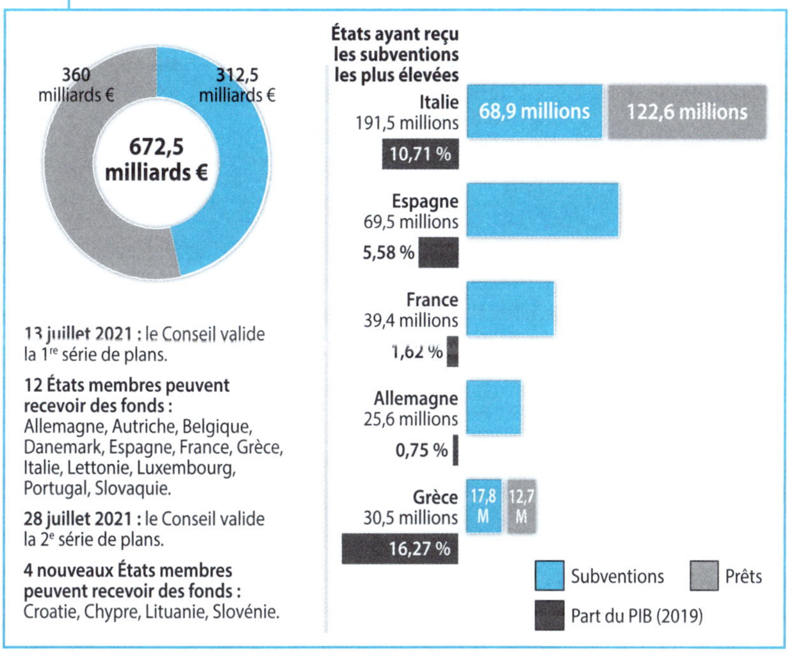

Mise en perspective

Si la crise sanitaire semble avoir fait avancer le processus d'intégration européenne, elle a aussi renforcé la crise démocratique affectant tous les pays européens où fleurissent théories du complot et mouvements d'opposition.

Les élections législatives allemandes de septembre 2021, signe d'un renouveau ?

par Alice Volkwein

Les élections législatives de fin septembre 2021, en Allemagne, ont notamment pour enjeu la succession d'Angela Merkel, après seize ans à la chancellerie. Les conservateurs (CDU), qui semblaient en 2020 bien partis pour rester au pouvoir, enregistrent le pire résultat de leur histoire tandis que le SPD, arrivé en tête, s'apprête à diriger une coalition inédite avec les Verts et les libéraux du FPD.

- **1949** Fondation de la RFA et mise en place d'une démocratie parlementaire
- **2005** Angela Merkel est élue chancelière (réélue en 2009, 2013 et 2017)
- **2018** Angela Merkel renonce à une 5e candidature à la chancellerie
- **2021** Armin Laschet est élu chef de la CDU et candidat à la chancellerie
- **Mi-juillet 2021** Inondations meurtrières dans l'ouest de l'Allemagne
- **26 septembre 2021** Le SPD arrive en tête lors des élections au Bundestag

▸ Des élections législatives au cœur du système politique allemand

La démocratie allemande, qui s'est établie en 1945, tire les leçons de l'échec de la République de Weimar (1918-1933) qui n'a su empêcher l'accession des nationaux-socialistes au pouvoir. Les droits fondamentaux sont garantis par la constitution de 1949 qui limite le rôle du président à celui de « *père de la nation* », tout en confirmant l'organisation fédérale du pays. Le débat politique orchestré par des médias reste sobre, le pragmatisme permet la formation des coalitions, et le Parlement conserve un pouvoir de contrôle du gouvernement. Le chancelier (chef de gouvernement), élu par les députés, reste souvent à la tête du parti majoritaire. Son pouvoir dépend de la majorité qu'il réussit à réunir derrière son programme de coalition.

Complexe, le système électoral conjugue deux votes sur un bulletin. Les citoyens élisent d'abord le député de leur circonscription et, avec une seconde voix, votent pour une liste ou un parti. L'ensemble des sièges est ensuite réparti à la proportionnelle des secondes voix. Les premières permettent d'avoir des députés locaux élus selon un scrutin majoritaire à un tour. Seule limite à cette proportionnelle, un palier fixé à 5 % des voix conditionne l'entrée au Parlement.

Un État fédéral organisé en démocratie parlementaire

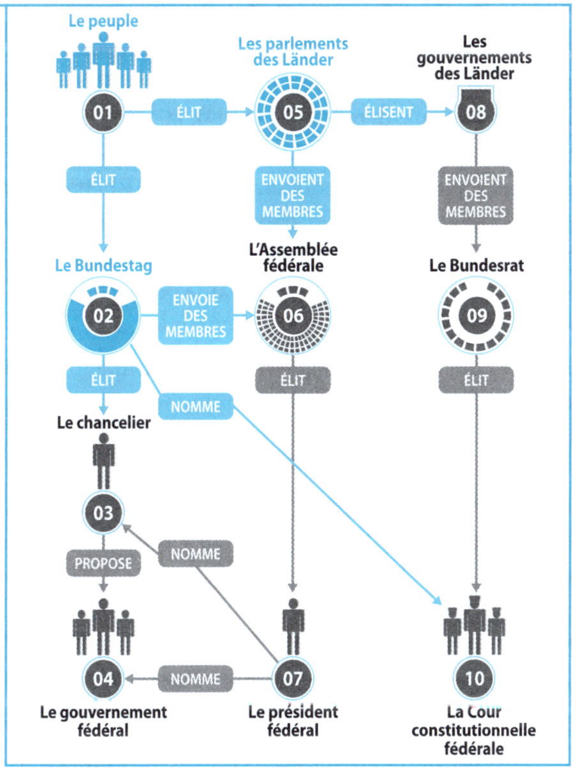

▸ Des résultats inédits, reflets d'un paysage politique en pleine recomposition

Après seize ans au pouvoir, l'Union conservatrice CDU-CSU, appelée aussi « l'Union », s'effondre à 24 % des voix tandis que le SPD, le FDP et les Verts enregistrent de fortes hausses et que les partis radicaux chutent également. Les élections de septembre 2021 confirment des évolutions déjà visibles au niveau des Länder.

C'est la fin d'un paysage politique longtemps dominé par deux partis de masse (l'Union et le SPD) qu'entérinent ces élections. Loin des 70 à 80 % des voix qu'ils rassemblaient autrefois à eux deux, l'Union (24 %) et le SPD (25,7 %) ne totalisent plus que 50 % des voix alors que leurs partenaires historiques, les libéraux (FDP) qui sont à 11,5 % et les

Verts à 14,8 %, peuvent désormais revendiquer une vraie influence sur le programme de coalition. En outre, ces derniers ont réussi à imposer leurs thèmes (changement climatique pour les Verts, modernisation et numérique pour le FDP) et à attirer une majorité de primo-votants, s'affirmant comme les partis de l'avenir.

Cette diversification du paysage politique complique la formation d'une coalition gouvernementale. C'est une coalition à trois partis qui devrait sortir de ces élections. Ce fait est inédit au niveau fédéral dominé, sous A. Merkel, par la « grande coalition » entre CDU et SPD (2005 à 2009 et depuis 2013). Les autres coalitions traditionnelles regroupaient un grand parti (CDU ou SPD) et les libéraux (FDP), ou bien le SPD et les Verts sous G. Schröder (1998-2005).

Ce n'est toutefois pas un saut complet dans l'inconnu puisque cela existe déjà dans les Länder qui, dans ce pays fédéral, font office de laboratoires. On retrouve de nombreuses coalitions à trois, entre les sociaux-démocrates (SPD), la gauche radicale et les Verts (coalition rouge-rouge-verte comme à Berlin) ou avec les libéraux en coalition avec les Verts et les sociaux-démocrates (coalition rouge-jaune-verte) en Rhénanie-Palatinat, ou encore les conservateurs en Saxe, Saxe-Anhalt et dans le Brandebourg (coalition noire-rouge-verte). Les contraintes diffèrent au niveau fédéral où une coalition avec la gauche radicale (Die Linke fondée en 2007) n'est pas envisageable car la position contre l'Otan de Die Linke n'est pas compatible avec la politique étrangère allemande qui se décide au niveau fédéral.

Cela n'aura pas empêché les conservateurs de faire campagne en attisant la peur des « rouges » pour décourager le vote social-démocrate, non sans succès. De fait, le centre s'est complexifié, mais ressort renforcé de ces élections au détriment des partis radicaux. La forte ascension du parti d'extrême droite AfD fondé en 2013 est également stoppée. Le parti est toutefois moins en voie de disparition qu'en voie de stabilisation autour de 10 % au niveau fédéral et à l'Ouest, et de 20 % à l'Est où il a réussi à prendre durablement des électeurs au parti d'extrême gauche fortement fragilisé.

▸ Un contexte à haut risque et une campagne riche en rebondissements

Le renforcement du centre, non plus autour de la CDU mais du SPD (passé de 15 % d'intentions de vote en début de campagne à 26 % dans les urnes), a constitué une des grandes surprises de ces élections, tout comme le résultat des Verts, en hausse mais décevant.

L'évolution de la campagne électorale a en effet déjoué les pronostics élaborés au sortir des dernières élections régionales de mars 2021. Alors que celles-ci avaient conforté les Verts (premier parti avec 32,6 % dans le Bade-Wurtemberg), le parti écologiste mené par Annalena Baerbock n'a obtenu que 14,8 % des voix. Le changement climatique n'y fait rien, bien que l'Allemagne ait été touchée mi-juillet par des inondations faisant plus de 180 morts. La candidate verte de 41 ans, dont l'inexpérience et les maladresses ont fait une cible privilégiée des *fake news* et des campagnes diffamatoires, porte une part de responsabilité dans l'échec de son parti.

Mais la déception verte est aussi corrélée à l'étonnante remontée des socio-démocrates. C'est vers le SPD que se sont en priorité tournés les conservateurs déçus de la CDU post-Merkel (environ 1,4 million de voix), puis vers les Verts (récupérant près de 900 000 électeurs conservateurs). Le succès du SPD repose en grande partie sur son candidat Olaf Scholz, qui a profité de l'effondrement du candidat « naturel », Armin Laschet soutenu par A. Merkel. Une affaire de corruption dans l'attribution des marchés de masques avait terni l'image du parti conservateur dès mars 2021, mais l'effondrement de la CDU est aussi lié à la personnalité de son candidat. Ne bénéficiant pas d'une assise très large au sein de l'Union conservatrice où d'autres hommes politiques lui disputaient la tête de la CDU (Friedrich Merz) puis la candidature à la chancellerie (Markus Söder, CSU), A. Laschet a fait une mauvaise campagne. Après qu'il a été surpris en plein fou rire lors d'une cérémonie en l'honneur des victimes des inondations, son propre parti doute de ses qualités d'homme d'État.

Résultats des élections fédérales allemandes

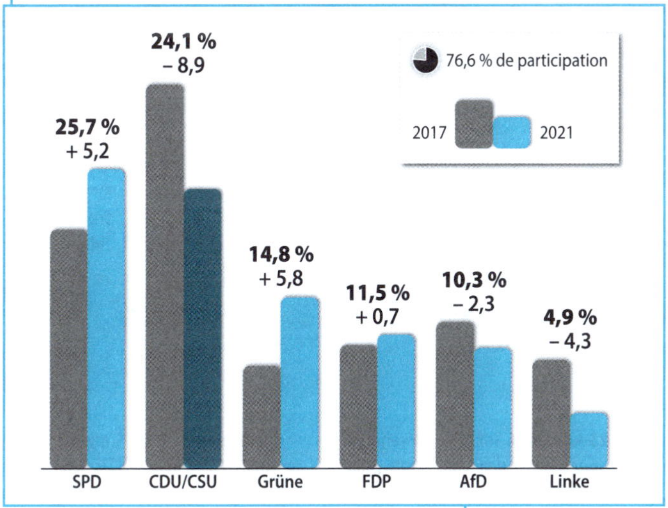

Source : directeur du scrutin fédéral.

Dans un contexte marqué par de nombreuses crises et incertitudes, O. Scholz, vice-chancelier et ministre fédéral des Finances depuis 2018, a pu jouer la carte de l'expérience et faire valoir la bonne tenue de l'économie allemande dans la crise de la Covid. Se tenant en retrait de la campagne, il a vu les voix affluer vers le SPD tombé de 40,9 % en 1998 à un minimum de 20,5 % en 2017 et remonté aujourd'hui à 26 % des voix, devant la CDU. O. Scholz a toutes les chances de devenir le prochain chancelier. Pour cela, il doit réussir à mener à bien les négociations de coalition en cours depuis fin septembre.

Mise en perspective

Verts, SPD et FDP discutent désormais à huis clos des contours d'une coalition rouge-jaune-verte dite des « feux de signalisation » (*Ampelkoalition*). Pour l'instant, peu d'informations circulent mais la bonne volonté semble de mise alors que les sujets de désaccord sont nombreux entre des libéraux hostiles à tout interventionnisme étatique et des verts désireux d'accélérer la lutte contre le changement climatique.

Brexit : tous perdants ?

par Pablo Ahumada

Près de cinq ans après le référendum britannique, et après bien des négociations, le Brexit est finalement intervenu le 31 décembre 2020. La sortie du Royaume-Uni de l'Union européenne a notamment mis fin à l'application des principes de libre circulation des personnes et des marchandises entre les deux blocs, en plus de faire peser le risque d'un affaiblissement politique et économique des deux parties.

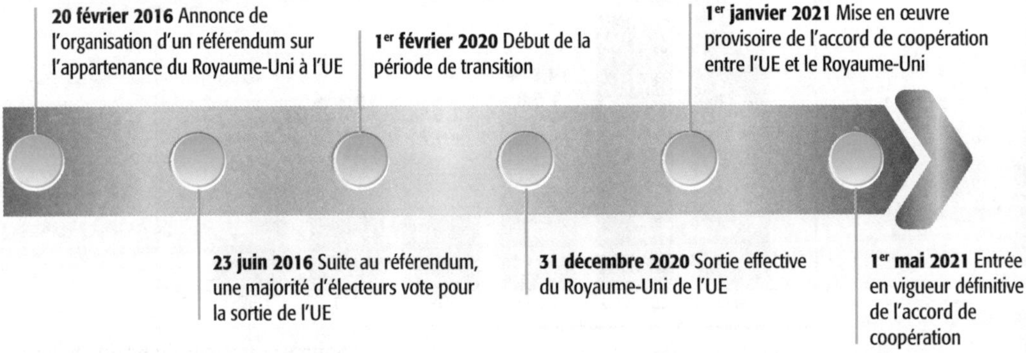

▸ Plusieurs années de négociations avant d'arriver à un accord

La sortie du Royaume-Uni de l'Union européenne (aussi appelée « Brexit ») est finalement intervenue le 31 décembre 2020, presque cinq ans après le référendum du 23 juin 2016, par lequel 51,89 % des électeurs britanniques s'étaient déclarés en faveur de la sortie du Royaume-Uni de l'Union européenne (UE).

Les difficultés de l'UE et du Royaume-Uni à trouver un accord sur les modalités de la sortie effective du Royaume-Uni de l'UE et sur le cadre de leurs relations futures expliquent le si long délai entre le référendum et le retrait effectif. L'article 50 du traité sur l'UE, qui définit les modalités de retrait pour un État membre, prévoit un délai de deux ans entre le moment où un État annonce formellement sa décision de quitter l'UE et le moment où les traités cessent de s'appliquer. Ce délai peut être prorogé en cas d'unanimité de tous les membres de l'UE.

Le Royaume-Uni avait annoncé formellement son intention de quitter l'UE le 29 mars 2017. Faute d'accord du Parlement britannique sur les modalités de retrait définies avec l'Union européenne, la période de deux ans a été prolongée plusieurs fois.

Au 1er février 2020, une période de transition s'était ouverte (jusqu'au 31 décembre 2020), pendant laquelle le Royaume-Uni ne pouvait plus participer aux décisions de l'UE, ne siégeait plus au sein des institutions européennes, mais bénéficiait encore des acquis de l'UE, en particulier l'union douanière et l'accès au marché commun. Cette période de transition devait également être mise à profit pour que l'UE et le Royaume-Uni définissent le cadre de leurs relations futures.

Afin d'éviter un « *no deal* », qui aurait pénalisé les deux parties, le 24 décembre 2020, les négociateurs britanniques et européens sont finalement parvenus à conclure l'accord de commerce et de coopération entre l'UE et le Royaume-Uni. Les négociations ont longtemps buté sur les problématiques de la concurrence (l'UE craignait que le Royaume-Uni applique des normes moins strictes à ses entreprises) et des quotas de pêche (le Royaume-Uni souhaitait limiter l'accès de ses eaux territoriales aux pêcheurs européens). L'accord est entré provisoirement en vigueur le 1er janvier 2021, puis définitivement le 1er mai 2021, après son approbation par le Parlement européen.

▸ La fin de la libre circulation des personnes et des biens

Le Brexit a d'abord mis un terme au principe de libre circulation des personnes désirant voyager entre l'UE et le Royaume-Uni. Depuis le 1er janvier 2021, les ressortissants britanniques et européens doivent obtenir un visa s'ils souhaitent réaliser un séjour de plus de quatre-vingt-dix jours respectivement dans un des États de l'UE ou au Royaume-Uni. En outre, les 3 millions et plus d'Européens vivant au Royaume-Uni et le million de Britanniques environ installés dans un des États de l'UE doivent désormais être en possession d'un titre de séjour pour continuer à vivre dans leur pays d'accueil. Par ailleurs, les étudiants souhaitant réaliser un échange universitaire entre les deux zones ne pourront plus le faire dans le cadre du programme européen Erasmus.

D'un point de vue économique, le Brexit met fin au principe de libre circulation des marchandises, après la sortie du Royaume-Uni de l'union douanière et du marché commun européen. Les contrôles douaniers sont ainsi rétablis. Chaque entreprise doit désormais déclarer en douane ses exportations ou importations. L'accord de commerce et de coopération ne prévoit toutefois l'application d'aucun droit de douane (taxes) ni d'aucun quota. Les pêcheurs peuvent également continuer à accéder aux eaux de l'autre partie, selon un système de quotas, jusqu'à la fin de la période transitoire prévue au 1er juin 2026.

La circulation des biens et des personnes entre le Royaume-Uni et l'Irlande.

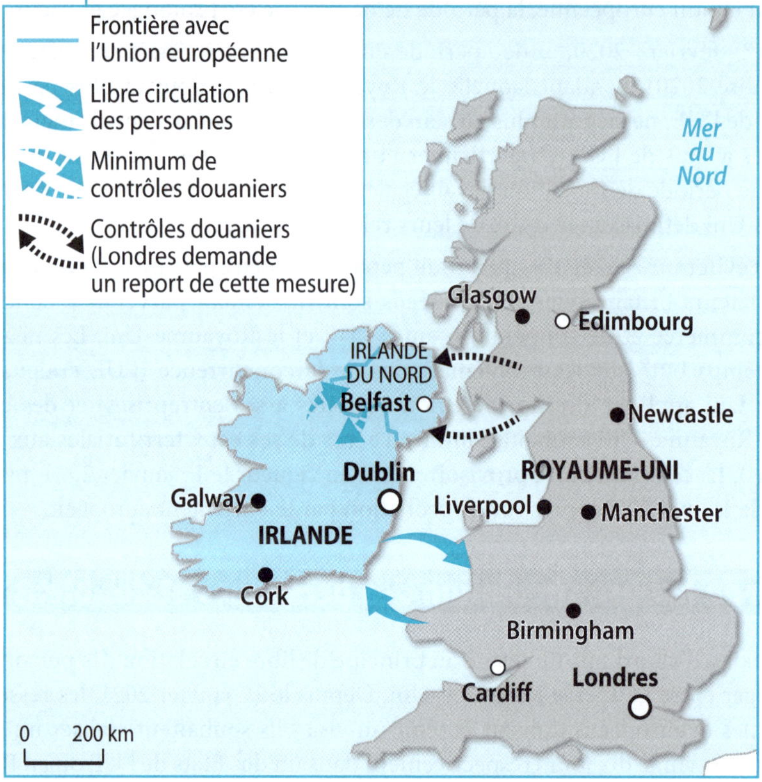

▸ Un risque d'affaiblissement à plus long terme pour l'Union européenne et le Royaume-Uni

Au niveau économique, les conséquences du Brexit sont difficiles à établir précisément à ce stade tant pour l'UE que pour le Royaume-Uni. Du fait de la pandémie de Covid-19, il apparaît complexe de déterminer ce qui est imputable à la pandémie et ce qui est dû au Brexit. On note toutefois un net recul du commerce entre le Royaume-Uni et l'UE. Les exportations de l'UE vers le Royaume-Uni auraient chuté de 27,4 % en janvier 2021 (par rapport à 2020) selon Eurostat, contre une baisse de 59,5 % des exportations du Royaume-Uni vers l'UE (selon l'Office national des statistiques britannique).

Le Brexit a indéniablement affaibli l'UE. Alors que la logique était depuis le début du projet européen à l'élargissement, l'Union passant ainsi de six États en 1957 à vingt-huit en 2013 avec l'adhésion de la Croatie, la sortie du Royaume-Uni a été un tournant majeur, puisqu'il s'agit du premier État membre de l'UE à décider de se retirer, avec le risque de voir un autre État de l'UE suivre le même chemin. Le départ du Royaume-Uni constitue une perte politique, militaire, économique et démographique pour l'Union. Membre permanent du Conseil de sécurité des Nations unies, puissance militaire majeure dotée de l'arme nucléaire, premier partenaire diplomatique des États-Unis, le Royaume-Uni était assurément un des États les plus influents de l'UE.

Inversement, l'absence du Royaume-Uni de l'UE a pu faciliter l'adoption du plan de relance européen, qui pourrait marquer un tournant majeur dans l'histoire la construction européenne, puisqu'il permet pour la première fois à l'UE d'emprunter en commun sur les marchés financiers. C'est un transfert de souveraineté inédit dans l'histoire européenne.

Au-delà des aspects économiques, le Royaume-Uni est désormais confronté à un risque de désunion nationale, en particulier en Irlande du Nord et en Écosse. Ces deux régions avaient voté en faveur du maintien dans l'UE. L'Écosse pourrait vouloir à nouveau soumettre à référendum la question de son indépendance, avec la perspective de pouvoir réintégrer l'UE à terme. En Irlande, la situation est rendue complexe par l'application de formalités douanières spécifiques pour tenir compte de la situation particulière de l'île et ne plus réinstaller de frontières physiques (disparues depuis les accords dits « du Vendredi saint », signés en 1998), entre l'Irlande du Nord (rattachée au Royaume-Uni et désormais hors de l'UE) et la République d'Irlande (indépendante depuis 1921, État membre de l'UE).

Le Brexit vu par Nicolas Vadot

Source : © Nicolas Vadot.

Mise en perspective

Malgré la conclusion d'un accord de coopération entre le Royaume-Uni et l'UE, les relations entre les deux zones géographiques restent fragiles. La mise en œuvre des mesures douanières spécifiques à l'Irlande est porteuse de tensions et pourrait remettre en cause l'avenir des relations eurobritanniques.

Keir Starmer, un leader modéré pour rendre le 10 Downing Street au Labour ?

par Adrien Beaulieu

Suite à la défaite historique du Parti travailliste (Labour) au Royaume-Uni, en 2019, Keir Starmer, figure modérée du parti, est élu en avril 2020 pour remplacer Jeremy Corbyn à la tête du « premier parti européen », incapable d'atteindre le 10 Downing Street depuis 2010 (résidence du Premier ministre). Face aux difficultés rencontrées par le Labour au cours des années 2010, dans quelle mesure K. Starmer représente-t-il une alternative crédible à Boris Johnson ?

▸ Un homme de loi aux origines populaires

Né en 1962 dans la banlieue londonienne, Keir Starmer grandit dans une famille modeste, entouré d'un père outilleur et d'une mère infirmière. Il étudie le droit à Leeds puis décroche un doctorat à Oxford en 1986. Comme avocat, il se spécialise dans la défense des droits de l'homme. Il plaide pour l'abolition de la peine de mort dans plusieurs pays d'Afrique et des Caraïbes et défend des militants écologistes contre McDonald's dans le célèbre procès documenté par Ken Loach, *McLibel*.

De 2008 à 2013, il devient procureur général du pays, en charge de grandes affaires criminelles, avant d'être anobli par la couronne britannique, un an plus tard. Pendant ces cinq années, il fournit notamment des lignes directrices aux procureurs pour mieux prendre en charge les victimes de viols conjugaux, et conduit devant la justice des élus tels que le ministre de l'Énergie.

▶ Un travailliste modéré qui souhaite rassembler

En 2015, il entre en politique au sein du Parti travailliste et est élu député à la Chambre des communes. Par son positionnement pro-européen et sa volonté de rassembler une large partie du Labour, K. Starmer se distingue de l'aile gauche du Parti travailliste, plus radicale. Néanmoins, ses prises de position contre l'intervention en Irak et en faveur de nationalisations d'entreprises le placent plus à gauche que le *New Labour* de Tony Blair.

En 2015, K. Starmer est choisi comme secrétaire d'État à l'Immigration dans le « cabinet fantôme » (cabinet alternatif à celui du gouvernement comprenant des députés de l'opposition). Opposé au maintien à la tête du parti de Jeremy Corbyn, désigné en 2015, il appelle à la tenue d'un second référendum sur le Brexit.

Suite à sa quatrième défaite électorale de la décennie et aux pires scores enregistrés depuis 1935, le Parti travailliste doit se renouveler. J. Corbyn démissionne, ouvrant la porte à de nouvelles élections internes. Lors des élections d'avril 2020, K. Starmer se présente face à deux candidates de l'aile gauche du parti. Il défend une vision du Labour plus modérée, centriste et technique, ce qui lui vaut dans certains médias le qualificatif d'« *ennuyeux* ». Il est finalement élu au premier tour avec plus de 56 % des voix.

▶ Une main de fer dans un gant de velours

Il est plébiscité par une grande partie de Britanniques comme chef de l'opposition pendant les premiers mois suivant son élection. S'il n'ose plus mentionner le référendum anti-Brexit, K. Starmer défend une relation commerciale particulière avec l'Union européenne, une taxation plus importante des plus aisés, une abolition des frais d'inscription universitaires, et des nationalisations du rail, de l'eau, de l'énergie et de la poste.

En outre, afin de redorer l'image du Labour, entachée par les complaisances antisémites d'anciens cadres du parti, K. Starmer se veut intransigeant à cet égard. Dès juin 2020, il démet certaines personnalités de leur poste au cabinet fantôme, à l'image de Rebecca Long-Bailey, secrétaire d'État à l'Éducation, pour avoir relayé un tweet jugé antisémite. Suite à un rapport national de la Cour européenne des droits de l'homme accablant la direction du parti, il adopte des mesures pour prévenir les discriminations et écarte quatre factions d'extrême gauche du parti, comme Resist, en juillet 2021.

Afin de préparer les élections de 2024, il fait appel à des conseillers en stratégie, qui lui recommandent d'adopter un langage plus percutant et plus sensible aux préoccupations des anciens travaillistes « brexiters ».

AUTRES FAITS

Dimanche 3 janvier L'Union européenne s'engage à fournir une aide supplémentaire de 3,5 millions d'euros en faveur des migrants stationnés en Bosnie, aux portes de l'Union européenne. Les conditions de vie des migrants se sont particulièrement dégradées après l'incendie qui a ravagé le camp de Lipa (nord-ouest de la Bosnie).

Mercredi 3 février En Italie, Mario Draghi est désigné par le chef de l'État afin de former un gouvernement. Le 25 janvier, le Premier ministre Giuseppe Conte avait annoncé sa démission après avoir perdu le soutien du parti Italia Viva, dirigé par l'ex-Premier ministre Matteo Renzi. La coalition gouvernementale, dirigée par Guiseppe Conte, était vivement critiquée pour sa gestion de la crise sanitaire et économique en Italie.

Lundi 29 mars En Irlande du Nord, d'importantes émeutes enflamment les principales villes. D'abord portées par des manifestants unionistes (protestants, favorables à l'union avec la Grande-Bretagne), elles sont progressivement relayées par des républicains (catholiques, favorables à l'union avec la République d'Irlande, indépendante du Royaume-Uni).

Lundi 5 avril En Russie, Vladimir Poutine signe la loi, acceptée par référendum en 2020 puis adoptée par le Parlement au mois de mars, qui lui permet de se maintenir au pouvoir jusqu'en 2036.

Jeudi 8 avril En France, dans un discours prononcé à l'occasion de la convention managériale de l'État, Emmanuel Macron annonce la suppression de l'ENA, remplacée par l'ISP (Institut du service public).

Mercredi 28 avril En France, le Premier ministre Jean Castex finit par réagir à la tribune publiée le 21 avril dans *Valeurs actuelles* dans laquelle plusieurs anciens haut gradés de l'armée appelaient à prendre le pouvoir pour rétablir l'ordre face à « *l'islamisme* » et aux « *hordes de banlieue* ».

Mercredi 19 mai En France, un rassemblement est organisé en soutien aux forces de l'ordre. Outre les syndicats de policiers, de nombreux représentants et dirigeants politiques sont présents auprès des policiers, notamment des dirigeants du PS, du PCF, ainsi que Yannick Jadot et Gérald Darmanin.

Mardi 8 juin En France, un sympathisant d'extrême droite gifle Emmanuel Macron à l'occasion d'un déplacement dans la Drôme.

Jeudi 17 juin En France, la procureure requiert un an de prison et 3 750 euros d'amende contre Nicolas Sarkozy. L'ancien président de la République française est jugé devant le tribunal correctionnel de Paris dans le cadre de l'affaire Bygmalion.

Lundi 21 juin En Suède, un vote de défiance des députés renverse le gouvernement dirigé, depuis 2014, par le social-démocrate Stefan Löfven.

Jeudi 1er juillet Une perquisition est organisée place Vendôme, au ministère de la Justice. Éric Dupond-Moretti, garde des Sceaux, est en effet visé depuis janvier pour une affaire de conflits d'intérêts. Il est convoqué devant le juge le 16 juillet.

Jeudi 15 juillet L'Union européenne lance une procédure afin de sanctionner la Hongrie et la Pologne pour leur politique bafouant les droits des personnes LGBT+. La Hongrie a notamment adopté, début juillet, une loi visant à interdire toute représentation de l'homosexualité ou de la transidentité dans des contenus destinés à des mineurs.

Vendredi 23 juillet En France, le Parlement, après sept mois de débats et de navette entre l'Assemblée nationale et le Sénat, adopte définitivement le projet de loi contre le séparatisme. Cette loi, nommée « Respect des principes de la République » et qui contient des mesures relatives à la haine en ligne, à l'instruction en famille et à la neutralité du service public, a suscité de vifs débats et critiques.

Mercredi 15 septembre L'Australie annonce son intention de rompre le contrat conclu en 2016 avec la France, cette dernière devant fournir 12 sous-marins conventionnels à Canberra. Parallèlement, l'Australie a annoncé son alliance avec les États-Unis et le Royaume-Uni pour fabriquer des sous-marins à propulsion nucléaire.

Mardi 28 septembre Les relations diplomatiques entre la France et l'Algérie se dégradent après la décision française de durcir les conditions d'obtention des visas à l'égard de l'Algérie, du Maroc et de la Tunisie.

Jeudi 7 octobre En Pologne, le Tribunal constitutionnel, proche du parti « Droit et justice »(PiS) au pouvoir, conteste la primauté du droit européen sur le droit national.

Dimanche 10 octobre En République tchèque, le président de la République Milos Zeman est admis en soins intensifs dans un état grave. La veille se sont tenues les élections législatives qui ont consacré la victoire surprise d'une coalition libérale conservatrice. Le Premier ministre sortant, Andrej Babis, a été battu de justesse. En l'absence du président, chargé de nommer le nouveau chef de gouvernement, le pays est paralysé.

Lundi 8 novembre En Biélorussie, des milliers de migrants s'entassent à la frontière avec la Pologne, porte d'entrée dans l'Union européenne. Les autorités polonaises affirment que le transfert de ces migrants a été organisé par la Biélorussie. L'Union européenne dénonce une nouvelle tentative de déstabilisation menée par le régime du dictateur biélorusse Alexandre Loukachenko.

QCM

Pour chaque question, une seule réponse est correcte.

1 Pourquoi les élections départementales et régionales en France en 2021 ont-elles changé de date ?

- a. Elles tombaient en même temps que d'autres élections.
- b. La pandémie de Covid-19 empêchait les candidats de faire campagne.
- c. Elles tombaient durant des vacances scolaires.

2 Comment sont organisées les élections régionales ?

- a. Au scrutin de liste paritaire.
- b. Au scrutin uninominal.
- c. Au scrutin par binôme paritaire.

3 Comment sont organisées les élections départementales ?

- a. Au scrutin de liste paritaire.
- b. Au scrutin uninominal.
- c. Au scrutin par binôme paritaire.

4 À quel niveau se situe la participation aux élections départementales et régionales en France en 2021 ?

- a. Entre 40 et 50 % des suffrages exprimés.
- b. Moins de 30 % des suffrages exprimés.
- c. Entre 30 et 40 % des suffrages exprimés.

5 Qui rendra dorénavant le verdict dans les cours criminelles départementales ?

- a. Cinq magistrats.
- b. Sept magistrats.
- c. Sept jurés populaires.

6 En moyenne, quel est le délai d'attente pour un procès pour viol en cour d'assises ?

- a. 11,5 mois.
- b. 13,5 mois.
- c. 15,5 mois.

7 Qu'est-ce qui n'est pas supprimé en vertu de la réforme de la justice de 2021 ?

- a. Le rappel à la loi.
- b. Les cours d'assises.
- c. L'acte unilatéral d'engagement.

8 Quelle institution a, en décembre 2019, rendu une décision concluant que la justice avait besoin de garantir la sérénité des débats et que la présence de caméras ne garantissait pas cette sérénité ?

- ❍ **a.** Le Conseil d'État.
- ❍ **b.** Le Conseil constitutionnel.
- ❍ **c.** La Cour de justice de la République.

9 Qu'a déclaré Emmanuel Macron le 12 juillet 2021 ?

- ❍ **a.** La réforme des retraites se fera avant 2022.
- ❍ **b.** La réforme des retraites se fera dès que les conditions sanitaires le permettront.
- ❍ **c.** La réforme des retraites est abandonnée.

10 Quelle personnalité politique est partisane d'une réforme des retraites avant la présidentielle de 2022 ?

- ❍ **a.** Richard Ferrand.
- ❍ **b.** Édouard Philippe.
- ❍ **c.** Bruno Le Maire.

11 À quel âge certains membres du gouvernement pensent-ils qu'il faut repousser l'âge légal de la retraite ?

- ❍ **a.** 62 ans.
- ❍ **b.** 64 ans.
- ❍ **c.** 65 ans.

12 Dans le projet de réforme des retraites adopté en mars 2020 par l'Assemblée nationale, quelle mesure était présente ?

- ❍ **a.** Aucune retraite ne devra être en dessous de 85 % du SMIC.
- ❍ **b.** Aucune retraite ne devra être en dessous de 100 % du SMIC.
- ❍ **c.** Aucune retraite ne devra être en dessous de 75 % du SMIC.

13 Qu'est-ce que le rapport Duclert ?

- ❍ **a.** Un rapport américain commandé par Kigali sur le génocide de 1994.
- ❍ **b.** Un rapport commandé par Paris sur le rôle de la France dans le génocide de 1994.
- ❍ **c.** Un rapport d'historiens sur les mémoires de la guerre d'Algérie.

14 Dès 2017, qu'a fait Emmanuel Macron ?

- ❍ **a.** Il s'est engagé pour rattraper les retards de la France sur la question algérienne.
- ❍ **b.** Il a promis un musée de l'Histoire coloniale.
- ❍ **c.** Il a adressé ses excuses à l'Algérie pour les crimes coloniaux de la France.

15 Comment peut-on comprendre les crispations mémorielles autour de la guerre d'Algérie ?

- ❍ **a.** Elles sont une spécificité française.
- ❍ **b.** Elles s'inscrivent dans un contexte de renouvellement des mémoires coloniales.
- ❍ **c.** Elles sont comparables à celles autour du génocide de 1994.

16 **Qu'est-ce qui caractérise les demandes de décolonisation de l'espace public ?**

❍ **a.** Elles sont soutenues sans réserve par les historiens.
❍ **b.** Elles ont conduit à débaptiser 200 rues et places à Paris.
❍ **c.** Elles s'expriment parfois de façon radicale par le déboulonnage des statues.

17 **En quelle année Valéry Giscard d'Estaing est-il né ?**

❍ **a.** En 1926. ❍ **b.** En 1928. ❍ **c.** En 1930.

18 **Quel mandat politique Valéry Giscard d'Estaing n'a-t-il pas exercé ?**

❍ **a.** Député.
❍ **b.** Président du conseil régional.
❍ **c.** Sénateur.

19 **De quel parti politique n'a-t-il jamais fait partie ?**

❍ **a.** L'UNR. ❍ **b.** Le CNIP. ❍ **c.** L'UDF.

20 **Quelle personnalité n'a pas été son Premier ministre ?**

❍ **a.** Jacques Chaban-Delmas.
❍ **b.** Jacques Chirac.
❍ **c.** Raymond Barre.

21 **Quel ou quels pays européens ont le moins bien géré l'épidémie de la Covid-19 et payent le plus lourd tribut ?**

❍ **a.** La France.
❍ **b.** Les pays d'Europe du Sud
❍ **c.** Le bilan reste difficile à établir et dépend du critère choisi.

22 **Quelles divisions l'épidémie a-t-elle durablement renforcées sur le sol européen ?**

❍ **a.** La haine héréditaire entre la France et l'Allemagne.
❍ **b.** Les divisions entre Nord et Sud car les pays du Nord ont été épargnés.
❍ **c.** Les divisions entre Est et Ouest particulièrement visibles face à la vaccination.

23 **Pourquoi le plan de relance « Next Generation EU » marque-t-il un tournant dans l'histoire européenne ?**

❍ **a.** Parce que le montant des aides allouées est faramineux.
❍ **b.** Parce que l'Union européenne adopte les dettes communes, sujet longtemps tabou pour certains.
❍ **c.** Parce que tous les eurosceptiques sont vent debout contre ce plan.

24 **L'Europe sort-elle renforcée politiquement de la pandémie ?**

❍ **a.** Non, les partis anti-européens sont plus forts que jamais.
❍ **b.** Oui, les pays recensant le plus grand nombre de décès par la Covid-19 ne sont pas européens.
❍ **c.** Oui, l'Union européenne a su développer des actions communes dans le domaine de la santé, qui ne relevait pas de sa compétence.

25 Depuis quand la République fédérale d'Allemagne (RFA) est-elle un État fédéral organisé en démocratie parlementaire ?

❍ a. Depuis 1918.
❍ b. Depuis 1949.
❍ c. Depuis 1989.

26 Qu'est-ce qu'est le système électoral allemand ?

❍ a. Un scrutin proportionnel plurinominal où une partie des sièges est pourvue par un mandat direct.
❍ b. Un scrutin uninominal majoritaire à deux tours.
❍ c. Un scrutin uninominal majoritaire à un tour.

27 Quelles sont les coalitions les plus fréquentes au niveau fédéral en soixante-douze ans de démocratie parlementaire ?

❍ a. AfD-CDU (bleue-noire) et AfD-SPD (bleue-rouge).
❍ b. SPD-Linke-Grüne (rouge-rouge-verte) et SPD-FDP-Grüne (rouge-jaune-verte).
❍ c. CDU-FDP (noire-jaune), CDU-SPD (noire-rouge) et CDU-SPD (grande coalition).

28 Quel est le candidat à la chancellerie en meilleure position pour succéder à Angela Merkel au sortir des élections ?

❍ a. Olaf Scholz du SPD.
❍ b. Olaf Scholz de la CDU.
❍ c. Armin Laschet de la CDU.

29 Quel article du traité sur l'Union européenne définit les modalités de retrait de l'UE ?

❍ a. L'article 42.7. ❍ b. L'article 50. ❍ c. L'article 89.

30 Quand a eu lieu la sortie effective du Royaume-Uni de l'Union européenne ?

❍ a. Le 31 janvier 2020.
❍ b. Le 31 décembre 2020.
❍ c. Le 1er mai 2021.

31 Quel est le nom de l'accord qui lie désormais l'Union européenne et le Royaume-Uni ?

❍ a. Accord de libre-échange anglo-européen.
❍ b. Accord de commerce et de coopération entre l'Union européenne et le Royaume-Uni.
❍ c. Partenariat stratégique entre l'Union européenne et le Royaume-Uni.

32 Quelle nation britannique a voté favorablement à la sortie de l'Union européenne ?

❍ a. Le pays de Galles.
❍ b. L'Irlande du Nord.
❍ c. L'Écosse.

33 Qui Keir Starmer a-t-il remplacé à la tête du Parti travailliste ?

- ❍ **a.** Tony Blair.
- ❍ **b.** Jeremy Corbyn.
- ❍ **c.** Ed Miliband.

34 Avant qu'il se lance en politique, quelle fonction exerçait Keir Starmer ?

- ❍ **a.** Juge de la Cour suprême du Royaume-Uni.
- ❍ **b.** Président de la Commission nationale pour l'égalité et les droits de l'homme.
- ❍ **c.** Procureur général d'Angleterre et du pays de Galles.

35 Sur l'échiquier politique, quelle tendance Keir Starmer incarne-t-il parmi les travaillistes ?

- ❍ **a.** Radicale, à l'aile gauche du parti, dans la lignée de Jeremy Corbyn.
- ❍ **b.** Modérée, au centre du parti, pro-européen.
- ❍ **c.** Libérale, proche du New Labour de Tony Blair.

36 À son arrivée à la tête de l'opposition en 2020, que fait Keir Starmer ?

- ❍ **a.** Il nettoie l'image d'un Parti travailliste complaisant envers les propos antisémites.
- ❍ **b.** Il défend la tenue d'un nouveau référendum pour réintégrer l'Union européenne.
- ❍ **c.** Il lance une grande campagne de porte-à-porte pour reconquérir les électeurs travaillistes pro-Brexit.

Corrigé

1**b**, 2**a**, 3**c**, 4**c**, 5**a**, 6**b**, 7**b**, 8**b**, 9**b**, 10**c**, 11**b**, 12**a**, 13**b**, 14**a**, 15**b**, 16**c**, 17**a**, 18**c**, 19**a**, 20**a**, 21**c**, 22**c**, 23**b**, 24**c**, 25**b**, 26**a**, 27**c**, 28**a**, 29**b**, 30**b**, 31**b**, 32**a**, 33**b**, 34**c**, 35**b**, 36**a**.

PARTIE 3

ÉCONOMIE, ENTREPRISES ET MONDE DU TRAVAIL

La « génération Covid », première victime du virus ou artisan de l'après ?

par Alice Volkwein

« *C'est dur d'avoir 20 ans en 2020* », déclarait Macron en annonçant le couvre-feu en octobre 2020. Le président évoquait alors un « *sacrifice terrible* » pour les jeunes privés de contacts sociaux. Outre-Rhin, le gouvernement misait sur l'humour pour inciter les jeunes à rester chez eux, comparant leur héroïsme à celui de leurs aînés. Les jeunes : victimes, héros ou acteurs de la transition ?

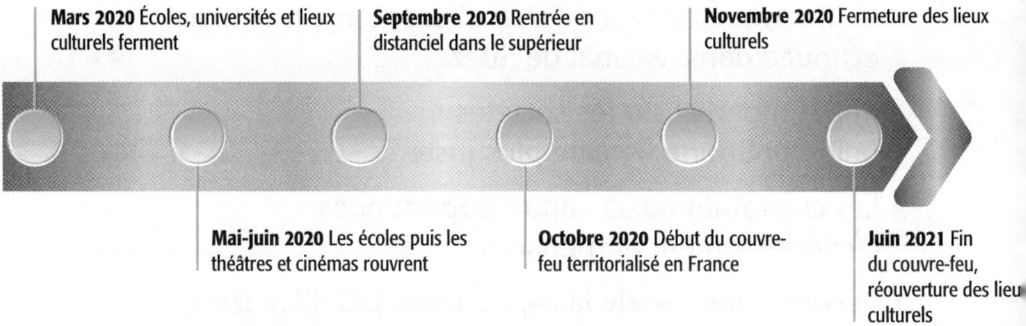

▸ Les jeunes, premières victimes de la pandémie

« *La jeunesse n'est qu'un mot* », disait Bourdieu, soulignant que la jeunesse est plurielle, socialement, économiquement, politiquement, mais aussi en termes d'âge. On distingue ainsi trois groupes parmi les jeunes de moins de 25 ans : les enfants (0-11 ans), les adolescents (11-17 ans) et les jeunes adultes (18-24 ans). Dans leur ensemble, les jeunes ont peu contracté le virus de la Covid-19 et affichent un nombre de décès très faible (ils représentent moins de 1 % des morts de la Covid en France). Certes, le taux de contamination est actuellement en hausse parmi les jeunes adultes plus tardivement vaccinés, mais jusqu'ici les jeunes ont été épargnés d'un point de vue sanitaire.

Victimes de la Covid, ils le sont néanmoins. La fermeture des établissements scolaires et universitaires au printemps 2020, restée en vigueur dans le supérieur jusqu'à la rentrée 2021, les a frappés de plein fouet, entraînant une rupture du lien social, particulièrement difficile pour les adolescents, en quête de repères en dehors de la famille, et pour les jeunes adultes souvent isolés (40 % habitent seuls). Les préjudices psychologiques sont préoccupants : les addictions ont progressé de 31 %, chez les consommateurs et particulièrement chez les jeunes, les centres de suivi psychologique comme les services d'aide en ligne sont pris d'assaut, les tentatives de suicide ont augmenté. Plus de 50 % des jeunes auditionnés dans le cadre d'une enquête parlementaire fin 2020 craignent pour leur santé mentale.

Les jeunes Français plus affectés par la crise du coronavirus

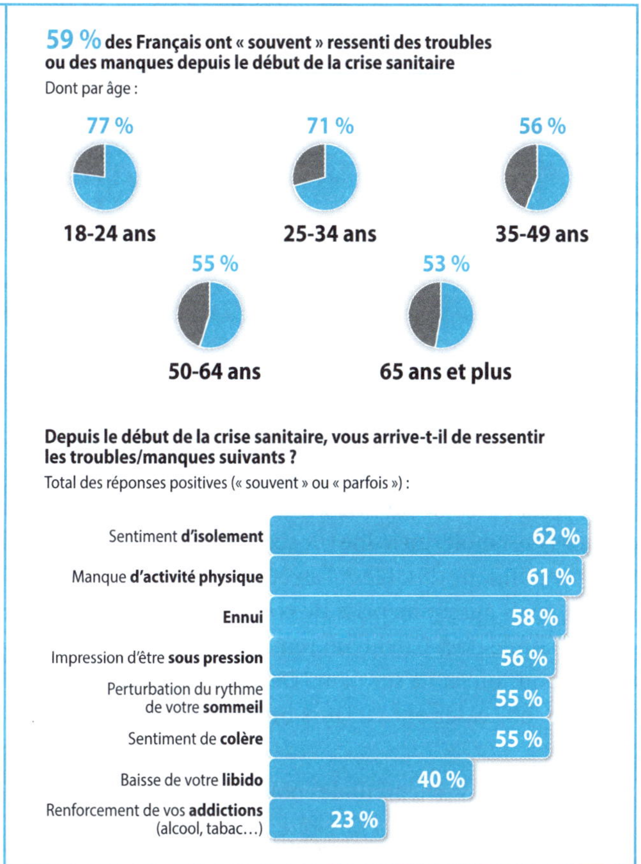

Source : enquête Odoxa pour Lundbeck, 2 et 3 décembre 2020.

La disparition des réseaux d'entraide dans les universités, mais aussi des jobs étudiants a également fortement augmenté la précarité économique des jeunes renforçant, de fait, les inégalités sociales au sein de la jeunesse française. Ainsi, 30 % ont dû renoncer à l'accès aux soins par manque de moyens et plus de la moitié des étudiants ont rencontré des problèmes pour couvrir leurs dépenses alimentaires pendant le confinement. La crise complique aussi l'obtention d'un premier poste ou d'un stage. Le chômage des 18-25 ans est ainsi reparti à la hausse (pour atteindre 21,8 % fin 2020, soit une hausse de 16 % en un an).

Difficultés économiques rencontrées par les étudiants et les jeunes adultes en 2020

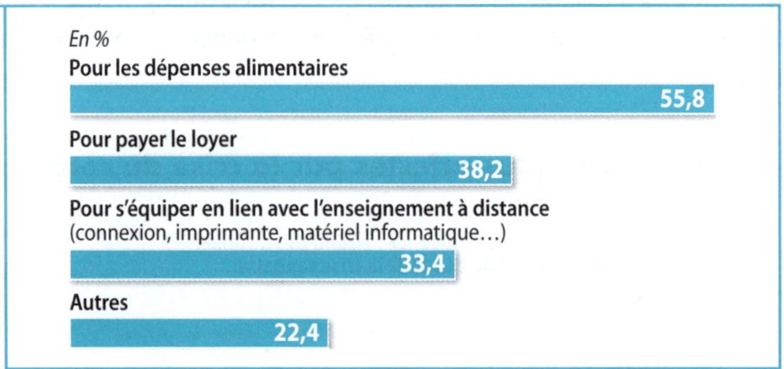

Source : enquête OVE « La vie d'étudiant·e confiné·e ».

▸ Des conséquences importantes à moyen terme et des aides insuffisantes

Au-delà de ces situations de détresse économique et psychologique, c'est aussi l'impact à moyen terme de cette crise inédite qui inquiète. En effet, l'enseignement à distance a souligné la fracture numérique, c'est-à-dire les inégalités d'accès aux outils informatiques (un étudiant sur cinq n'aurait pas le matériel nécessaire), et a creusé les inégalités scolaires. Ainsi, le décrochage scolaire lié au confinement est plus marqué dans la voie professionnelle dès le lycée. Dans l'ensemble, un jeune sur six a arrêté ses études. Par ailleurs, la crainte d'un ralentissement économique durable et l'arrêt prolongé de certains secteurs (hôtellerie, industries culturelles), mais aussi une prise de conscience des enjeux écologiques, économiques et sociaux du monde post-Covid ont remis en cause les projets d'orientation et les projets professionnels pour un jeune sur deux. De fait, près d'un tiers des jeunes interrogés en août 2020 par le site JobTeaser ont vu leurs offres annulées ou décalées en raison de la crise.

Les premières mesures gouvernementales pour la jeunesse luttent avant tout contre le chômage. Le gouvernement lance ainsi dès l'été 2020 le plan « 1 jeune, 1 solution » doté de 6,7 milliards d'euros, visant à faciliter l'entrée dans la vie professionnelle de cette nouvelle génération. Le plan prévoit ainsi pour l'employeur une compensation maximale de charge de 4 000 euros pour tout jeune de moins de 26 ans recruté en CDI ou CDD de plus de trois mois entre août 2020 et le 31 mai 2021. Dans le même temps, 100 000 missions de service civique supplémentaires ont été créées et différents programmes d'accompagnement vers l'emploi (garantie jeunes, plan d'investissement dans les compétences, ou PIC, dispositif SÉSAME) ont également été mis en place ou renforcés.

Il faut une mobilisation étudiante dans la rue, début 2021, pour que la société prenne vraiment conscience du mal-être profond d'une partie de la jeunesse. Réclamant la réouverture des universités, sans cesse repoussée, les étudiants dénoncent les dégâts psychologiques de la crise et accusent les politiques d'avoir sacrifié la jeunesse. L'État déploie désormais plusieurs mesures concrètes pour essayer d'atténuer cette détresse profonde, en subventionnant un accompagnement psychologique renforcé grâce à un chèque de santé mentale et une plateforme en ligne dédiée, ou encore en simplifiant les formalités d'accès aux aides d'urgence des Crous.

▸ Les jeunes, acteurs de la transition vers un « nouveau monde »

Cette crise ne suscite toutefois pas que des peurs. La génération des *millenials*, aussi appelée « génération Y » (âgée aujourd'hui de 20 à 35 ans), comme celle qui suit, affiche également de nouvelles attentes influant sur le monde de l'entreprise. Contrairement à leurs aînés, ils privilégient le cadre et la qualité de vie plutôt que des critères strictement liés au travail. Cette préférence donnée au qualitatif, à la vie privée et à la souplesse ne date pas de la Covid-19, mais la crise a joué un rôle d'accélérateur obligeant les entreprises à s'adapter en acceptant plus de télétravail, réclamé notamment par la jeune génération.

Par ailleurs, si le confinement a mis un coup d'arrêt à la mobilisation de la jeunesse pour le climat, une partie de la « génération Covid » est vite redevenue la « génération climat ». Pour le mouvement « Youth for Climate », la crise sanitaire n'a fait qu'apporter une preuve supplémentaire de l'urgence climatique et de la nécessité de pousser plus loin l'engagement, les grèves pour le climat de 2018 et 2019 n'ayant pas porté leurs fruits. Les actions de désobéissance civile et les actions coup de poing contre les grandes entreprises sont désormais plébiscitées. Le mouvement a ainsi mis une charte en ligne à l'été 2020 pointant directement les responsabilités du système capitaliste et libéral dans l'urgence climatique.

De façon générale, un des rares effets positifs de la Covid réside dans le nombre croissant de jeunes s'engageant comme bénévoles. Un véritable élan de solidarité au service des populations précaires est né en 2020 et il fédère de nombreux jeunes dont l'engagement perdure au-delà de la crise. Ainsi, à l'Armée du Salut, seuls 28 % des bénévoles avaient moins de 30 ans avant la crise, contre 35 % aujourd'hui, après que ce chiffre a atteint 40 % en 2020. La très jeune génération, de 15 ou 16 ans, est aussi mobilisée de façon plus forte qu'avant la crise sanitaire. C'est là un vrai soutien pour les associations à caractère social qui, en début de pandémie, ont souvent perdu jusqu'à 40 % de leurs effectifs de bénévoles, généralement âgés et ayant peur de s'exposer au virus.

Mise en perspective

Un sondage de l'European Council on Foreign Relations met en évidence l'importance des divisions intergénérationnelles dans toute l'Europe. Partout, les jeunes se sont sentis sacrifiés et ce sentiment d'abandon a renforcé leur perte de confiance dans la politique, ce qui pourrait, à terme, nuire fortement à la démocratie.

Le plan France Relance : une réponse ambitieuse face à une crise économique inédite

par Fabrice Senechal

La pandémie de la Covid-19 a résolument eu un impact sur l'économie française. Le PIB a reculé de 8,3 % en 2020, démontrant la nécessité de redonner une dynamique et une vision économiques au pays. C'est le sens du plan de relance « France Relance » présenté par le gouvernement de Jean Castex à l'automne 2020. L'objectif est limpide : il faut retrouver d'ici à 2022 le niveau de développement économique d'avant la crise.

France Relance : modalités de pilotage et de suivi d'un plan ambitieux

La crise sanitaire a frappé l'économie française d'apoplexie. Les fermetures consécutives aux confinements et la baisse de la consommation des ménages ont fait entrer la France dans une récession économique majeure. De ce fait, le gouvernement a présenté en septembre 2020 le plan France Relance, consistant en un plan d'investissement sur cinq ans à hauteur de 100 milliards d'euros, soit un tiers du budget annuel de l'État. Il se déploie en trois volets : l'écologie, la compétitivité et la cohésion sociale.

Le programme se veut équilibré avec un tiers de mesures conjoncturelles, visant l'emploi et la demande à court terme, et deux tiers de mesures structurelles qui visent le moyen terme avec une attention portée sur l'investissement productif et la transition écologique. Les objectifs principaux sont la relocalisation des activités industrielles en France, la décarbonation de l'économie et la création d'emplois. Le pilotage du plan est certes impulsé par Paris, mais il repose en grande partie sur une gouvernance territorialisée. En effet, 16 milliards d'euros sont alloués à la régionalisation du plan, avec l'instauration d'un comité régional de pilotage et de suivi institué dans chaque région sous l'autorité des préfets de région. Le plan offre ainsi des déclinaisons nationales, régionales et départementales, témoignant d'une organisation administrative rationalisée et stratifiée. En outre, France Relance adopte également une logique de transparence, avec une publication des outils de suivi sur le site du ministère de l'Économie, des Finances et de la Relance. Cette transparence ne permet cependant pas d'évaluer de manière précise le coût de l'exécution du plan de relance qui, en fonction du référentiel comptable utilisé, est inscrit dans une fourchette large comprise entre 1,8 et 11 milliards d'euros.

Le plan France Relance en détail

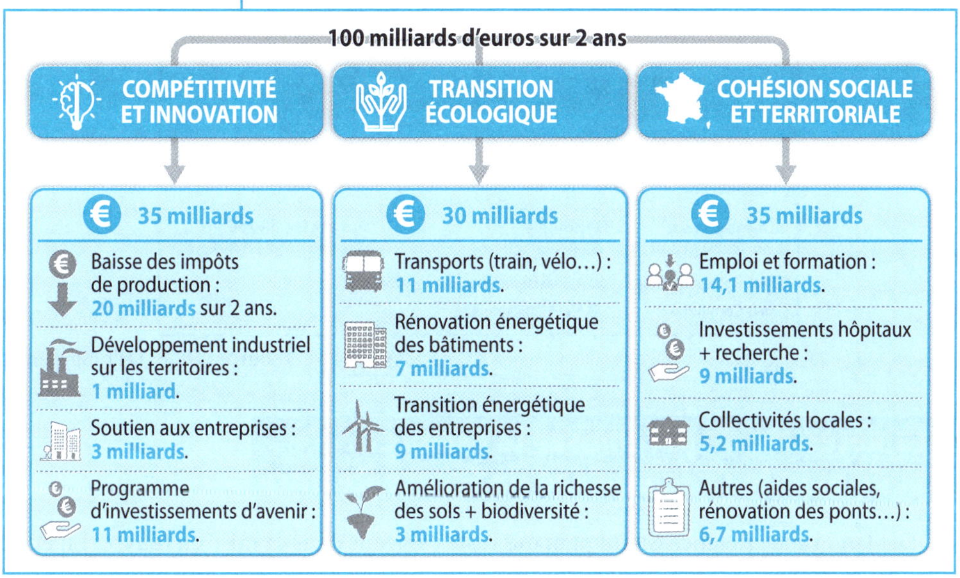

La logique de crise sanitaire contraint également le gouvernement à procéder à des décaissements prompts. À cet égard, en 2020, 270 000 primes à la conversion et bonus écologiques ont été versés (écologie), trois aéronefs A330 ont été commandés par le ministère des Armées (compétitivité) et une hausse de 100 euros par enfant de l'allocation de rentrée scolaire a été accordée aux ménages sous condition de revenu (cohésion). Sur le plan industriel, 2 252 projets industriels, représentant 8,7 milliards d'euros d'investissements, sont soutenus par l'État à hauteur de 1,9 milliard (au 30 septembre 2021). L'année 2021 doit connaître le pic d'exécution de France Relance, suivi par un décaissement moindre mais important en 2022 (de l'ordre de 22 milliards), pour enfin terminer sur une extinction rapide jusqu'en 2025.

Les 31 premiers projets de relocalisation retenus

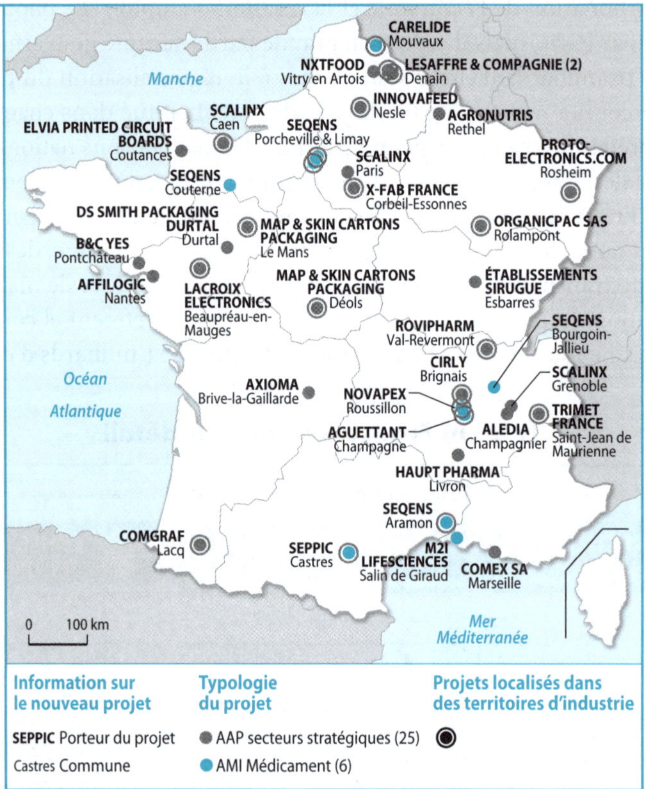

Source : DGE, DTI, Bpifrance.

▸ La nécessité de pérenniser la relance et de maintenir le portage de France Relance

Le plan France Relance est un plan qui reste exigeant dans sa mise en œuvre. En effet, son entrée en force graduée repose sur une gouvernance dédiée qui reste tributaire d'une forte implication politique et administrative.

De fait, le portage, c'est-à-dire l'appui accordé par la sphère politico-administrative à une politique publique, se doit d'être élevé pour éviter que les charges induites par un tel plan ne s'accumulent au fil des années, et également pour maintenir le pilotage et le suivi des mesures de France Relance. Ce doute quant au respect du calendrier initialement prévu explique la communication timide du gouvernement sur les prochaines annualités du plan. En outre, la porosité régnant entre les mesures d'urgence et de soutien, d'une part, et celles de relance, d'autre part, laisse entrevoir la possibilité que le plan ne devienne finalement qu'un plan conjoncturel et abandonne son volet structurel. À ce titre, certaines analyses économiques prévoient que l'impulsion budgétaire de l'État devrait rester composite en 2021 avec une majorité de mesures d'urgence et de soutien (mesures conjoncturelles) et une minorité de mesures de relance (mesures structurelles).

À cet égard, le principal risque pour France Relance est qu'il s'érode et s'incline face aux mesures conjoncturelles et finisse donc par se diluer dans les prochaines années.

De ce fait, l'élection de 2022 risque d'être capitale pour l'effectivité sur le long terme de France Relance. En outre, des économistes tels que Mathieu Plane ou Thomas Piketty déplorent la faiblesse des volets conjoncturels et « cohésion sociale » du plan. Sur le plan macroéconomique, la Cour des comptes demande un retour à une utilisation conservatrice des deniers publics et alerte sur l'emballement du déficit public. Cependant, la vaccination laissant entrevoir l'espoir d'un contrôle de l'épidémie et d'une reprise de l'activité économique, les mesures de soutien économique pourraient être à terme réévaluées à la baisse. Ce faisant, France Relance pourrait devenir le plan d'investissement structurant l'économie française, tout en soulageant la pression imposée sur les finances publiques.

▸ Le choix des plans de relance nationaux : une dynamique internationale

Le choix d'adopter un plan de relance n'est pas une exception française. Au contraire, ce dernier s'inscrit dans une dynamique européenne, car il sera en partie financé par le plan de relance européen Next Generation UE.

En effet, les États membres de l'Union européenne se partageront une enveloppe de 750 milliards d'euros qui pourrait leur apporter, selon l'agence de notation Standard and Poor's, 4,1 points de croissance supplémentaire. À cet égard, entre 2021 et 2023, les principaux bénéficiaires de ce plan seraient l'Espagne et l'Italie, avec des enveloppes respectives de 69,5 et 68,9 milliards. La France serait le troisième récipiendaire, avec une enveloppe de 39,4 milliards. Cependant, la politique de relance française peut paraître conservatrice si elle est comparée à celle de certains de ses voisins européens. En effet, alors que Paris et Berlin ont présenté des plans sensiblement comparables (100 milliards d'euros et 130 milliards d'euros), Rome a présenté un plan de 222 milliards, soit 12 % de son PIB. Néanmoins, le plan français est moins tributaire du plan européen que le plan italien, qui est financé à hauteur de 86 % par le fonds européen (contre 40 % pour la France).

Au niveau mondial, le plan américain de l'administration Biden reste le plan le plus ambitieux. Nommé « plan de sauvetage américain », ce plan de 1 900 milliards d'euros (c'est-à-dire équivalent au PIB italien en 2020) est un vaste plan d'investissement qui complète le plan de 2 000 milliards d'euros environ de l'administration Trump. Selon la banque d'investissement internationale Goldman Sachs, cette politique d'endettement massif de l'État fédéral pourrait aider les États-Unis à résorber le déficit de croissance de la crise sanitaire dès 2024, alors qu'à cette même date l'Europe devra encore rattraper treize trimestres de déficit.

Mise en perspective

Les débats autour du plan européen ont également mis en lumière les opposants à la solidarité économique européenne, comme l'Autriche, les Pays-Bas, le Danemark et la Suède.

Épargne, chômage, dette et déflation : les visages de l'économie française post-Covid

par Jérôme Calauzènes

L'économie française a été fortement affectée par la crise liée au coronavirus. D'un côté, les Français ont beaucoup épargné mais, de l'autre, le chômage est toujours important tandis que les prix semblent évoluer entre risques d'inflation et de déflation. Le gouvernement a opéré certains choix mais de nombreux débats sont à l'œuvre au sein de l'opinion.

17 mars au 11 mai 2020 Premier confinement

1er mars 2021 B. Le Maire affirme qu'il n'y aura pas de taxation de l'épargne Covid

31 mars 2021 La dette publique française s'élève à 118 % du PIB

Août 2021 Inflation de 1,9 % en France par rapport à août 2020

13 juin 2021 la dette publique française baisse à 114,9 % du PIB.

1er octobre 2021 Entrée en vigueur de dernières mesures de la réforme de l'assurance chômage

▸ Encourager les Français à dépenser leur épargne

Pendant l'épidémie de coronavirus, avec la fermeture de l'essentiel des commerces (notamment pendant les périodes de confinement ou de couvre-feu), et dans la perspective de se prémunir contre des difficultés qu'il était impossible d'estimer, les Français ont beaucoup épargné.

Entre la fin du premier trimestre 2020 et la fin du mois de mars 2021, ils ont ainsi mis de côté environ 142 milliards d'euros de plus qu'en temps normal. À la fin mars 2021, les comptes courants, livrets A, LDDS (livret de développement durable et solidaire) et autres livrets fiscalisés abritaient 1 850 milliards, soit un tiers de l'épargne financière des ménages. En septembre 2021, les versements sur le livret A ont atteint un nouveau record à 167 milliards et la hausse en 2020 par rapport à 2019 a été de 134 %.

Cette épargne constitue l'un des leviers de la reprise économique, et le gouvernement espère que les Français consommeront largement cette épargne, ce qui permettrait d'atteindre l'objectif des 6,25 % de croissance visé en 2021. Une étude de l'OFCE (Observatoire français des conjonctures économiques) estime que, si les Français dépensaient 20 % de l'épargne accumulée pendant la crise sanitaire, la croissance du PIB atteindrait 6 % en 2022.

Ce pactole alimente surtout les débats. Des élus de gauche, certains économistes, comme Thomas Piketty, et des chefs d'entreprise, comme l'ancien PDG d'Airbus Louis Gallois, sont favorables à une imposition sur l'épargne Covid des ménages les plus aisés (puisque 70 % de celle-ci a été accumulée par 20 % des Français les plus riches), ou sur les entreprises qui ont tiré parti de la crise, comme les grandes enseignes de la distribution. D'autres, à commencer par Bruno Le Maire, ministre de l'Économie, des Finances et de la Relance, pensent qu'il est judicieux de ne pas taxer cette épargne afin de permettre aux ménages qui le peuvent de consommer. Le 1er mars 2021, le ministre affirme écarter une telle idée, tout en maintenant l'objectif de transformer cette épargne en consommation.

▸ Parallèlement, des niveaux de chômage et d'endettement inquiétants

Au deuxième trimestre 2021, le taux de chômage s'élevait à 8 % de la population active, soit 2,4 millions de personnes si l'on en croit les critères du Bureau international du travail. Il est globalement stable par rapport au premier trimestre 2021 (– 0,1 %, soit 16 000 personnes au chômage en moins) et se situe au même niveau qu'avant la crise sanitaire (8,1 % fin 2019).

Ces chiffres masquent des disparités entre les classes d'âge. Au cours de la période avril-juin 2021, le taux de chômage en France a reculé chez les 15-24 ans (– 0,8 point) et les 25-49 ans (– 0,2 point) mais a progressé chez les 50 ans et plus (+ 0,4 point). Par rapport au niveau d'avant crise (fin 2019), il est inférieur pour les jeunes (– 1,4 point), mais équivalent pour les personnes d'âge intermédiaire (– 0,1 point) et les seniors (+ 0,1 point), selon les chiffres de l'Insee. Le marché du travail semble également assez stable pour les chômeurs de longue durée (déclarant rechercher un emploi depuis au moins un an) : 2,4 % de la population active (+ 0,2 point).

L'endettement public a aussi considérablement augmenté. Au premier trimestre 2021, la dette était de 2 739,2 milliards d'euros, en augmentation de 89 milliards par rapport au quatrième trimestre 2020, soit 118,2 % du PIB. En comparaison, elle était de 2 379,5 milliards, soit 97,6 % du PIB, fin 2019. La hausse de l'endettement devrait se poursuivre alors que l'État continue d'appuyer l'activité et l'emploi. Au total, la dette a bondi de 1 000 milliards en dix ans (elle atteignait 1 745,1 milliards d'euros au premier trimestre 2011).

Pour tenter de lutter contre le chômage et réduire la dette publique, le gouvernement a poursuivi une réforme de l'assurance chômage entamée avant la pandémie. En 2021, il a souhaité revoir le mode de calcul de l'allocation (qui ne repose plus sur les jours travaillés dans les douze derniers mois, mais sur un revenu moyen mensuel prenant en compte les jours travaillés, et les périodes d'inactivité) afin de faire des économies et de favoriser le retour à l'emploi des chômeurs. Si les syndicats, inquiets, ont saisi le Conseil d'État, qui a suspendu la mesure le temps d'examiner le texte sur le fond, Élisabeth Borne, ministre du Travail, entend bien maintenir son texte. Depuis le 1er octobre 2021, d'autres mesures ont été prises, notamment l'allongement de la durée de travail nécessaire (de quatre à six mois) pour percevoir une indemnisation chômage et la dégressivité des allocations pour les hauts revenus. L'objectif est de diminuer le coût de l'assurance chômage, ce que le gouvernement défend en pariant sur une reprise économique qui reste pourtant incertaine.

Évolution du taux de chômage en France

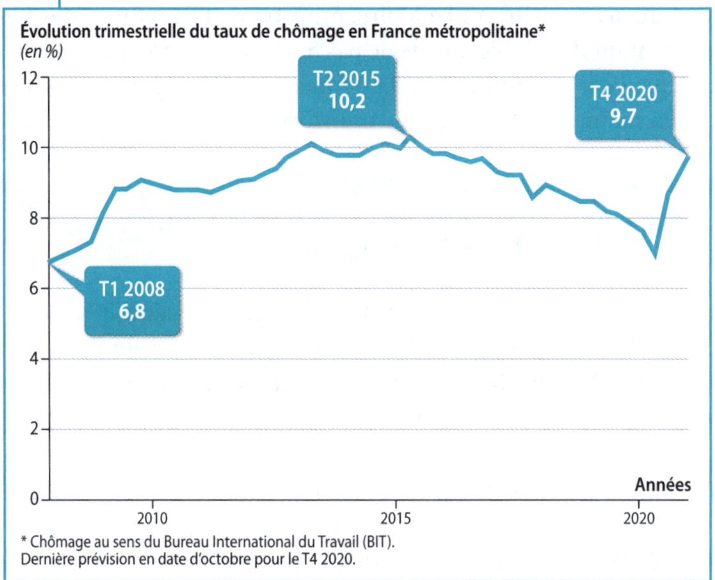

Source : Insee.

▸ Entre risque de déflation et d'inflation, une évolution des prix incertaine

La crise du coronavirus a longtemps laissé penser que l'on allait assister à une période de déflation, soit une baisse durable et auto-entretenue du niveau général des prix. Ce phénomène est risqué selon les économistes même s'il peut sembler, à première vue, bénéfique pour les consommateurs. En réalité, d'une part, les consommateurs reportent leurs décisions d'achats, attendant que les prix baissent encore, ce qui réduit d'autant la consommation ; d'autre part, cela est défavorable pour les emprunteurs car le coût réel de leur dette augmente (ils remboursent toujours la même échéance alors que le montant de celle-ci est renchéri puisque, les prix baissant, la valeur de la monnaie augmente).

On constate plutôt aujourd'hui une hausse légère de l'inflation. Au mois d'août 2021, elle était en France de 1,9 % par rapport à août 2020. Mais surtout, les prix ont augmenté de 0,6 % par rapport à juillet 2021, soit en un mois (alors qu'ils n'avaient augmenté que de 0,1 % entre juin et juillet). Ce phénomène est constaté dans toutes les économies des pays développés. Il est dû à la relance de l'économie mondiale qui gonfle la demande, mais aussi à certaines pénuries (celle des semi-conducteurs, par exemple) qui ralentissent la production d'autres biens. D'autres facteurs sont à prendre en compte : la production agricole a été réduite en raison de la météo estivale pluvieuse, la persistance de foyers de Covid paralyse encore plusieurs pays manufacturiers, notamment asiatiques. Certains spécialistes s'attendent à ce que ces niveaux d'inflation se maintiennent, voire augmentent, en 2022.

Pourtant, cela ne doit pas alarmer car les institutions gouvernementales et financières craignent bien plus la déflation que l'inflation. Mais il reste à savoir si des hausses de salaires vont suivre afin de ne pas pénaliser le pouvoir d'achat. La pénurie de main-d'œuvre dans certains secteurs, comme le bâtiment et la restauration, pourrait le laisser penser.

L'évolution de l'inflation dans la zone euro

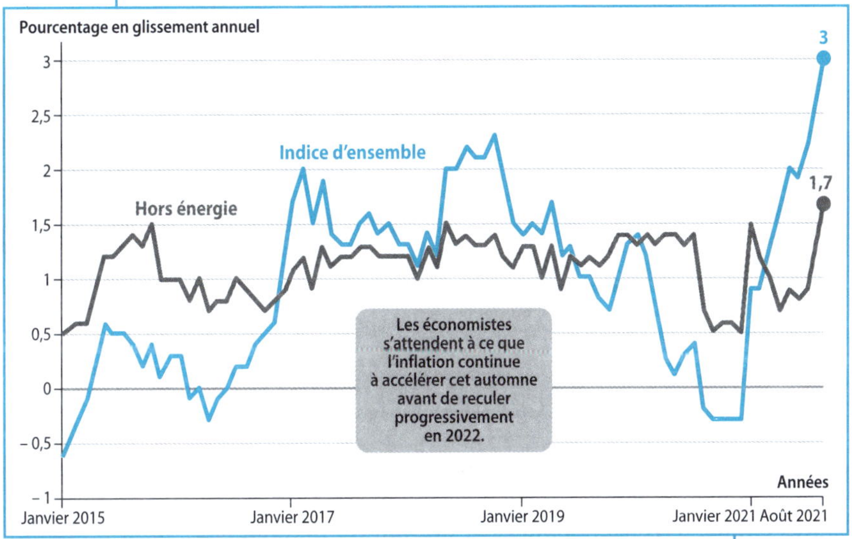

Source : Eurostat.

Mise en perspective

La Banque centrale européenne (BCE) se fixe comme objectif permanent une inflation à 2 % par an, taux qu'elle considère comme idéal. Pour y parvenir, elle peut jouer sur les taux de crédit afin d'encourager ou de décourager la consommation.

Personnalité

Bernard Arnault parmi les hommes les plus riches du monde

par Jérôme Calauzènes

Le 24 mai 2021, Bernard Arnault est devenu l'homme le plus riche du monde, détrônant Jeff Bezos pour quelques heures entre l'ouverture de la Bourse de Paris à 9 h 30 et celle de New York à 15 h 30, heure française. Le classement est en effet réalisé et actualisé en temps réel en fonction des cours de la Bourse. L'événement a fait d'autant plus de bruit que l'on a pu affirmer que les milliardaires s'étaient enrichis pendant la crise de la Covid-19.

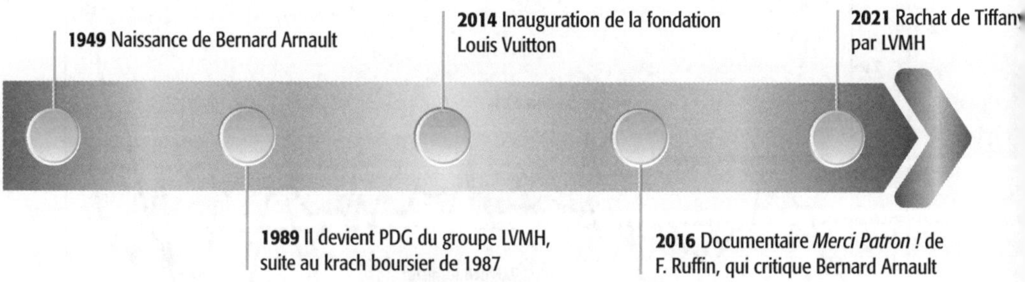

▸ À la tête du leader mondial du luxe, LVMH

Bernard Arnault est originaire de Roubaix. Issu d'une famille aisée de dirigeants d'entreprise et de militaires, diplômé de Polytechnique en 1971, il commence sa carrière dans l'entreprise familiale (travaux publics et promotion immobilière), dont il prend la tête en 1978.

En 1984, il achète la Financière Agache et prend les rênes du groupe Boussac (propriétaire notamment d'une partie de Dior, du grand magasin Le Bon Marché et de Conforama), alors en grande difficulté financière. À la suite du krach boursier de 1987, il devient le plus gros actionnaire de LVMH (Louis Vuitton Moët Hennessy), nouveau groupe qui possède nombre de marques de champagnes et de vêtements de luxe mais qui se trouve dans une situation délicate. En 1988, il lance une OPA (offre publique d'achat) et se fait élire président du directoire de LVMH en 1989.

Il développe le groupe en décentralisant les décisions et en favorisant une prise de décision marque par marque. Par ailleurs, il acquiert les marques émergentes ou concurrentes et diversifie le groupe. Dans les années 1990, LVMH rachète ainsi Berluti, Kenzo, Guerlain, Sephora… puis Tiffany en 2021. Il est également propriétaire des quotidiens *La Tribune* et *Les Echos*, et de vignobles. En 2007, il entre au capital de Carrefour puis, en 2008, il se lance dans le marché du yacht.

▸ Un homme d'affaires et un mécène

La *Harvard Business Review*, qui opère un classement des patrons les plus performants du monde, a classé Bernard Arnault troisième de cette catégorie en 2018 et premier pour la France. Le groupe LVMH est aujourd'hui le leader mondial du luxe. C'est une multinationale qui possède 75 marques et qui emploie 150 000 salariés, la plus grosse capitalisation boursière du CAC 40 (322 milliards d'euros fin septembre 2021). Par comparaison, Total vaut 108,4 milliards d'euros.

Bernard Arnault représente aussi l'une des plus grosses fortunes du monde. En 2005, il devient l'homme le plus riche de France, devançant la famille Bettencourt. En 2019 et en 2020, le magazine *Forbes* estime qu'il est la première fortune du monde (évaluée à 117 milliards de dollars). En 2021, il est classé troisième, juste derrière Jeff Bezos et Elon Musk, avec environ 150 milliards de dollars. Le 24 mai 2021, sa fortune se monterait à 186,5 milliards de dollars et il serait ainsi deuxième, devançant Elon Musk.

Collectionneur d'art, il est également un mécène qui cherche à développer l'image de son groupe. En 2014, la fondation Louis Vuitton pour la création et l'art contemporain est ainsi inaugurée, le bâtiment ayant été conçu par l'architecte Franck Gehry. Elle met notamment en valeur des artistes contemporains comme Christian Boltanski ou Olafur Eliasson. En 2019, la famille Arnault et le groupe LVMH ont fait un don de 200 millions d'euros pour la reconstruction de Notre-Dame de Paris.

▸ Un grand patron controversé

Bernard Arnault a été soupçonné de vouloir se faire domicilier en Belgique afin de payer moins d'impôts en 2012-2013. Il est également soupçonné d'optimisation fiscale. En 2017, dans le cadre de l'enquête des « Paradise Papers », plusieurs journaux révèlent qu'il a placé des actifs dans six paradis fiscaux.

L'influence médiatique est également dénoncée. Le groupe possède des organes de presse et il peut influer *via* les publicités qu'il achète. En 2012, suite à la une de *Libération* (« Casse-toi, riche con ! », en référence à une phrase de Nicols Sarkozy adressée à quelqu'un ayant refusé de lui serrer la main, « Casse-toi, pauvre con ! »), le groupe retire toutes ses publicités, entraînant un manque à gagner pour le journal d'environ 700 000 d'euros. En 2016, sur un autre plan, des syndicats de journalistes s'étaient inquiétés d'un acte d'autocensure du *Parisien*, propriété de LVMH, qui était resté étonnamment silencieux sur *Merci patron !*

La succession semble au demeurant assurée puisque 75 % de LVMH a déjà été transmis en nue-propriété aux cinq enfants du milliardaire et à leurs deux cousins.

L'enlisement de l'*Ever Given* : l'économie mondiale échouée dans le canal de Suez

par Valérie Morin

Le 23 mars 2021, le porte-conteneurs *Ever Given* se coince au kilomètre 151 du canal de Suez. Il faut une semaine pour le désensabler. Plus de 400 navires sont alors bloqués dans le canal et l'économie mondiale se trouve déstabilisée. Est-elle trop dépendante de ces points de passage maritime ?

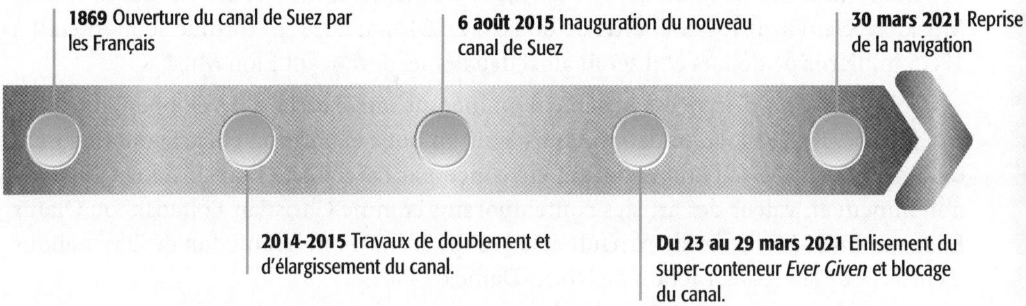

▸ Le canal de Suez, un passage stratégique

Le canal de Suez, construit par les Français, mais exploité par les Britanniques jusqu'en 1956, fait partie des passages stratégiques des routes maritimes internationales. C'est le plus long canal artificiel (193 km) sans écluse du monde. Large de 280 m à 345 m, profond de 22,5 m, il est une des richesses de l'Égypte depuis sa nationalisation par le président Nasser en juillet 1956.

Aujourd'hui, le canal de Suez transporte environ 12 % du trafic maritime mondial (qui constitue lui-même 85 % du commerce mondial) et rapporte 5,61 milliards de dollars à l'Égypte en 2020 (soit 6 % du budget du pays), ce qui rend l'économie égyptienne particulièrement dépendante de cette manne financière. Jusqu'en 1970, il accepte des bateaux allant jusqu'à 60 000 TPL (tonnes de port en lourd). Le canal est géré par l'Autorité du canal de Suez ou Suez Canal Authority (SCA). C'est une autorité publique et indépendante qui relève du Premier ministre égyptien. Elle dispose de tous les pouvoirs nécessaires à l'exploitation du canal. Elle est propriétaire du canal et des installations liées (bacs, tunnels, logements des employés) et le gère, l'exploite et l'entretient.

Mais ce canal est aussi très soumis aux aléas géopolitiques. De 1967 à 1975, il est totalement fermé à cause des guerres israélo-arabes et de l'occupation du Sinaï égyptien par Israël. Il est donc particulièrement militarisé car il transporte 22 % des conteneurs qui utilisent la voie maritime dans le monde. Il représente même les trois quarts du commerce entre l'Europe et l'Extrême-Orient. Environ 9 % du pétrole et du gaz liquéfié acheminés par voie maritime dans le monde passent par le canal de Suez, proche des pays pétroliers du golfe Arabo-Persique. Les risques d'attentats djihadistes sont pris très au sérieux. De nombreux groupes existent dans le nord du Sinaï et l'armée égyptienne n'est pas toujours en mesure de protéger les bateaux qui s'en approchent, comme l'a montré l'attaque au lance-roquettes du porte-conteneurs chinois *Cosco Asia* en août 2013. Les bateaux qui empruntent le canal doivent aussi passer par le détroit de Bab el-Mandeb de 26 km de large, menacé actuellement par la guerre au Yémen et par une forte piraterie au large de la Corne de l'Afrique. De nombreux États ont d'ailleurs sécurisé cette région pour protéger leurs navires en investissant dans des bases militaires à Djibouti : la Chine, les États-Unis, la France, le Japon…

PARTIE 3

▸ Le canal s'adapte au gigantisme du transport maritime

L'évolution du trafic dans le canal de Suez depuis 1975

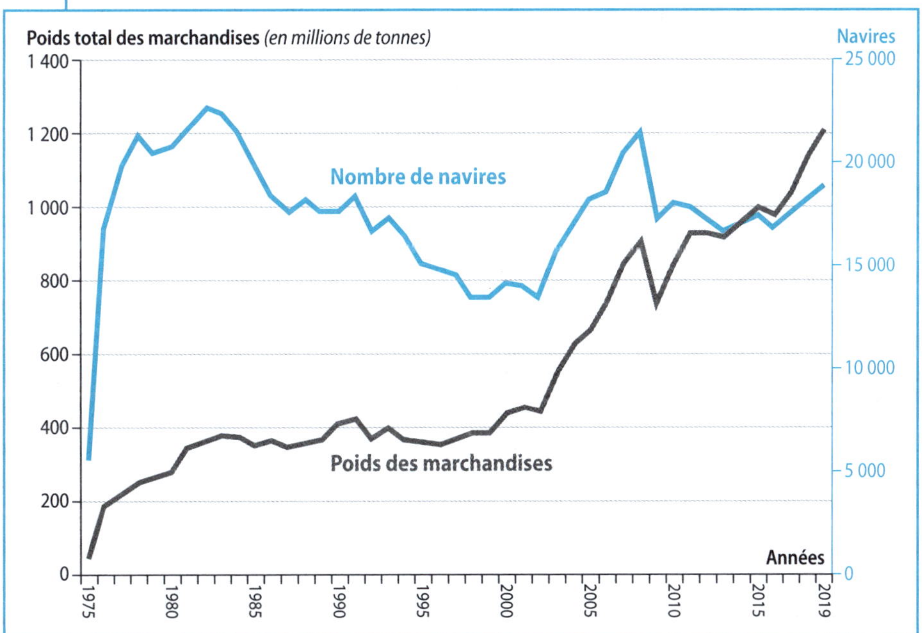

Source : *Suez Canal Traffic Statistics*, rapport annuel, 2019.

Au cours des vingt dernières années, la taille moyenne des navires a triplé, ce qui rend les manœuvres plus difficiles dans les passages étroits. Le canal de Suez, le canal de Panama, les détroits de Malacca et d'Ormuz sont en effet des *choke points*, c'est-à-dire des passages stratégiques ou goulets d'étranglement en matière de transport. Ces passages étroits, peu profonds sont les talons d'Achille de l'économie mondialisée. Ils limitent la capacité des navires. Pourtant, près de 19 000 navires ont emprunté le canal de Suez en 2020, soit une moyenne de 51,5 bâtiments par jour, ce qui en fait une des principales voies navigables dans le commerce maritime.

En août 2014, l'Égypte a décidé de doubler son canal au sud, en creusant une nouvelle voie de 35 km afin de permettre une navigation croisée et non plus alternée. Du PK (point kilométrique) 50 au PK 122, le canal a été dragué et élargi. Il peut accueillir maintenant des navires dits « Suezmax » de 20,10 m de tirant d'eau et allant jusqu'à 240 000 TPL, sans limitation de taille, en dehors du tirant d'air (soit le volume du navire qui est au-dessus de la surface de l'eau) qui est de 68 m au maximum puisqu'il faut que les bateaux puissent passer sous le pont d'El Qantara.

Les bateaux trop grands pour passer par le canal de Suez sont appelés « Capesize » et sont contraints de doubler le cap de Bonne-Espérance, ce qui les oblige à un long et coûteux détour. Un navire faisant la route du golfe Persique à Londres parcourt 12 000 km et met quatorze jours par le canal de Suez contre 20 900 km et vingt-quatre jours s'il doit passer par le sud de l'Afrique.

Le premier navire entre dans le nouveau canal en juillet 2015. Le doublement a coûté 9 milliards de dollars à l'Égypte, mais elle espère augmenter son chiffre d'affaires, qui devrait atteindre 13,2 milliards de dollars en 2023. Le temps de transit des bateaux est divisé par deux – il était de vingt-deux heures avant 2015. Pour l'Égypte, c'est aussi l'occasion de développer d'immenses zones économiques spéciales (ZES) dans la zone du canal pour attirer les investissements étrangers. La Chine a déjà acheté une concession de 7 km^2 à Port-Saïd, la Russie 5 km^2 et l'Espagne 4 km^2.

▸ L'ensablement du super porte-conteneurs *Ever Given*

L'*Ever Given* appartient à la classe G des porte-conteneurs, c'est un des plus grands du monde. Il a un tirant d'eau de 15,7 m et une longueur de 399,94 m. Il a été construit par l'entreprise japonaise Shoei Kisen Kaisha, exploité par une compagnie taïwanaise, Evergreen Marine, et bat pavillon panaméen. Le 23 mars 2021 à 7 h 40, durant son trajet vers Rotterdam, il se coince en diagonale dans le canal de Suez au PK 151 avec 20 000 conteneurs. Il a été déporté vers la berge à cause d'une rafale de vent. Il bloque alors le canal dans les deux sens jusqu'au 29 mars. Très rapidement, cela crée un embouteillage de plusieurs centaines de navires. Or ce sont 10 milliards de dollars de marchandises qui transitent chaque jour par le canal de Suez. En 2020, 75 % des conteneurs transportés provenaient de Chine, figurant la grande dépendance de l'Europe envers Pékin. L'*Ever Given* est ainsi parti le 4 mars du port de Ningbo, dans l'est de la Chine, et devait arriver à Rotterdam, aux Pays-Bas.

La compagnie d'assurance internationale, la Lloyd, estime à 400 millions de dollars par heure le coût de l'immobilisation pour les 26 millions de tonnes de marchandises bloquées sur les navires.

Aujourd'hui, des pénuries commencent à se faire sentir, comme celles concernant les semi-conducteurs. Le géant de l'ameublement Ikea ou encore le chinois Lenovo sont toujours privés d'un stock important qui se trouvait à l'intérieur de l'un des conteneurs présents à bord du bateau échoué. Des navires transportant des animaux vivants doivent aussi être secourus. Les cours du pétrole augmentent de 5 %. Il est « *difficile de ne pas voir dans cet accident l'une des conséquences du gigantisme à l'œuvre dans le transport maritime* », explique Julien Bouissou, journaliste au *Monde*, spécialiste du commerce mondial. Il a fallu trois jours et demi pour que le trafic reprenne son rythme normal, mais il faudra plusieurs mois pour que toutes les marchandises contenues dans les navires bloqués puissent être livrées.

Les types de marchandises transportées dans le canal de Suez exprimées en tonnes

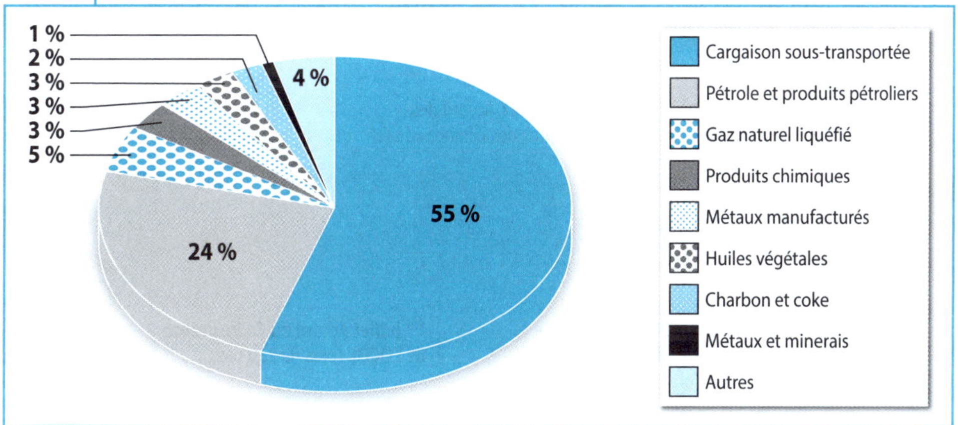

Source : *Suez Canal Traffic Statistics*, rapport annuel, 2019.

Mise en perspective

L'incident de l'*Ever Given* a permis à la Russie de réactualiser son projet de route du Nord qui diminuerait le temps de trajet Shanghai-Rotterdam de près d'un tiers. Pour les Chinois, cette route entre dans leur stratégie des nouvelles routes de la soie.

Impôt mondial sur les sociétés : union pour une fiscalité plus juste ?

par Adrien Beaulieu

Le 1er juillet 2021, 130 pays se sont entendus sur l'instauration d'un impôt minimal mondial sur les sociétés. L'accord a été finalisé en octobre pour une application dès 2023, mais des désaccords persistent quant au taux d'imposition et aux entreprises concernées. En quoi cet accord représente-t-il un nouveau souffle pour le multilatéralisme et la lutte contre la concurrence fiscale déloyale ?

▸ Mettre un terme aux paradis fiscaux

« Panama » et « Paradise Papers », « LuxLeaks » : les scandales se multiplient, et montrent l'ampleur de l'évasion et de l'optimisation fiscales agressives pratiquées par des centaines de milliers d'entreprises et de grandes fortunes, dans des juridictions comme les Bermudes ou les îles Caïmans, mais également au Luxembourg et aux Pays-Bas. Ainsi, près de 40 % des profits des firmes multinationales (FMN) seraient placés dans les paradis fiscaux, selon G. Zucman, économiste français catalyseur de la réforme mondiale en cours. Cette « délocalisation » financière constitue un important manque à gagner pour les États (certaines études l'estiment à près de 1 000 milliards d'euros pour l'Union européenne), et plus particulièrement pour les pays en développement où la fiscalité des entreprises représente un moteur substantiel pour les investissements publics.

Face à ces mécanismes flirtant avec l'illégalité, de nombreux États ont souhaité rendre leur pays plus attractif en abaissant leur taux d'imposition sur les sociétés. Cette diminution (passant de 45 % à 20 % des bénéfices des entreprises en moyenne) enclenchée au tournant néolibéral des années 1980, a *ipso facto* réduit les recettes financières de nombreux États et leur capacité à répondre aux nouveaux enjeux auxquels ils sont confrontés : climatiques, sociaux et sanitaires.

Un impôt crucial pour les pays en développement

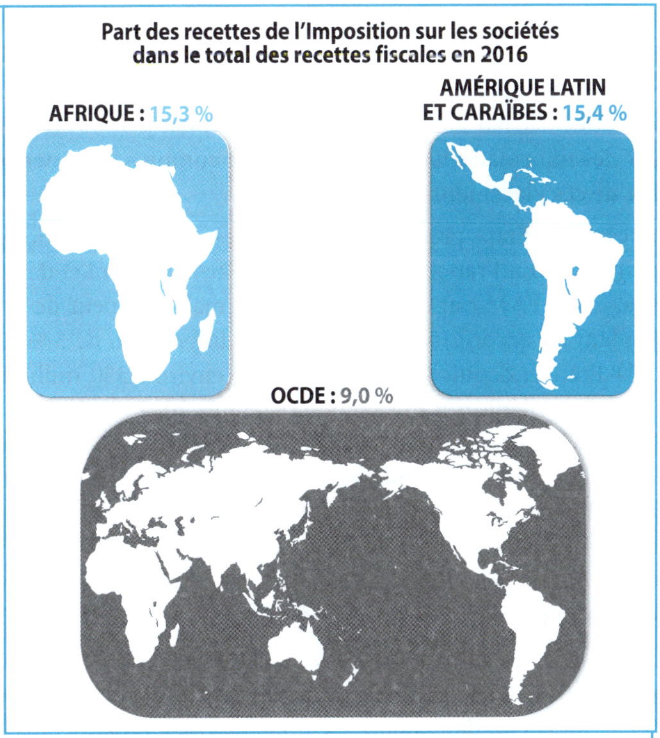

Source : OCDE.

La course au moins-disant fiscal rencontre en outre l'indignation des responsables politiques européens.. En effet, les GAFAM profitent de leur activité numérique spécifique pour implanter leur siège social dans les pays où la fiscalité est la plus avantageuse, comme en Irlande, indépendamment de la provenance des bénéfices générés.

▸ Un accord historique, fruit d'un besoin international

Face à ce phénomène, différentes solutions ont été imaginées dès le début des années 2000 au niveau international, sans grand succès. L'initiative d'une régulation fiscale européenne, appelée « assiette commune consolidée pour l'impôt sur les sociétés » (ACCIS), devait permettre de répartir plus équitablement les revenus fiscaux en fonction des États où les bénéfices sont générés. Néanmoins, elle a été bloquée par la nécessaire approbation à l'unanimité des ministres des Finances de l'Union, en 2011 et en 2016. Toujours en 2016, sous l'égide de l'OCDE, 130 pays se sont réunis pour discuter de la fiscalité des multinationales, en vain. La Commission européenne a alors décidé d'outrepasser le verrou institutionnel de la réforme fiscale en s'attaquant au non-respect de la concurrence. Elle tente ainsi d'intenter une action en justice contre Apple en 2016, inféconde.

Pourtant, il faut noter de récents efforts de la communauté internationale pour mieux réguler les dérives fiscales. En 2016, un groupe de 139 pays ou juridictions (« cadre inclusif » de l'OCDE) s'est engagé dans le projet BEPS (*base erosion and profit shifting*) pour lutter contre le phénomène d'érosion de la base d'imposition et du transfert de bénéfices. Afin d'éviter des pratiques abusives d'optimisation, ces États tentent de mieux coordonner leurs politiques fiscales et de rendre plus transparent leur système de taxation. La fin du secret bancaire, décidée par le G20 en 2009, a également permis aux 162 États signataires d'échanger des informations sur 84 millions de comptes financiers en 2019, et de vérifier la légalité de ces placements.

Par ailleurs, certains États prennent des mesures au niveau national pour lutter contre le *dumping* fiscal. En France, en Espagne, au Royaume-Uni et dans d'autres pays européens, des taxes GAFAM ont été implémentées, malgré la peur de rétorsions américaines, en attendant un accord international. Cette imposition de 3 % du chiffre d'affaires permet à la France, depuis 2020, de collecter environ 350 millions d'euros par an. En parallèle, les États-Unis ont mis en œuvre depuis 2017 plusieurs dispositifs pour lutter contre l'évasion fiscale, dont une taxe sur les revenus immatériels des Américains générés à l'étranger et jusqu'alors faiblement taxés (GILTI), à hauteur de 10,5 %. Lors de sa campagne, J. Biden a proposé d'augmenter ce taux à 21 % ainsi que celui de l'imposition des entreprises sur son territoire de 21 à 28 % (contre 35 % avant D. Trump). Néanmoins, afin de ne pas pénaliser la compétitivité des États-Unis, il a relancé les discussions autour d'un impôt minimal international sur les sociétés.

Cette dynamique a permis aux ministres des Finances du G7, en juin 2021, puis à plus de 130 des pays du cadre inclusif de l'OCDE, le mois suivant, de trouver un accord. Ce dernier comporte deux piliers fondamentaux. Le premier vise à répartir plus équitablement les droits d'imposition entre les pays, de sorte que les 100 plus grandes FMN réalisant des bénéfices supérieurs à 10 % de leur chiffre d'affaires soient taxées entre 20 et 30 % dans les pays d'activités réelles de ces entreprises. Le second a pour objectif d'établir un impôt minimal mondial sur les sociétés d'au moins 15 %. Ainsi, une entreprise française dont le siège social serait dans un paradis fiscal où la taxation est nulle devrait reverser 15 % de ses bénéfices à la France. Néanmoins, cet impôt ne concernerait que les FMN au chiffre d'affaires supérieur à 750 millions d'euros. Conjugués, ces deux piliers devraient conduire à la disparition des paradis fiscaux et à la fin de la course au moins-disant fiscal.

▸ Un projet qui divise

Avant sa mise en œuvre en 2023, les États doivent parachever l'accord autour du second pilier et définir un taux d'imposition minimal des sociétés en octobre 2021. D'abord recommandé par des économistes comme G. Zucman pour se situer autour des 25 %, ce taux est abaissé à 21 % par l'administration Biden, puis de nouveau à 15 % par les pays du cadre inclusif. Cette taxe est alors critiquée par les ONG pour son manque d'ambition : s'il existe 35 pays en 2020 dont le taux d'imposition des sociétés est inférieur à 15 % (dont 12 juridictions où l'imposition est nulle), une grande majorité d'États taxent à un taux supérieur les FMN enregistrées sur leur territoire. Cette décision pourrait alors avoir l'effet contre-productif de tirer vers le bas les niveaux de taxation. Par ailleurs, certains craignent qu'Amazon échappe au premier pilier de l'accord, car ses bénéfices sont inférieurs à 10 % de son chiffre d'affaires.

Gagnants et perdants de la course au moins-disant fiscal

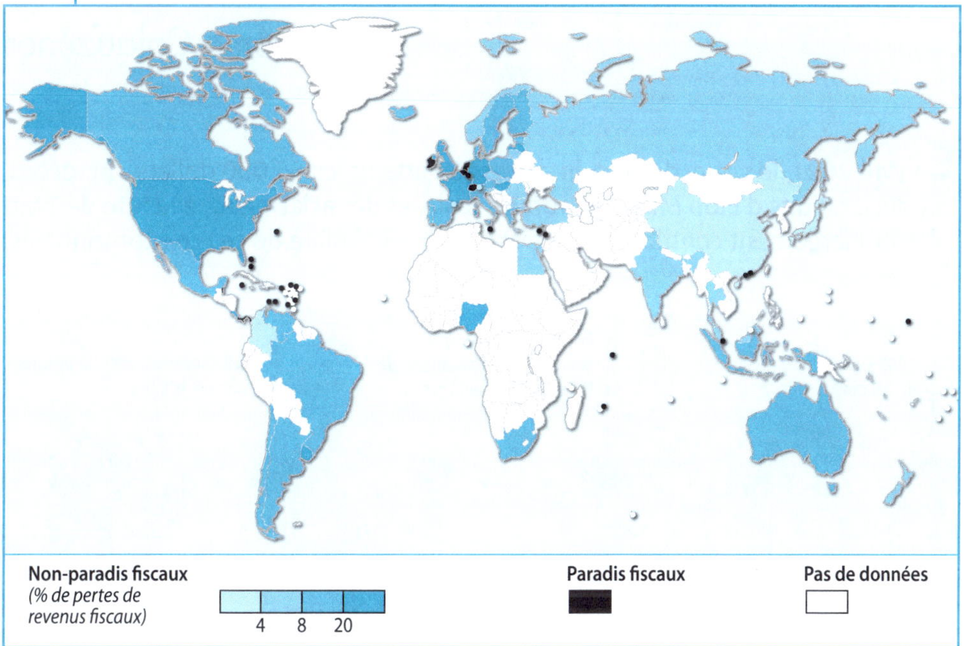

Source : Th. Tørsløv, L. Wier et G. Zucman, « The Missing Profits of Nations », 2021.

D'autres États, comme l'Irlande ou la Hongrie, s'opposent farouchement à cet accord, prétextant des pertes de revenus importantes dans l'hypothèse où des entreprises quitteraient leur territoire par manque d'intérêt fiscal (une perte de l'ordre de 2 milliards d'euros par an pour l'Irlande par exemple, contre 4 à 6 milliards de bénéfices pour la France).

Mise en perspective

Les États semblent être en mesure de réagir pour établir une fiscalité commune à l'échelle mondiale. Il en est allé de même avec la COP21 en ce qui concerne le climat. Mais l'efficacité de telles mesures sera encore à vérifier dans les prochaines années. L'accord de Paris, dont les effets restent à mesurer, appelle à la prudence face aux engagements internationaux des États. Comment dépasser les déclarations d'intention et garantir le changement ?

PARTIE 3

Les cryptomonnaies : entre opportunités d'investissement et menaces

par Jérôme Calauzènes

En avril 2021, le cours du Bitcoin a presque atteint les 65 000 dollars, un record. Les déclarations d'Elon Musk, patron de Tesla, et de Jack Dorsey, à la tête de Twitter, y ont largement contribué, montrant la forte volatilité de ces cryptomonnaies.

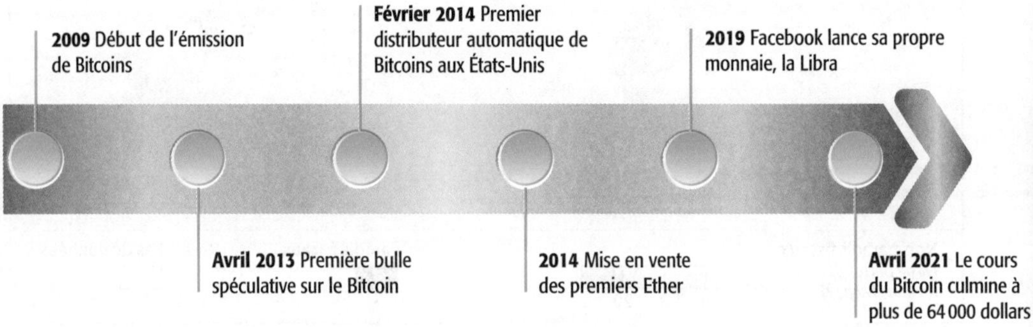

▸ Le poids croissant des cryptomonnaies

Une cryptomonnaie, aussi appelée « cryptoactif », « cryptodevise », « monnaie cryptographique » ou « cybermonnaie », est émise de pair à pair, sans passer par une banque centrale. Le préfixe « crypto » vient du grec ancien et signifie « caché ». En effet, les cryptomonnaies utilisent la cryptographie, une technique d'écriture où un message est chiffré à l'aide de codes secrets ou de clés de chiffrement pour encoder les informations.

Si l'idée de créer une monnaie virtuelle est ancienne, le Bitcoin, l'une des premières cryptomonnaies, n'apparaît qu'en 2009. Il a été créé par Satoshi Nakamoto (un groupe de développeurs). Cette monnaie est gérée par un protocole informatique reposant sur la cryptographie et des « chaînes de blocs » (*blockchain*). Cela permet de valider et de répertorier les transactions émises. Ces dernières fonctionnent grâce aux ordinateurs de « mineurs » volontaires (le minage étant la création de Bitcoins) qui effectuent les calculs pour le réseau, en échange de quoi ces mineurs reçoivent un petit montant de Bitcoins.

Le système est conçu pour limiter le nombre final de Bitcoins à 21 millions (montant qui devrait être atteint vers 2140), alors qu'actuellement 18,6 millions de Bitcoins sont en circulation. D'autres cryptomonnaies ont aussi été créées comme le Litecoin, le Peercoin, le Namecoin…

Mais c'est surtout à partir de 2011 que les cryptomonnaies deviennent de plus en plus populaires. À partir de 2014, une deuxième génération de cryptomonnaies voit le jour : Monero, Ether, Nxt… Dès 2017, on assiste à l'arrivée d'une troisième génération de monnaies qui offre une plus grande sécurité : EOS.IO, Cardano (ADA), AION, ICON… En 2014 a aussi été lancé le BitUSD, le premier *stablecoin* (« monnaie stable ») : contrairement à toutes les autres cryptomonnaies, il a un prix fixe. Les consommateurs ont donc *a priori* une confiance supérieure en lui.

En 2021, il existe ainsi plus de 5 000 cryptoactifs pour une valeur supérieure à 2 000 milliards d'euros. Cela dit, le marché est dominé par le Bitcoin (environ 880 milliards) et l'Ether (environ 410 milliards).

▸ Des potentialités d'investissement et un succès important

Les cryptomonnaies présentent des avantages qui expliquent leur succès. Conçues pour Internet, elles permettent d'augmenter l'accessibilité du commerce en ligne. Les frais de transfert sont d'ailleurs nuls ou très faibles. Parallèlement, les transferts sont extrêmement rapides. Les cryptomonnaies favorisent également la transparence puisque toutes les transactions sont publiques et que tous les propriétaires et les destinataires des transactions sont identifiés par des adresses. De même, les cryptomonnaies ne peuvent que difficilement être contrefaites ou usurpées (le protocole de chiffrement étant élaboré pour résister à la plupart des menaces informatiques connues). Enfin, les cryptomonnaies peuvent facilement être stockées et transportées (sur clé USB, par exemple).

Le cours du Bitcoin s'est ainsi littéralement envolé depuis sa création. Alors qu'en janvier 2011, il ne valait qu'à peine 0,3 dollar, il est à 7 dollars en janvier 2012, puis son cours explose. En 2020, son cours a bondi de 308 % et il culmine à plus de 64 000 dollars mi-avril 2021. À l'inverse, l'indice CAC 40 a reculé de 7,1 % en 2020.

Plusieurs facteurs expliquent la hausse récente des cours. Fin 2020, PayPal a annoncé le lancement d'un service d'achat et de vente de devises numériques. Le Bitcoin devient ainsi accessible à ses millions de clients. En 2021, Elon Musk avance que Tesla va probablement accepter le paiement en cryptomonnaie.

Ensuite, plusieurs investisseurs institutionnels, jusque-là très frileux, ont décidé d'investir dans le Bitcoin (comme la Massachusetts Mutual Life Insurance Co, une mutuelle américaine d'assurance-vie). La multiplication des crises financières et la crise de la Covid-19 ont encouragé aussi nombre d'investisseurs à diversifier leur portefeuille. Certains ont également vu dans le Bitcoin la possibilité de faire des profits rapides alors que, de nos jours, la plupart des placements traditionnels, comme les obligations d'État, rapportent peu.

Enfin, comme les investisseurs craignent un retour de l'inflation, notamment depuis que certaines banques centrales comme la Réserve fédérale américaine (Fed) ont annoncé vouloir assouplir leur lutte contre l'augmentation des prix, ils ont décidé d'investir dans le Bitcoin pour se prémunir contre des pertes de pouvoir d'achat potentielles qui seraient liées à cette monnaie.

▸ Des risques importants

En réalité, le Bitcoin est un actif extrêmement volatil. Lors du début de la pandémie de coronavirus, en mars 2020, il a perdu 25 % de sa valeur. Des hausses considérables peuvent être suivies de pertes tout aussi importantes, comme ce fut le cas en 2017 et en 2019. Le risque de bulle spéculative est donc réel. Jean Tirole, prix Nobel d'économie en 2014, déclarait ainsi que le Bitcoin n'avait aucune valeur intrinsèque, ce qui était potentiellement très dangereux.

La volatilité du Bitcoin depuis 2016

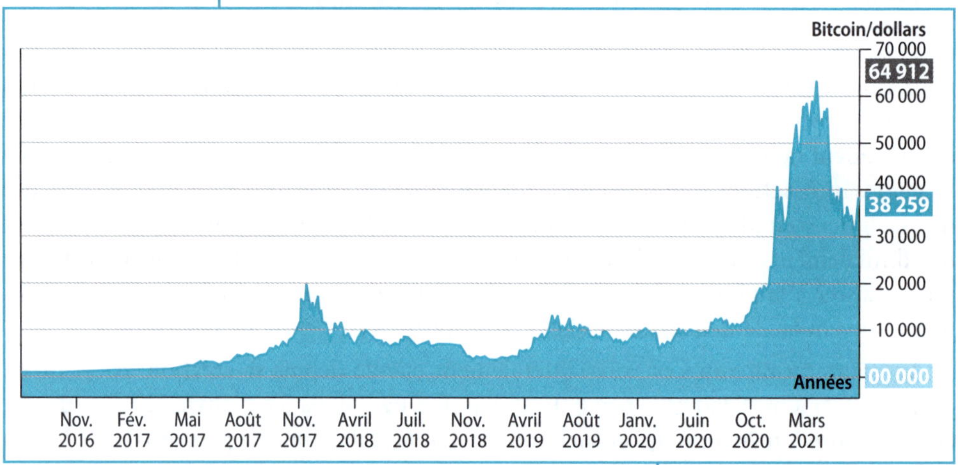

Source : www.boursorama.com

Le secteur est également très peu régulé, ce qui implique une assez grande vulnérabilité aux arnaques. En mars 2021, John McAfee, inventeur de l'antivirus du même nom, a été inculpé par les États-Unis, notamment pour avoir frauduleusement promu des cryptomonnaies et avoir manipulé le marché.

Les cryptomonnaies tendent également à concurrencer les monnaies nationales. Elles pourraient entamer la confiance des consommateurs dans celles-ci. Elles contribuent aussi à rendre plus difficile le recueil de statistiques sur l'activité économique, utilisées par les gouvernements pour orienter l'économie. La volonté d'entreprises telles que Facebook de lancer leur propre cryptomonnaie comme le Diem (ex-Libra) est un autre danger. Des entreprises privées, sans gouvernance démocratique, pourraient alors s'emparer d'une fonction régalienne jusque-là dévolue aux États.

Les États réagissent d'ailleurs différemment. Certains pays ont interdit l'utilisation et la commercialisation des cryptomonnaies (l'Algérie, l'Égypte, le Pakistan, les Émirats arabes unis…). D'autres, au contraire, ont créé leur propre monnaie virtuelle, comme les Bahamas. En 2015, la Chine avait lancé le projet d'une monnaie virtuelle nommée « *Digital Currency Electronic Payment* » (DCEP). Depuis plusieurs mois, des tests grandeur nature ont lieu dans des villes laboratoire : les 750 000 premiers bénéficiaires ont été choisis *via* un système de loterie et ils peuvent dépenser leurs yuans numériques. Cette monnaie devrait être généralisée en Chine en 2022 et remplacer totalement, à terme, les pièces et les billets.

Les monnaies numériques des États dans le monde en 2021

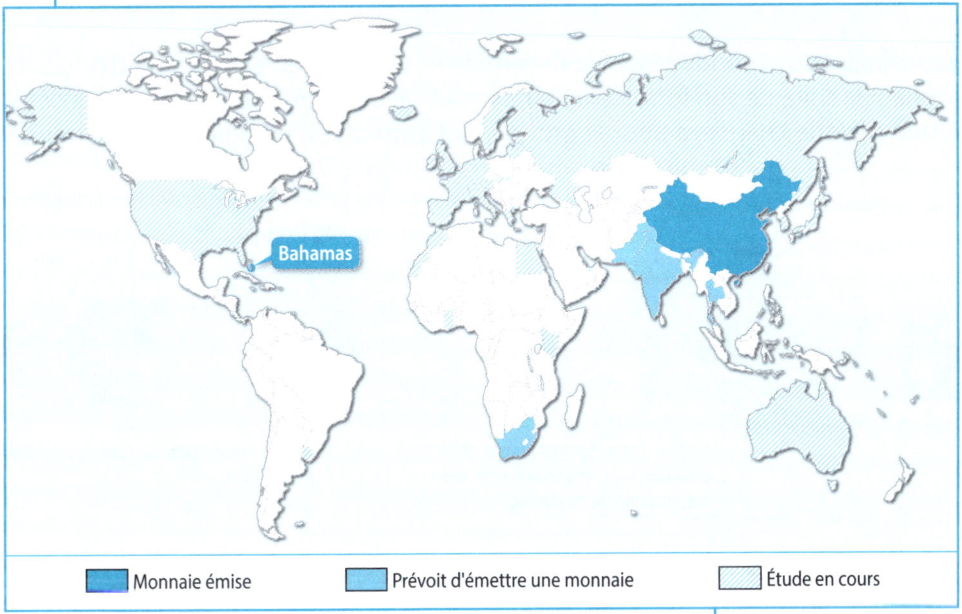

Source : Bloomberg, WSJ.

Enfin, l'enjeu environnemental ne doit pas être oublié. La gestion des cryptomonnaies représente une consommation d'énergie phénoménale (et a donc une empreinte carbone). Une étude menée par la revue *Nature* montre que les activités de « minage » de Bitcoins en Chine, dès 2024, émettront annuellement 130 millions de tonnes de carbone, soit l'équivalent de la consommation d'électricité de la Suède.

Mise en perspective

Si les cryptomonnaies se généralisaient, on assisterait alors à une dénationalisation des monnaies (quand bien même certaines monnaies étatiques demeureront), un phénomène qui avait été annoncé par l'économiste Friedrich von Hayek (prix Nobel d'économie en 1974) en 1976 et qui risque de diminuer le pouvoir des États.

Andy Jassy, nouveau DG d'Amazon : rupture ou continuité ?

par Jérôme Calauzènes

Le 5 juillet 2021, Andy Jassy est devenu le nouveau directeur général d'Amazon, prenant la suite de son fondateur, Jeff Bezos. Il va devoir relever d'importants défis, à une période charnière pour le groupe, notamment en matière de concurrence.

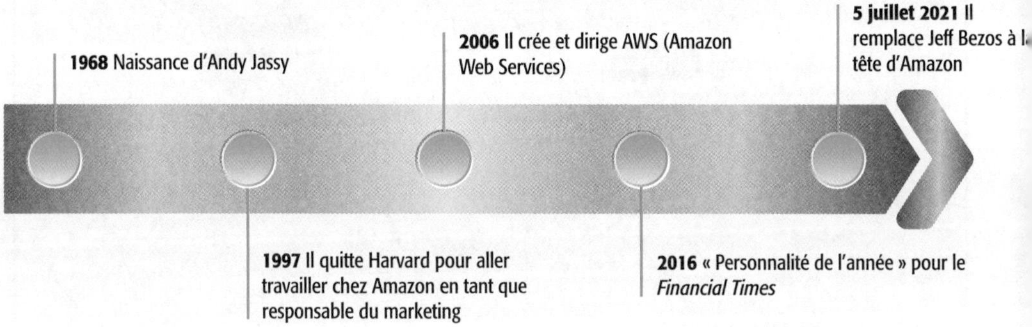

▸ Un étudiant modèle et une ascension rapide chez Amazon

Ayant grandi à Scarsdale, dans l'État de New York, Andy Jassy est issu d'une famille juive d'origine hongroise. Son père était associé dans le cabinet d'avocats Dewey Ballantine, à New York. Très bon étudiant, A. Jasssy est diplômé du Harvard College puis obtient un MBA de la Harvard Business School en 1997. Il rejoint alors Amazon, en tant que responsable marketing. L'entreprise n'a que trois ans et n'est encore qu'une start-up de la côte Ouest, fondée dans un garage par Jeff Bezos.

Il y grimpe assez rapidement les échelons en œuvrant à sa diversification. Il a notamment fondé Amazon Web Services en 2006, la branche de services informatiques dématérialisés en ligne (« *cloud computing* »). En 2016, il devient le PDG d'AWS, qui assure aujourd'hui l'essentiel des revenus d'Amazon, en louant aux entreprises des logiciels ou de l'espace de stockage pour leurs données numériques : Engie, Axa, Netflix ou encore Airbus figurent parmi ses clients. Cette division de l'entreprise détient aujourd'hui une part de marché d'environ 32 % et domine le segment de l'hébergement *cloud*, loin devant

Microsoft Azure et Google Cloud. Ce service, qui reste le plus rentable de l'entreprise, représente les deux tiers du résultat net et un dixième des revenus du géant américain.

▸ Une succession en douceur

La succession, annoncée en février 2021, a été très bien préparée. « *Avec Jassy, Bezos a donné son onction à un leader discipliné qu'il a méticuleusement formé à sa façon inhabituelle de gérer, qui s'est bien comporté sous les feux de la rampe et qui présente une cible un peu plus humble pour les opposants politiques d'Amazon* », affirme Brad Stone, auteur d'*Amazon Unbound*.

Jeff Bezos reste cependant président exécutif d'Amazon (il conserve environ 10 % des parts) et a affirmé qu'il resterait engagé dans les initiatives les plus importantes du groupe et dans les nouveaux projets. Cela dit, il prévoit de consacrer plus de temps à d'autres projets tels que les fondations Day One Fund et Bezos Earth Fund, en lien avec la lutte contre le réchauffement climatique, ainsi qu'à son journal *The Washington Post* et à sa société spatiale Blue Origin.

▸ D'importants défis à relever

À la tête d'Amazon depuis juillet, A. Jassy va d'abord devoir continuer à faire croître le chiffre d'affaires, qui a d'ailleurs augmenté de près de 40 % en 2020 (par rapport à 2019), pour atteindre 320 milliards de dollars, l'équivalent du PIB de la Colombie.

Amazon fait par ailleurs l'objet d'une enquête ouverte en 2019 par la FTC (Federal Trade Commission), dirigée par Lina Khan. L'entreprise a déjà été condamnée à payer près de 62 millions de dollars d'amende pour avoir retenu les pourboires des livreurs. La justice américaine soupçonne aussi des conflits d'intérêts et des problèmes de concurrence lorsque l'entreprise commercialise des produits de marchands tiers dont elle utilise les données pour proposer des versions moins chères ou des sous-marques. Le Congrès envisagerait aussi de nouvelles lois antitrust qui pourraient forcer Amazon à réorienter ses activités.

Andy Jassy devra également faire croître Amazon Prime Video, le service de vidéos à la demande créé en 2016 et qui fait face à une féroce concurrence. L'enjeu est important puisque Amazon a déboursé 1 milliard de dollars pour réaliser la série *Le Seigneur des Anneaux*, l'une des plus chères du monde. L'entreprise a aussi beaucoup investi le marché du sport (elle est devenue le diffuseur de la Ligue 1 en France, et de la Premier League en Angleterre…). Amazon fait face à une concurrence de plus en plus rude aussi sur les autres plans. Walmart Inc. développe également ses livraisons de colis aux États-Unis, tandis que Microsoft a signé des accords avec de grandes entreprises pour leur louer des espaces de stockage, ce qui fait directement de l'ombre à AWS.

Enfin, les critiques sont importantes quant aux révélations sur les conditions de travail dans l'entreprise. Le média Bloomberg révèle aussi qu'Amazon laisserait le soin à son intelligence artificielle de renvoyer les livreurs inefficaces.

AUTRES FAITS

Vendredi 1er janvier Aux États-Unis, Larry Culp, patron de General Electric, pourrait toucher un bonus allant jusqu'à 230 millions de dollars malgré les dizaines de milliers de salariés licenciés ces dernières années.

Mercredi 6 janvier En France, Michelin annonce son intention de supprimer 2 300 postes d'ici trois ans.

Lundi 25 janvier Le forum économique de Davos débute. Organisé en visioconférence, il dure jusqu'au 29 janvier. À cette occasion, l'ONG Oxfam publie son rapport annuel sur les inégalités dont elle dénonce le creusement du fait de la pandémie de Covid-19.

Jeudi 28 janvier En France, un homme assassine une conseillère Pôle emploi dans la Drôme ainsi qu'une directrice des ressources humaines en Ardèche.

Jeudi 4 février En France, les salariés de Sanofi se réunissent pour protester contre la suppression de 364 postes en R & D et contre la fermeture de l'usine de Strasbourg. Les manifestants critiquent d'autant plus ces licenciements que Sanofi a bénéficié d'aides publiques et a réalisé d'importants profits (bénéfice net en progression de près de 340 % pour l'année 2020).

Jeudi 25 février Aux États-Unis, la FAA (agence gouvernementale chargée de réglementer et de contrôler l'aviation civile) inflige à Boeing une amende de 6,6 millions de dollars. La FAA reproche au constructeur automobile ses manquements aux règles de sécurité.

Lundi 29 mars En France, le procès du Médiator se solde par une condamnation des laboratoires Servier, reconnus coupables de « *tromperie aggravée* » et d'« *homicides et blessures involontaires* ». Entre 1 500 et 2 100 personnes sont mortes après avoir pris ce médicament alors même que le laboratoire Servier en connaissait les effets toxiques. Servier est condamné à verser 2,7 millions d'euros d'amende, peine considérée par les victimes comme légère au regard des millions d'euros de chiffre d'affaires réalisés quotidiennement par le laboratoire.

Mercredi 7 avril Le magazine *Forbes* publie son classement des personnes les plus riches du monde, dont font partie 4 milliardaires français : B. Arnault, F. Bettencourt Meyers, F. Pinault et, désormais, S. Bancel, propriétaire d'une partie du capital de Moderna. O. Dassault, décédé dans un accident d'hélicoptère en mars, quitte le classement.

Lundi 17 mai Les groupes TF1 (propriété de Bouygues) et M6 (propriété de RTL Group) annoncent leur projet de fusion. Leur objectif est de créer un géant français de la télévision d'ici à la fin de l'année 2022. Ce projet doit encore être validé par le CSA et l'Autorité de la concurrence.

Jeudi 20 mai Au Royaume-Uni, le Premier ministre Boris Johnson annonce la création d'une entreprise publique dont le rôle sera de chapeauter le fonctionnement des trains. Le système ferroviaire britannique, privatisé en 1994, souffre de nombreuses difficultés, ce qui explique cette décision.

Mercredi 26 mai L'entreprise Total annonce vouloir suspendre les versements aux actionnaires d'une société birmane bénéficiant directement à la junte au pouvoir depuis le coup d'État de février 2021. Total a été vivement critiqué pour son rôle en Birmanie.

Mercredi 2 juin En France, une panne du réseau Orange touche l'ensemble des départements, compliquant voire empêchant l'accès aux numéros d'urgence (SAMU, pompiers, police) pendant sept heures.

Vendredi 11 juin L'ancien Premier ministre français François Fillon annonce qu'il siégera au conseil d'administration de l'entreprise Zaroubejneft, société pétrolière détenue à 100 % par l'État russe.

Mardi 15 juin L'Union européenne et les États-Unis annoncent une trêve de cinq ans dans la querelle commerciale opposant Boeing et Airbus depuis 2008. Le conflit est relatif aux subventions perçues par les deux constructeurs aéronautiques.

Mercredi 30 juin En France, environ 150 personnes, salariés et journalistes d'Europe 1, manifestent devant les locaux de la radio pour dénoncer l'emprise croissante de V. Bolloré sur la chaîne et exprimer leur inquiétude quant au rapprochement avec CNews et au manque de pluralisme de l'information diffusée.

Lundi 12 juillet La Commission européenne annonce son intention de suspendre son projet de taxe numérique européenne censée peser sur les multinationales du secteur.

Mardi 13 juillet L'Autorité de la concurrence impose une amende de 500 millions d'euros à Google pour son refus de négocier, « de bonne foi », avec les éditeurs de presse française. Ces derniers reprochent au géant d'Internet la reprise, sans rémunération, d'extraits de leurs articles par le moteur de recherche. Cette sanction s'ajoute à l'amende de 220 millions d'euros pour abus de position dominante.

Jeudi 2 septembre L'autorité numérique irlandaise sanctionne WhatsApp d'une amende de 225 millions d'euros pour non-respect des règles relatives à la protection des données personnelles des usagers.

Mercredi 15 septembre En France, V. Bolloré, propriétaire de Vivendi, annonce son intention de racheter la part du groupe de A. Lagardère actuellement détenue par Amber Capital, ce qui permettrait à Vivendi de détenir 45 % du capital de Lagardère.

Dimanche 3 octobre L'ICIJ (Consortium international des journalistes d'investigation) publie une enquête sur les paradis fiscaux. Qualifiés de « Pandora papers », les résultats de cette enquête révèlent les noms de milliers de personnalités politiques, religieuses et économiques profitant des paradis fiscaux.

QCM

Pour chaque question, une seule réponse est correcte.

1 Quel est l'impact de la Covid sur les jeunes de moins de 25 ans ?

- ○ **a.** Ils ont payé le plus lourd tribut en termes de morts.
- ○ **b.** Ils ne courent aucun risque d'attraper la Covid.
- ○ **c.** Ils courent moins de risques de la contracter, de développer des formes graves ou d'en mourir.

2 Comment se sentent les jeunes dans leur ensemble face à la crise sanitaire ?

- ○ **a.** Ils se considèrent comme privilégiés face à la Covid.
- ○ **b.** Ils se considèrent comme une « génération sacrifiée » par les politiques pour sauver les plus âgés.
- ○ **c.** Ils n'ont pas souffert des mesures anti-Covid.

3 Qu'a fait le gouvernement français pour les jeunes lors de la crise sanitaire ?

- ○ **a.** Il a fait de l'accompagnement de la jeunesse son objectif premier.
- ○ **b.** Il a complètement abandonné la jeunesse, moins à risque.
- ○ **c.** Il a essayé de lutter contre la hausse du chômage puis mis en place des mesures de soutien psychologique.

4 Face à la crise sanitaire, que font de nombreux jeunes ?

- ○ **a.** Ils choisissent de s'engager auprès des plus démunis ou pour le climat, afin de construire « le monde d'après ».
- ○ **b.** Ils renoncent à s'engager, considérant que la situation est désespérée.
- ○ **c.** Ils continuent leur vie comme si de rien n'était.

5 Quand le plan France Relance a-t-il été présenté ?

○ **a.** Le 17 mars 2020. ○ **b.** Le 3 septembre 2020. ○ **c.** Le 29 octobre 2020.

6 Quels sont les trois volets du plan de relance français ?

- ○ **a.** L'écologie, la compétitivité et la cohésion sociale.
- ○ **b.** La productivité, l'écologie et l'industrialisation.
- ○ **c.** La compétitivité, la libéralisation et l'écologie.

7 Quel est le montant du plan France Relance ?

- ○ **a.** 130 milliards d'euros.
- ○ **b.** 220 milliards d'euros.
- ○ **c.** 100 milliards d'euros.

8 Quel pays européen est le premier récipiendaire du plan NextGenerationEU ?

- ❍ a. L'Italie.
- ❍ b. L'Espagne.
- ❍ c. La Grèce.

9 Au premier trimestre 2021, à quel pourcentage du PIB la dette publique française se montait-elle ?

- ❍ a. 118 %.
- ❍ b. 128 %.
- ❍ c. 138 %.

10 Quelle est en 2021 l'évolution du taux de chômage en France ?

- ❍ a. Il est revenu au même niveau qu'avant la crise du coronavirus en 2019.
- ❍ b. Il a augmenté par rapport au niveau d'avant la crise du coronavirus.
- ❍ c. Il a diminué par rapport au niveau d'avant la crise du coronavirus.

11 Que prévoit la réforme de l'assurance chômage portée par Élisabeth Borne en 2021 ?

- ❍ a. La fin des allocations-chômage en cas de refus par le chômeur d'un emploi qui lui correspondrait.
- ❍ b. La baisse du montant des allocations-chômage, liée à un nouveau mode de calcul.
- ❍ c. L'amélioration de l'efficacité de Pôle emploi afin que les emplois proposés correspondent mieux aux attentes de chaque demandeur d'emploi.

12 Quelle affirmation est fausse à propos de la déflation ?

- ❍ a. Elle entraîne une diminution de la consommation.
- ❍ b. Elle pénalise les emprunteurs.
- ❍ c. Elle encourage l'endettement.

13 Quelle marque ne fait pas partie du groupe LVMH en 2021 ?

- ❍ a. Hermès.
- ❍ b. Dior.
- ❍ c. Kenzo.

14 À combien est estimée la fortune de Bernard Arnault en mai 2021 ?

- ❍ a. 146,5 milliards de dollars.
- ❍ b. 186,5 milliards de dollars.
- ❍ c. 206,5 milliards de dollars.

15 Quel est le nom du documentaire qui critique Bernard Arnault en 2016 ?

- ❍ a. *Merci Bernard !*
- ❍ b. *Merci Patron !*
- ❍ c. *Casse-toi pauvre con !*

16 **Quel est le montant du don de la famille Arnault et de LVMH pour la reconstruction de Notre-Dame de Paris ?**

- ○ **a.** 100 millions d'euros.
- ○ **b.** 200 millions d'euros.
- ○ **c.** 400 millions d'euros.

17 **De quand date l'ouverture du canal de Suez ?**

- ○ **a.** De 1869.
- ○ **b.** De 1899.
- ○ **c.** De 1914.

18 **Quelle part du trafic maritime mondial représente le canal de Suez ?**

- ○ **a.** 12 %.
- ○ **b.** 15 %.
- ○ **c.** 20 %.

19 **Quand le « nouveau » canal de Suez, doublé, a-t-il été ouvert ?**

- ○ **a.** En 2014.
- ○ **b.** En 2015.
- ○ **c.** En 2016.

20 **Qu'est-ce qu'un navire « Suezmax » ?**

- ○ **a.** Un navire qui ne peut pas rentrer dans le canal de Suez.
- ○ **b.** Un navire qui peut entrer dans le canal de Panama.
- ○ **c.** Un navire qui a les dimensions maximales pour passer à pleine charge dans le canal de Suez.

21 **Depuis les années 1980, comment la taxation des sociétés dans le monde a-t-elle évolué ?**

- ○ **a.** Elle a augmenté légèrement, surtout dans les pays anglo-saxons.
- ○ **b.** Elle a stagné, excepté en Afrique où elle a augmenté.
- ○ **c.** Elle a diminué fortement.

22 **À quoi vise le premier pilier de l'accord mondial sur l'imposition des sociétés ?**

- ○ **a.** À rediriger la taxation des entreprises vers les pays où les bénéfices des EMN sont générés.
- ○ **b.** À imposer les bénéfices des sociétés à un taux minimal de 15 %.
- ○ **c.** À imposer le chiffre d'affaires des sociétés à un taux minimal de 20 %.

23 **En quelle année devrait être appliqué l'accord mondial sur le taux d'imposition minimal des sociétés ?**

- ○ **a.** En 2022.
- ○ **b.** En 2023.
- ○ **c.** En 2024.

24 Parmi ces pays, lesquels n'ont pas signé cet accord en juillet 2021 ?
- ❍ a. L'Irlande, la Hongrie et l'Estonie.
- ❍ b. La Russie, la Chine et les Émirats arabes unis.
- ❍ c. Les Bermudes, les îles Vierges et les îles Caïmans.

25 Quel est le montant maximal de Bitcoins qui pourra être en circulation ?
- ❍ a. 11 millions.
- ❍ b. 18 millions.
- ❍ c. 21 millions.

26 En quelle année le Bitcoin a-t-il été créé ?
❍ a. En 2007. ❍ b. En 2009. ❍ c. En 2013.

27 Quels sont les deux seuls pays à avoir émis leur propre monnaie virtuelle en 2021 ?
- ❍ a. La Chine et les États-Unis.
- ❍ b. L'Union européenne et la Chine.
- ❍ c. Les Bahamas et la Chine.

28 Quel est le nom actuel de la monnaie émise par Facebook ?
❍ a. La Libra. ❍ b. Le FCoin. ❍ c. Le Diem.

29 De quelle université américaine Andy Jassy est-il diplômé ?
❍ a. Yale. ❍ b. Harvard. ❍ c. Le MIT.

30 Quel est le nom de la filiale d'Amazon fondée par Andy Jassy en 2006 ?
- ❍ a. Amazon Prime.
- ❍ b. Amazon Web Services.
- ❍ c. Amazon Cloud Services.

31 Quel organe de la justice américaine a ouvert une enquête sur Amazon ?
- ❍ a. La Federal Trade Commission.
- ❍ b. La Federal AntiTrust Commission.
- ❍ c. La Federal Competition Commission.

32 Quel journal Jeff Bezos possède-t-il ?
- ❍ a. *The New York Times.*
- ❍ b. *Herald-Tribune.*
- ❍ c. *The Washington Post.*

Corrigé

1c, 2b, 3c, 4a, 5b, 6a, 7c, 8a, 9a, 10a, 11b, 12c, 13a, 14c, 15b, 16b, 17a, 18a, 19b, 20c, 21c, 22a, 23b, 24a, 25c, 26b, 27c, 28c, 29b, 30b, 31a, 32c.

PARTIE 3

SOCIÉTÉ

La loi sécurité globale, un nouveau paradigme pour le maintien de l'ord français

par Fabrice Senechal

Le 25 mai 2021, la loi pour une sécurité globale préservant les libertés est promulguée en France. Largement décriée et même censurée en partie par le Conseil constitutionnel, cette loi cristallise de nombreux enjeux gravitant autour de la vision du maintien de l'ordre français, et du rapport qu'entretiennent les citoyens avec les différentes forces de l'ordre françaises.

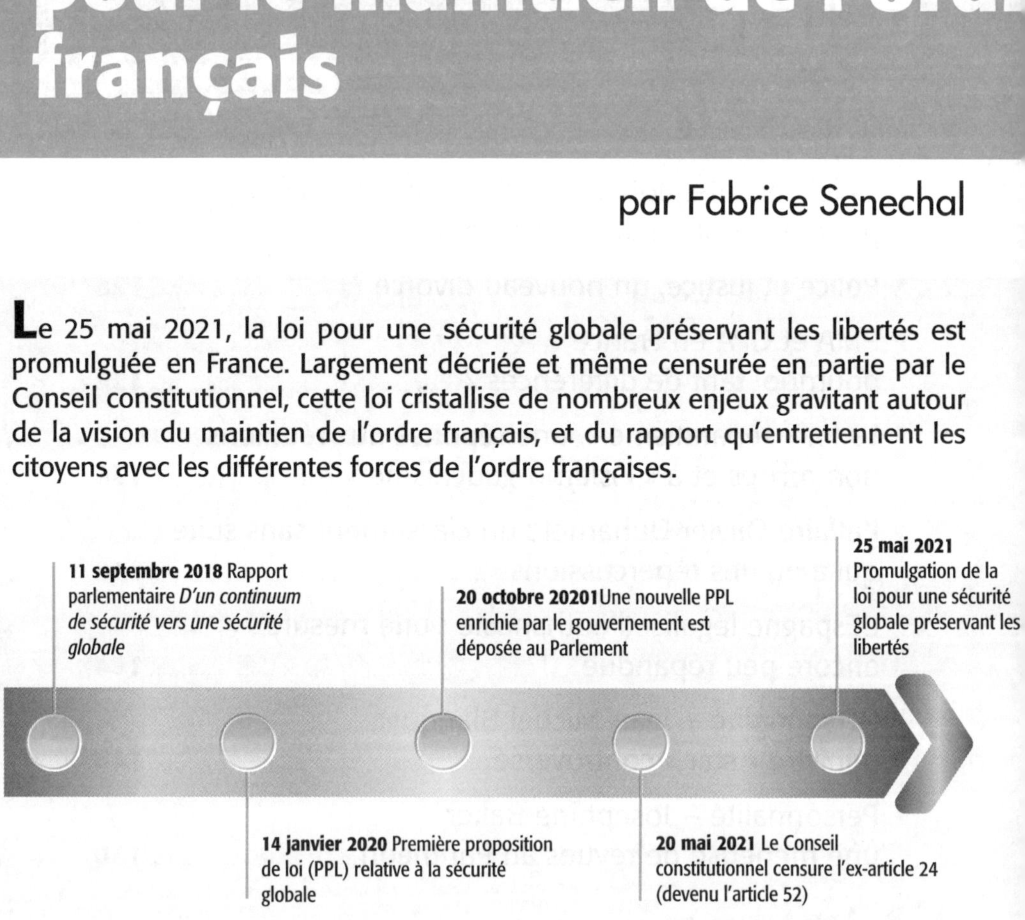

▸ À la genèse de la loi « sécurité globale », clarifier le schéma national de maintien de l'ordre

La proposition de loi (PPL) est héritée du rapport parlementaire *D'un continuum de sécurité vers une sécurité globale* remis au gouvernement le 11 septembre 2018 par les députés LREM Alice Thourot et Jean-Michel Fauvergue, ce dernier étant par ailleurs ancien chef du RAID. À l'origine, ce rapport était destiné à renforcer les prérogatives de la police municipale – en autorisant le port d'arme en dehors du service dans les lieux accueillant du public – et à clarifier et encadrer les activités des sociétés de sécurité dont l'image reste perfectible en France.

Au départ habituelle, cette PPL va rapidement devenir un enjeu politique. En effet, un grand nombre de mesures ont été ajoutées au fil des événements sociaux et politiques qu'a connus la France depuis 2018. Le point de départ de la cristallisation politique autour de cette PPL est la crise des Gilets jaunes. Apparue en octobre 2018, cette crise a nourri de vifs débats, notamment sur les réseaux sociaux, sur la légitimité du maintien de l'ordre à la française. Les nombreuses images publiées sur Internet relatant des épisodes de violences entre forces de l'ordre et manifestants ont entraîné la multiplication des critiques à l'égard des forces de l'ordre françaises. En outre, les images de violences urbaines lors des manifestations ont également soulevé la problématique de la surveillance des manifestations et du contrôle de celles-ci, en raison notamment de la divulgation de l'identité de certains policiers sur les réseaux sociaux.

Ainsi, c'est dans le sillage des Gilets jaunes que le gouvernement a souhaité enrichir la PPL initialement déposée par les députés Alice Thourot et Jean-Michel Fauvergue le 14 janvier 2020. La nouvelle proposition a été déposée le 20 octobre 2020 par les mêmes députés et enrichie de mesures ajoutées par le ministre de l'Intérieur Gérald Darmanin. Le texte couvre désormais la question de la protection des forces de l'ordre dans le cadre des opérations de police, celle de l'usage de drones et caméras de surveillance, et celle de la sécurité dans les transports. Cependant, au moment de son passage en commission, en raison des nombreux ajouts du ministre, beaucoup de députés ont estimé que la proposition de loi relevait davantage d'un projet de loi, c'est-à-dire d'un texte émanant de l'exécutif et non du Parlement.

Le cadre légal prévu par la PPL pour l'utilisation des drones par les forces de l'ordre

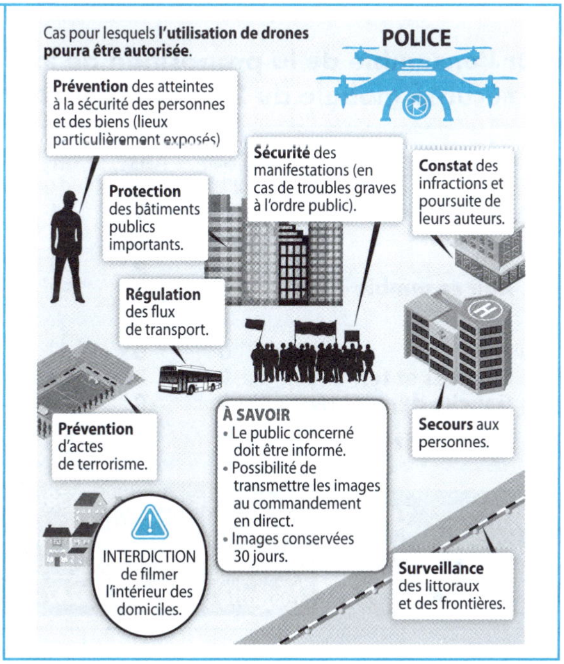

▸ Un texte liberticide ?

La PPL enrichie nommée « proposition de loi pour un nouveau pacte de sécurité respectueux des libertés » se déploie en quatre principaux volets : renforcement de la police municipale, réglementation du cadre d'action de la sécurité privée, moyens de surveillance des manifestations et des interventions des forces de l'ordre et pénalisation de l'usage « malveillant » d'images des forces de l'ordre.

La police municipale et les gardes champêtres sont désormais mutualisables entre les communes. En outre, alors qu'elle ne dispose aujourd'hui que d'une force de police dirigée par la préfecture de police, Paris sera dotée d'une police municipale en 2026 grâce au cadre légal créé par le texte. De plus, la sécurité privée est reconnue comme « *un maillon essentiel du continuum de sécurité* » et, à cet égard, les prérogatives du Conseil national des activités privées de sécurité sont renforcées. Ce volet est stratégique en raison de la tenue d'événements d'envergure (la Coupe du monde de rugby en 2023 et les Jeux olympiques en 2024) qui vont requérir un effectif croissant d'agents de sécurité privée. Le volet « surveillance et vidéoprotection » encadre l'utilisation croissante des drones, caméras-piétons et caméras embarquées chez les forces de l'ordre.

Le dernier volet du texte est celui qui cristallise les polémiques et qui se trouve à l'origine des manifestations. L'article 24 est particulièrement décrié car il précise que la diffusion « *du visage ou tout autre élément d'identification* » d'un policier ou d'un gendarme en intervention sera punie d'un an de prison et d'une amende de 45 000 euros lorsque celle-ci a pour but de porter « *atteinte à son intégrité physique ou psychique* ». Cette disposition est considérée comme une atteinte à la liberté de la presse et la démonstration d'une « guerre des images » menée par le gouvernement.

Scrutin sur l'ensemble de la proposition de loi relative à la sécurité globale du 24 novembre 2020

	Pour	Abst.	Contre
LREM	220	30	10
LR	99	4	0
Modem	33	18	5
UDI	10	8	0
Agir ensemble	18	0	0
PS	0	0	29
FI	0	0	17
Libertés et ter.	0	3	14
Gauche dém. et rép.	0	0	16
Non inscrits	8	3	13

POUR	388
CONTRE	104

Nombre de votants (19 absents)	558/577
Suffrages exprimés	492
Majorité absolue	247

Source : Assemblée nationale.

Après une longue navette parlementaire et un ultime vote de l'Assemblée nationale, le 15 avril 2021 le Parlement a définitivement adopté, à 75 voix pour et 33 voix contre, la PPL renommée « pour une sécurité globale préservant les libertés ». L'article 24 a été légèrement modifié par le Sénat et écarte désormais toute mention explicite à la diffusion d'images, notamment *via* la presse, des forces de l'ordre. Cependant, près de 90 députés, de gauche (La France insoumise, Parti socialiste et apparentés), écologiques ou du centre, ainsi que le Premier ministre, ont saisi le Conseil constitutionnel pour lever « *tout doute* » au sujet de la loi.

▸ Une loi largement décriée et censurée

Suite à la saisine, le Conseil constitutionnel a statué le 20 mai 2021 et a jugé « *contraire à la Constitution* » l'ex-article 24 (devenu désormais l'article 52). En effet, il a jugé que ledit article ne concilie pas l'équilibre « *entre les objectifs de valeur constitutionnelle de prévention des atteintes à l'ordre public et de recherche des auteurs d'infractions et le droit au respect de la vie privée* ». En outre, les Sages ont également considéré comme « *cavaliers législatifs* » (c'est-à-dire adoptés selon une procédure contraire aux exigences de la loi) les articles 26, 57, 63, 68 et 69 du texte.

L'ampleur de la censure actée par le Conseil constitutionnel a contraint le ministère de l'Intérieur à reprendre les dispositions retoquées. Au niveau européen, le Conseil de l'Europe a également jugé que l'article 24, dans son écriture originelle, portait « *atteinte à la liberté d'expression* ». Dans une lettre du 15 décembre 2021 adressée aux membres de la commission des lois du Sénat, la commissaire aux droits de l'homme du Conseil de l'Europe, Dunja Mijatovic, a jugé que le texte de cet article était « *insatisfaisant du point de vue du respect des droits de l'homme et des libertés fondamentales* ». En outre, elle soutient également que ce texte entrave la liberté d'informer, inscrite dans l'article 10 de la Convention européenne des droits de l'homme, et qu'il devient en conséquence fondamentalement incompatible avec les engagements internationaux de la France (qui a ratifié la Convention susnommée en 1974). Enfin, au niveau international, l'Organisation des Nations unies a également appelé au retrait de l'article 24. En effet, la haut-commissaire aux droits de l'homme de l'ONU, Michelle Bachelet, a fait part de son inquiétude quant à la dérive liberticide induite par le texte. Elle a également rappelé la problématique des violences policières en France, qui reste un sujet tabou au sommet de l'État.

En définitive, l'article 24 (devenu l'article 52) a été aux fondements de la contestation exprimée à l'endroit de la loi sécurité globale. Cette dernière a cristallisé un grand nombre de tensions agrégées depuis la crise des Gilets jaunes (et plus loin encore) en France, et a soulevé des interrogations quant au respect des libertés publiques.

Mise en perspective

Ce sujet a été repris dans le film *Les Misérables* (de Ladj Ly, 2019). Il évoque la normalisation de l'état d'urgence, décrété suite aux attentats de 2015, qui confère des prérogatives étendues aux forces de l'ordre en France. Il joue également sur les images prises par les citoyens qui documentent d'une certaine façon les interventions de police dans leurs quartiers.

PARTIE 4

Police et justice, un nouveau divorce ?

par Paul Muthelet

La police pointe fréquemment du doigt le laxisme de la justice dont la réponse pénale est jugée insuffisante, notamment en ce qui concerne les atteintes aux personnes dépositaires de l'autorité publique. Dans ce contexte, le meurtre par balle du brigadier Éric Masson fait craindre un éloignement entre les forces de l'ordre et l'institution judiciaire. Le Beauvau de la sécurité de 2021 est-il parvenu à réconcilier ces deux maillons nécessaires de la chaîne pénale ?

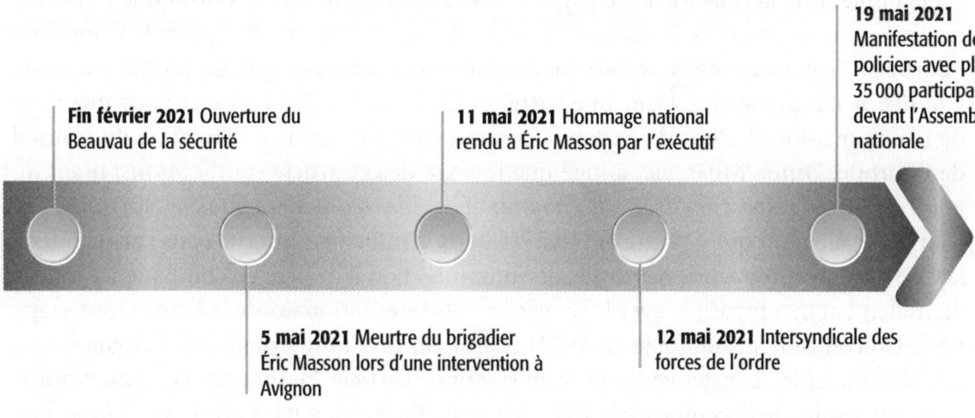

▸ Le meurtre du policier Éric Masson, catalyseur des tensions entre police et justice

Le 5 mai 2021, Éric Masson, brigadier de 36 ans, est tué à Avignon lors d'une intervention de police. Une enquête est ouverte et, le 9 mai, deux jeunes hommes suspectés d'être impliqués sont interpellés alors qu'ils tentent de s'enfuir en Espagne. Le 11 mai, le suspect principal est mis en examen pour homicide volontaire sur personne dépositaire de l'autorité publique, puis placé en détention provisoire.

Cet événement témoigne d'une violence croissante vis-à-vis des forces de l'ordre, prises pour cible depuis plusieurs années par des délinquants, mais aussi par des manifestants (Gilets jaunes, bien que la violence soit réciproque), ou par des terroristes (une fonctionnaire de police (Stéphanie Monfermé a été tuée à l'arme blanche lors d'une attaque contre la police le 24 avril 2021).

D'après le journal *Le Monde*, ces actes de violence contre les policiers auraient été multipliés par 2,3 en vingt ans. D'après les remontées de procès-verbaux auprès du ministère de l'Intérieur, plus de 85 faits de « violences à personnes dépositaires de l'autorité publique » sont enregistrés quotidiennement pour la seule police nationale. Il est probable que ces chiffres sont sous-évalués : les fonctionnaires visés ne prennent pas systématiquement la peine de rapporter les incidents considérés mineurs, lorsqu'ils n'entraînent aucune blessure.

L'affaire Éric Masson suscite l'émoi des Français, et particulièrement celui des forces de l'ordre qui réclament depuis des années plus de considération de la part du politique. Un hommage national a lieu le 11 mai, présidé par le Premier ministre Jean Castex, à la préfecture du Vaucluse en présence de Gérald Darmanin, ministre de l'Intérieur, et d'Éric Dupond-Moretti, ministre de la Justice. L'exécutif prône la fermeté dans tous ses discours.

L'augmentation récente des faits de violence à l'encontre des forces de l'ordre

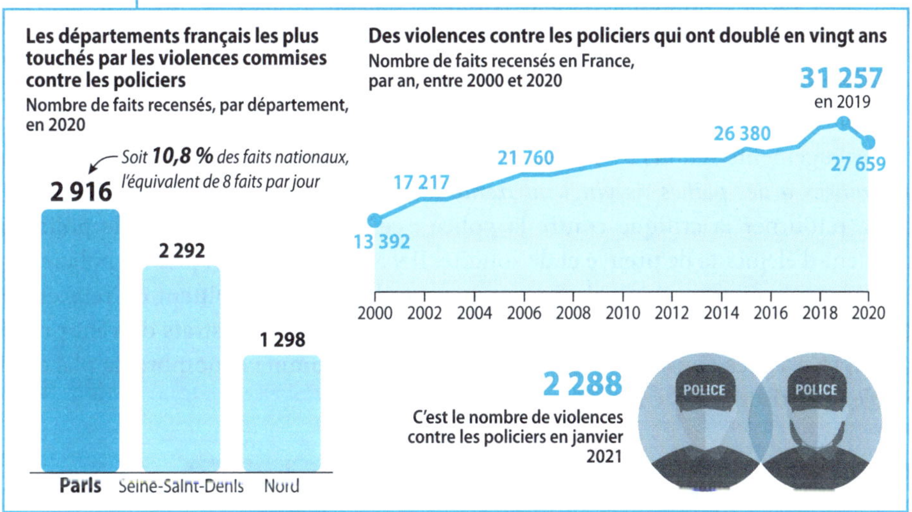

Source : data.gouv.fr.

▸ La manifestation du 19 mai : un divorce engagé

Lors d'un rendez-vous avec les syndicats de police organisé par Jean Castex le 10 mai suite au meurtre d'Éric Masson, le secrétaire général du syndicat Alliance Police nationale, Fabien Vanhemelryck, réclame des peines incompressibles ou des peines minimales pour les infractions contre les forces de l'ordre.

Une critique récurrente des forces de l'ordre à l'encontre des magistrats est en effet qu'ils ne sont pas confrontés à la réalité du terrain, notamment aux violences physiques et verbales vécues quotidiennement par les agents. En outre, alors que la violence contre une personne dépositaire de l'autorité publique est censée être une circonstance aggravante, les juges tendent à prononcer, dans la pratique, des peines moins sévères que les peines maximales encourues. Ainsi, 5 % des multiréitérants commettraient plus de 50 % des faits répréhensibles, prouvant prétendument le laxisme des tribunaux et la nécessité d'une répression pénale plus forte. Le 19 mai, une manifestation des forces de l'ordre devant l'Assemblée nationale regroupe plus de 35 000 personnes (selon les syndicats) qui réclament plus de sévérité de la part des législateurs et des juges. Lors de la manifestation, Fabien Vanhemelryck scande : « *Le problème de la police, c'est la justice.* »

Au même moment, dans l'hémicycle de l'Assemblée nationale, Éric Dupond-Moretti défend son projet de loi « pour la confiance » dans la justice. Il tente d'apaiser les tensions : « *En revanche, il me semble dangereux pour notre démocratie que l'on oppose en permanence la justice et la police à des fins électoralistes – donc avec un certain cynisme.* »

La fracture symbolique est forte : pendant que le ministre de la Justice prône la confiance mutuelle dans l'hémicycle, le ministre de l'Intérieur est de l'autre côté du mur, dans la rue, pour soutenir les syndicats de police. Face au soutien de Gérald Darmanin et d'autres responsables politiques à la manifestation, le Syndicat de la magistrature s'indigne, dans un communiqué, de voir la police devenir « *une puissance autonome* [...] *dictant à l'exécutif la définition de la politique pénale, au Parlement le contenu des lois, et revendiquant une indispensable impunité pour elle-même* ».

De plus, pour Audrey Darsonville, professeur de droit pénal, il n'y a pas de laxisme dans les jugements rendus : « *Jamais les prisons n'ont connu un tel afflux de personnes condamnées à des peines de vingt ou trente ans de prison.* » D'autres magistrats vont jusqu'à retourner la critique contre la police : ce seraient les enquêtes de police qui manquent d'éléments de preuve et de solidité. Il y aurait de plus en plus de policiers qui bâclent les procédures, puis qui s'indignent quand les juges acquittent ou relaxent par manque de preuves ou vices de procédure. D'autant que les magistrats doivent prendre en compte d'autres considérations dans un jugement, comme le nombre de places disponibles en prison.

Des tentatives de dialogue et de rapprochement

Au Beauvau de la sécurité, événement organisé pour la première fois en 2021, Gérald Darmanin fait cette fois bloc avec le garde des Sceaux, pour éviter que les tensions atteignent le point de non-retour : « *La police et la justice, encore plus les relations entre les deux ministres, ce n'est pas un duel, c'est un duo.* » Alors que de nombreux sujets devaient être abordés, celui de la « réponse pénale » vis-à-vis des agressions de personnes dépositaires de l'autorité publique (alors qu'elles représentent seulement 7,84 % des faits de violences enregistrés par la police et la gendarmerie en 2019) était au centre des débats.

Les mesures annoncées lors du Beauvau de la sécurité

Source : Visactu.

Éric Dupond-Moretti a annoncé l'organisation de réunions périodiques entre magistrats, élus et policiers, « *pour que chacun sache comment les autres travaillent* ». Le garde des Sceaux évoque « *un souhait de véritable dialogue entre la police et la justice, avec la mise en place d'un référent du parquet à disposition de la police, dans chaque tribunal judiciaire* ». Gérald Darmanin, quant à lui, a annoncé la création d'un Observatoire national de la réponse pénale, qui devrait principalement porter sur les atteintes aux forces de l'ordre, contentant ainsi une partie des syndicats.

Certaines mesures ont aussi été adoptées par les députés, notamment l'allongement à trente ans de la peine de sûreté des condamnés à perpétuité pour un crime contre un membre des forces de l'ordre, des réductions de peine limitées pour leurs agresseurs et la fin des rappels à la loi. Ces mesures sont toujours jugées insuffisantes pour les représentants des syndicats, qui souhaitent la mise en place de peines minimales pour ces agresseurs.

Mise en perspective

Outre sa relation avec la justice, la police doit redorer sa relation avec la population, à l'heure où les affaires de violences policières ont fait chuter la confiance des Français envers la police de 16 % depuis 2019.

PMA et GPA en France : pourquoi tant de différences ?

par Valérie Morin

La loi de bioéthique promulguée le 2 août 2021 permet désormais l'accès à la procréation médicalement assistée (PMA) pour les couples de femmes et les femmes célibataires. Elle a donné lieu à de vifs débats dans la classe politique, alors que la société semble être en pleine évolution sur le sujet ainsi que sur celui de la GPA.

1982 Naissance d'Amandine, premier bébé-éprouvette français né d'une fécondation *in vitro* (FIV)

1983 Création du Comité consultatif national d'éthique (CCNE) par le président François Mitterrand

Juillet 1994 Premières lois de bioéthique qui autorisent la PMA aux couples hétérosexuels

Avril 2013 Loi Taubira sur le mariage pour tous et le droit à l'adoption pour les couples homosexuels

24 juillet 2019 Projet de loi relatif à la bioéthique n° 2187 présenté à l'Assemblée nationale

2 août 2021 Loi de bioéthique

▸ La PMA, un débat récent

Le débat autour de la possibilité de la procréation médicalement assistée (PMA) et de la gestation pour autrui (GPA) est relativement récent. En effet, la possibilité de concevoir un enfant « artificiellement » avec une intervention médicale n'a été possible en France qu'à partir du début des années 1980 avec la naissance d'Amandine, premier bébé né par fécondation *in vitro* (FIV). Cette première naissance avait d'ailleurs donné lieu à d'importants débats sur la conception « naturelle » d'un enfant. Une partie des chercheurs et de l'opinion publique craignait des possibilités de manipulation génétique qui auraient pu être liées à cette découverte.

C'est pourquoi le président de l'époque, François Mitterrand, avait fait le choix de créer un Comité consultatif national de l'éthique pour les sciences de la vie et de la santé – devenu Comité consultatif national d'éthique (CCNE) – qui avait pour but de prendre en charge les questions soulevées par les nouvelles découvertes scientifiques ayant trait à la vie humaine. Organisme strictement consultatif, le CCNE est régulièrement saisi par les instances politiques pour réfléchir sur des sujets de société liés à l'évolution des connaissances dans le domaine des sciences de la vie et de la santé. Son président est nommé par le président de la République et ses trente-neuf membres sont choisis parmi des personnalités scientifiques, religieuses ou philosophiques. Lors de grands débats, le CCNE fait participer les citoyens à la réflexion éthique et leur permet de comprendre les enjeux éthiques que soulèvent certaines avancées scientifiques dans le domaine des sciences de la vie et de la santé. Il doit produire des avis et des rapports sur les questions dont il est saisi.

C'est à la suite d'un de ces rapports qu'est votée la première loi française de bioéthique, en juillet 1994, qui autorise la PMA pour les couples hétérosexuels, mais avec d'importantes restrictions. Ces couples doivent être mariés ou en couple depuis au moins deux ans et frappés d'une infertilité « *médicalement constatée* ». Elle autorise aussi le don de gamètes s'il est anonyme et gratuit et qu'il provient de donneurs en couple et déjà parents. Entre la naissance du premier bébé-éprouvette français et la légalisation de la PMA, il aura fallu plus de dix ans pour qu'elle devienne légale pour les couples hétérosexuels. Et elle reste fortement contrôlée.

Un débat politique et sociétal

La possibilité de concevoir un enfant avec une assistance médicale et, surtout, l'arrivée des dons de gamètes ouvraient la possibilité pour les couples de femmes ou les femmes célibataires d'avoir aussi des enfants. Le blocage restait uniquement juridique. En Europe, de nombreux pays ont ouvert l'accès à la PMA pour les couples de femmes et les femmes célibataires dans la première décennie des années 2000 : les Pays-Bas (2002), l'Espagne (2006) ou encore la Belgique (2007).

La PMA en Europe

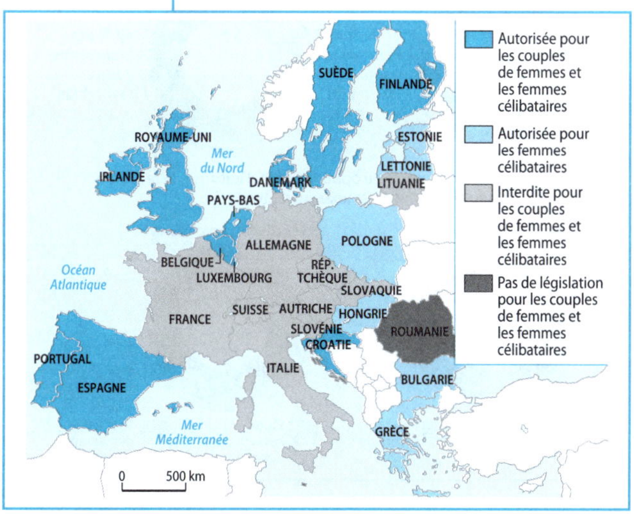

En France, on assiste à la transformation du modèle familial traditionnel : baisse du nombre de mariages, développement de nouveaux modes de conjugalité (pacte civil de solidarité, concubinage), accroissement des divorces, augmentation des familles monoparentales ou recomposées. Près de 60 % des naissances ont lieu hors mariage. Par ailleurs, la reconnaissance des couples homosexuels a été rendue possible à la fois par le mariage pour tous et par l'autorisation de l'adoption pour les couples homosexuels (loi Taubira de 2013). La parenté sociale occupe une place de plus en plus importante au côté de la parenté biologique. Ce que les Français conçoivent de plus en plus : 67 % des Français sont favorables à l'accès à la PMA aux femmes seules et aux couples de femmes (sondage IFOP de 2019).

Le sujet de la GPA est encore différent, car il ne se présente pas seulement sous le regard d'un changement de parentalité, mais relève d'une question éthique qui est celle du corps des femmes. Selon le CCNE, la GPA est contraire au « *respect de la personne humaine, [au] refus de l'exploitation de la femme et de la réification de l'enfant, [à] l'indisponibilité du corps humain et de la personne humaine* ». Elle est officiellement interdite en France depuis la loi de bioéthique de 1994. Néanmoins, 66 % des Français sont favorables à la GPA pour les couples hétérosexuels et 53 % pour les couples homosexuels (sondage IFOP de 2019).

Par souci de l'intérêt de l'enfant, les grossesses qui résultaient de PMA faites à l'étranger par des femmes seules ou en couple ont été validées par la France – en 2018, on estimait que cela concernait 2 000 à 4 000 femmes par an – : les enfants ont été reconnus même si leur conception relevait d'une méthode illégale.

Adhésion à l'élargissement de la PMA et à l'autorisation de la GPA

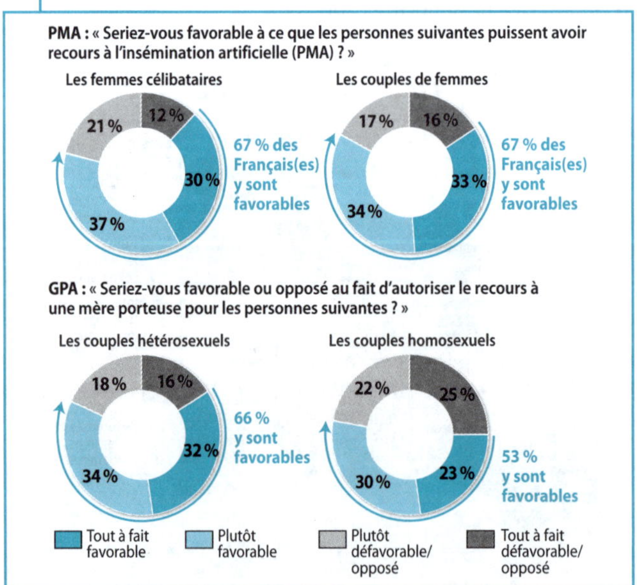

Source : sondage Ifop, 12 septembre 2019.

▸ La nouvelle loi de bioéthique de 2021

Le projet de loi sur la bioéthique n° 2187 présenté par le gouvernement Castex le 24 juillet 2019 entend répondre à des attentes sociétales fortes. Il s'appuie pour cela sur les importants travaux des États généraux de la bioéthique, réalisés entre janvier et juin 2018, mais aussi sur l'avis du Conseil d'État, du CCNE et de plusieurs centaines d'auditions d'acteurs associatifs et de personnalités.

Ce projet vise à permettre l'accès à la PMA aux couples de femmes et aux femmes non mariées – accès qui sera pris en charge par l'assurance maladie – et à sécuriser la filiation des enfants nés de ces couples et de ces femmes célibataires par une déclaration anticipée de volonté. Mais il refuse la légalisation de la GPA au motif du « *respect de la dignité humaine et [de] la non-marchandisation du corps humain* ».

Olivier Véran, ministre de la Santé, défend ce projet comme « *un enjeu d'égalité* ». Néanmoins, il faut deux ans, quatre lectures à l'Assemblée nationale, trois lectures au Sénat, une commission mixte paritaire et la discussion de plusieurs milliers d'amendements pour faire voter la loi qui est officiellement promulguée le 2 août 2021.

L'opposition de droite – Les Républicains, le Rassemblement national –, notamment au Sénat, a défendu une conception traditionnelle de la famille (« *un papa et une maman* ») et voit dans la possibilité de la PMA pour les couples de femmes « *le cheval de Troie de la GPA* ». Pourtant « *l'interdit de la GPA reste pour le gouvernement une ligne rouge infranchissable* », affirme Éric Dupont-Moretti, garde des Sceaux. Néanmoins, un amendement permet aux enfants nés de GPA à l'étranger de bénéficier d'un état civil, même si la reconnaissance est limitée au seul parent biologique et que l'autre parent devra passer par une procédure d'adoption. Il complète donc la circulaire Taubira de 2013 qui permettait aux enfants nés de GPA à l'étranger d'être reconnus français.

La loi rétablit alors l'égalité entre tous les citoyens face à la possibilité d'avoir un enfant grâce aux progrès de la médecine, mais continue à maintenir un refus total de la GPA au nom de la non-marchandisation du corps des femmes.

Mise en perspective

Les progrès médicaux vont continuer et ouvrir de nouvelles possibilités. Le retard de la loi pour permettre l'égalité entre tous les Français, notamment face à leur désir d'enfants, risque de s'accentuer.

La loi « séparatisme », symptômes de nombreuses peurs ?

Alice Volkwein

Ni la tenue de réunions non mixtes ni le terme d'« islamo-gauchisme » ne sont nouveaux, mais des polémiques ont éclaté début 2021, alimentant des discussions particulièrement sensibles en France. Dans le même temps, se tenaient les débats autour du projet de loi dite « contre le séparatisme ». Cette loi nº 2021-1109 du 24 août 2021 « confortant le respect des principes de la République » témoigne également des tensions en France autour de ces questions.

La loi « contre le séparatisme »

Dès 2017, Emmanuel Macron réfléchit à un plan pour renforcer la laïcité et le modèle républicain mis au défi par le renforcement de la menace terroriste sur le territoire français. Le sujet est miné et les tensions nombreuses. Ce n'est qu'en octobre 2019 que le président de la République française esquisse les contours d'un projet de loi « contre le séparatisme ». Cette loi se veut sévère avec les fondamentalistes, protectrice avec les modérés. Elle ne vise pas à condamner une religion mais à lutter contre l'islamisme radical. Depuis 1905, avec la loi de séparation des Églises et de l'État, la République française a codifié la laïcité. Elle réglemente la pratique religieuse qui, lorsqu'elle se tient dans l'espace public, ne peut ni remettre en cause l'ordre républicain ni créer de troubles à l'ordre public. Certains ont pourtant affirmé que la loi« contre le séparatisme » remettait en cause cette loi de 1905, et notamment les libertés de culte et d'association.

Pour décourager toute tentation « séparatiste », le projet de loi agit sur différents leviers (scolaire, associatif, judiciaire, etc.). Lors des débats parlementaires, les fronts sont clairs entre demandes de durcissement à droite et dénonciation d'une loi islamophobe à gauche.

Le texte finalement adopté en première lecture par la majorité présidentielle le 16 février reste controversé : les oppositions de gauche et de droite votent contre, pour des raisons différentes. La crise sanitaire a par ailleurs relégué les débats au second plan. Dès son adoption, fin juillet, plusieurs recours émanant, entre autres, du monde associatif ont été introduits devant le Conseil constitutionnel, notamment pour dénoncer une atteinte forte aux libertés associatives, les associations qui reçoivent des subventions devant désormais signer un « *contrat d'engagement républicain* ».

Ce projet de loi semble être le symptôme de nombreuses craintes et tensions de plus intenses depuis l'assassinat de Samuel Paty : parmi elles, l'enjeu des réunions non-mixtes et la prétendue existence d'un « islamo-gauchisme » supposant une proximité entre la gauche et les milieux islamistes en France.

Dispositions de la loi « contre la séparatisme »

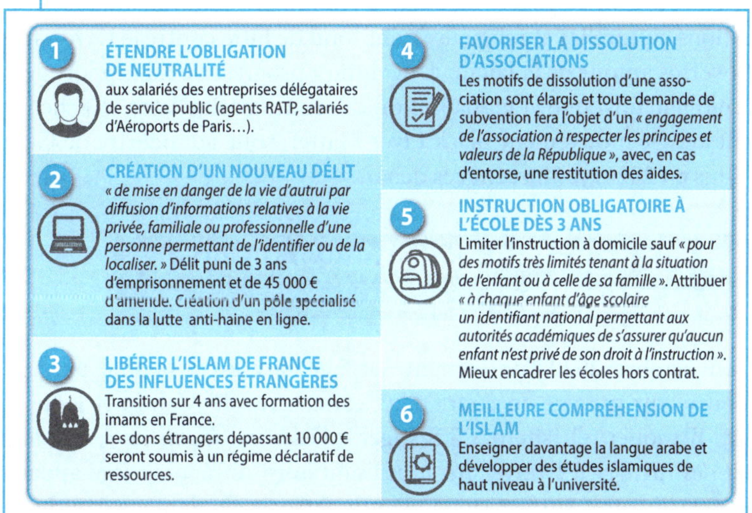

Source : AFP.

▸ Les réunions non mixtes, forme militante controversée et sujet sensible

Une réunion non mixte est un groupe de parole ouvert aux personnes victimes d'une discrimination spécifique (racisme, homophobie, etc.), et fermé aux autres. L'objectif de ces réunions n'est pas de prôner la ségrégation, mais d'offrir un lieu protégé où les personnes discriminées peuvent librement prendre la parole. De tels groupes, conçus comme un outil dans la lutte contre les discriminations, existent depuis longtemps, tout comme les débats qui accompagnent cette pratique militante légale.

Cependant, une polémique éclate, au printemps 2021, autour des réunions non mixtes au sein du syndicat étudiant l'UNEF pour les victimes de sexisme ou de racisme. Les arguments alimentant cette polémique sont connus : défense d'un espace de parole d'un côté, mesure discriminatoire inacceptable de l'autre. Pourtant, le débat est repris dans la sphère politique. J.-M. Blanquer, ministre de l'Éducation, n'hésite pas à dénoncer « *des choses qui ressemblent au fascisme* » alors que la candidate PS aux régionales en Île-de-France, Audrey Pulvar, déclare, elle, comprendre ces réunions.

Les raisons d'un tel emballement médiatique relèvent d'abord de la défense d'un idéal spécifiquement français, celui de l'universalisme républicain. Les défenseurs des réunions non mixtes revendiquent le respect de cet idéal. Ils affirment même plaider en son nom pour une lutte contre les discriminations réelles. Néanmoins, c'est bien le danger du communautarisme que brandissent les détracteurs de ces réunions.

Ainsi, dans le cadre des débats autour de la loi « contre le séparatisme », les sénateurs adoptent à l'unanimité, en première lecture, un « amendement UNEF » permettant de dissoudre les associations organisant des réunions non mixtes « *interdites aux Blancs* ». Il n'est pas anodin que soient pris en compte des critères de « *race* », de « *couleur de peau* » et de « *religion* », et non de genre. En effet, la crainte du communautarisme se cristallise sur les questions culturelles et religieuses, sur fond de lutte contre le terrorisme islamiste et de controverses autour de la laïcité. L'évolution progressive du rapport de la France à son passé colonial ainsi que la globalisation des luttes antiracistes à l'échelle planétaire (notamment avec le mouvement Black Lives Matter, suite au meurtre de Georges Floyd aux États-Unis en 2020) renforcent ces débats.

▸ Le débat sur « l'islamo-gauchisme », miroir des crispations actuelles

Lorsqu'en octobre 2020 l'enseignant Samuel Paty est assassiné par un terroriste islamiste pour avoir montré en cours deux caricatures de Mahomet issues de *Charlie Hebdo*, J.-M. Blanquer n'hésite pas à fustiger « *l'islamo-gauchisme* », une idéologie qui aurait « *fait des ravages à l'université* », utilisant ainsi un néologisme apparu au début des années 2000. En effet, surfant sur la peur du terrorisme islamiste dans laquelle vivent nos sociétés occidentales depuis les attentats du 11 septembre 2001 c'est au début des années 2000, alors que le concept de « choc des civilisations » montait en puissance que le terme d'« islamo-gauchisme » a fait florès. Ce néologisme établit une proximité supposée entre milieux islamistes et une certaine partie de la gauche, dont il s'agit de dénoncer le laxisme à l'égard de l'intégrisme musulman. Très vite récupérée par l'extrême droite, son utilisation dans le domaine politique permet de discréditer la gauche en l'associant à l'islamisme tout en stigmatisant l'islam dans son ensemble. Le potentiel polémique du terme, intrinsèquement flou, explique son succès médiatique, une certaine presse conservatrice jouant un rôle important dans sa normalisation.

Sa prolifération dans le débat public actuel complique l'analyse, car non seulement ce mot est employé dans la sphère politique – y compris au sein de la gauche –, mais il trace de nouvelles lignes de front au sein des milieux militants et universitaires. Ainsi, en 2016, Élisabeth Badinter emploie le terme au nom de la laïcité, contre les féministes défendant le droit au port du voile. À l'Université, la polémique divise les enseignants des sciences sociales, les uns privilégiant les critères de « race » et de religion et les autres affirmant la prépondérance des « rapports de classes » dans la lecture du champ social.

Diffusion du terme « islamo-gauchisme »

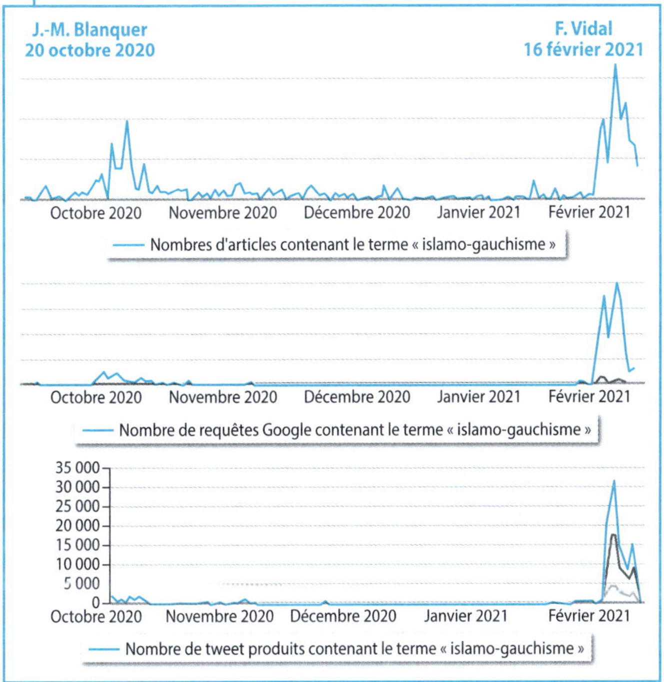

Source : ephemeron.eu.

L'enquête scientifique sur « l'islamo-gauchisme » à l'université, commandée en février 2021 par Frédérique Vidal, ministre de l'Enseignement supérieur, confirme la confusion des genres entre domaine politique et académique, une instrumentalisation de la science dénoncée par le CNRS qui a pourtant accepté de mener l'étude sur « l'islamo-gauchisme » tout en rappelant que le terme « *ne correspond à aucune réalité scientifique* ».

Mise en perspective

À l'étranger, la loi n'est pas passée inaperçue et a provoqué des frictions durables entre Paris et Ankara. Ces débats comme la polémique sur « l'islamo-gauchisme » ont alimenté une islamophobie de plus en plus forte en France.

PARTIE 4

L'affaire Olivier Duhamel : un classement sans suite qui a eu des répercussions

par Jérôme Calauzènes

En janvier 2021, Camille Kouchner, belle-fille d'Olivier Duhamel, publie un roman, *La Familia grande*, où elle accuse ce dernier d'inceste envers son frère jumeau, Antoine, rebaptisé Victor dans le livre. La justice se saisit alors de l'affaire, qui a un retentissement important en France et en Europe. Comment prévenir ce crime qui touche toutes les couches de la société ?

▸ Une affaire d'inceste révélée par un roman

Dans son roman, Camille Kouchner accuse Olivier Duhamel d'avoir violé son beau-fils, Antoine Kouchner, alors qu'il était adolescent, en 1988.

Olivier Duhamel avait épousé en 1987 Évelyne Pisier, qui avait déjà trois enfants, dont des jumeaux, Camille et Antoine, d'un premier mariage avec Bernard Kouchner, ancien ministre des Affaires étrangères. Évelyne Pisier est morte, en 2017, d'un cancer. Selon le livre, pour obtenir le silence de ses proches, Olivier Duhamel aurait mis en avant, auprès des jumeaux alors âgés de 13 ou 14 ans, le risque de blesser leur mère, en dépression, s'ils lui parlaient du viol.

L'affaire semblait pourtant connue de l'entourage d'Olivier Duhamel, dès 2008. Antoine Kouchner aurait parlé à sa mère, vingt ans après, de ces viols mais elle aurait semblé alors préférer choisir de protéger la réputation de son mari. L'actrice Marie-France Pisier, sœur d'Évelyne, aurait encouragé cette dernière à parler et à quitter son mari, sans succès. Olivier Duhamel, malgré ces révélations dans un cercle très fermé, a d'ailleurs continué à bénéficier de soutiens importants puisqu'il a été élu à la présidence du très influent club « Le Siècle » en janvier 2020.

Une première enquête pour inceste avait d'ailleurs été ouverte en 2011, lors de la mort non accidentelle et restée inexpliquée de Marie-France Pisier. Antoine Kouchner avait alors fait une déposition, mais l'affaire avait été classée sans suite car il avait refusé de porter plainte, les faits étant déjà prescrits depuis 2003 (le délai de prescription étant alors de dix ans).

Néanmoins, dès la parution des bonnes feuilles du livre dans la presse, le procureur de la République de Paris, Rémy Heitz, annonce que le parquet rouvre une enquête pour « *viol et agression sexuelle par personne ayant autorité sur mineur de 15 ans* ». Elle est alors confiée à la brigade de protection des mineurs (BPM) de la direction régionale de la police judiciaire (DRPJ) et Antoine Kouchner décide cette fois de porter plainte le 26 janvier.

▸ Des conséquences et des interrogations importantes

L'affaire a fait grand bruit, en lien avec le succès du livre (200 000 exemplaires vendus en un an) et les relais médiatiques. Olivier Duhamel nie au départ les faits. Fils de l'ancien ministre Jacques Duhamel, il est avocat au barreau de Paris, constitutionnaliste et politologue, professeur à Sciences Po Paris. Il a occupé de nombreuses fonctions politiques : membre du comité consultatif pour la révision de la Constitution présidé par Georges Vedel (1993), député européen socialiste entre 1997 et 2004. Auteur de plusieurs documentaires pour la télévision, il intervient fréquemment dans les médias, en particulier comme éditorialiste sur Europe 1 et LCI. Sa mise en accusation tend à démontrer que les faits d'inceste touchent toutes les classes sociales et pas uniquement les familles populaires.

Ensuite, l'affaire interroge sur l'omerta qui a régné au sein de l'entourage et de la famille du politologue. Le fils aîné de la fratrie Kouchner, Julien, évoque deux catégories de personnes lorsqu'en 2008 les attouchements ont commencé à se savoir : ceux qui ont rompu avec Olivier Duhamel et ceux qui ont continué à graviter autour de lui, par incrédulité ou opportunisme. Il faut noter que le silence règne très souvent sur ces affaires d'inceste, ce qui rend encore plus difficile toute possibilité de résilience pour les victimes. En cela, l'inceste reste un tabou sociétal.

Indirectement impliqué dans l'affaire, le directeur de Sciences Po Paris, Frédéric Mion, après avoir nié avoir été au courant des faits, a finalement reconnu qu'il en avait été informé dès 2018. Il a décidé, poussé par une partie des étudiants, de démissionner de ses fonctions en février 2021.

Enfin, l'inceste est mis sur le devant de la scène politique. En effet, 6,7 millions de personnes, en France, en auraient été victimes selon l'INED (Institut national d'études démographiques) et un sondage Ipsos de 2020. Il semble avéré que les victimes parlent généralement plus de dix ans après, soit après la période de prescription.

Les chiffres de l'inceste en France

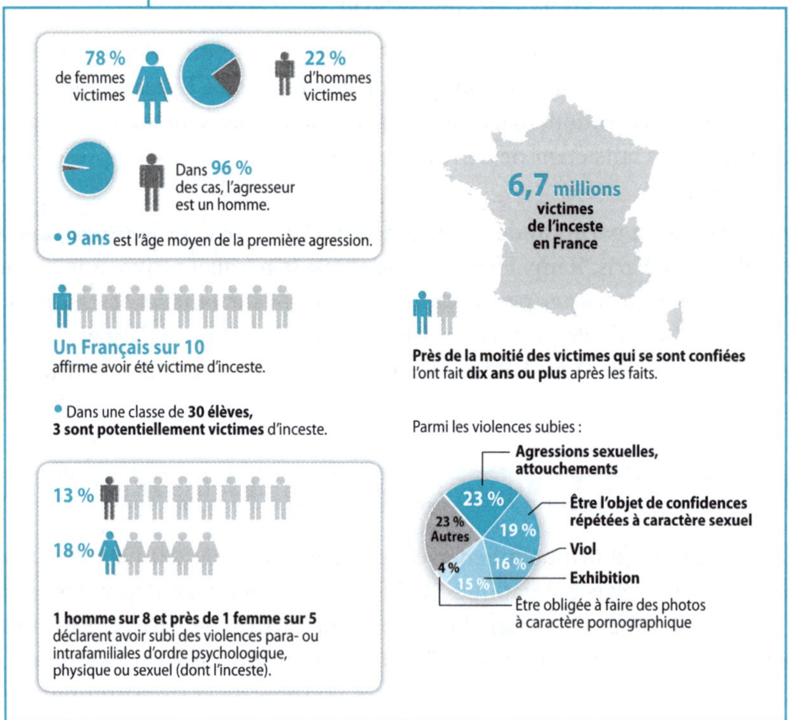

Sources : *Ouest France*, Ipsos et enquête Virage menée par l'INED (novembre 2020).

▸ Une réponse législative qui fait débat

En juin 2021, l'enquête est classée sans suite parce que l'affaire est prescrite depuis longtemps selon la loi en vigueur au moment des faits présumés. En revanche, de nombreux débats ont animé la vie politique, notamment sur la possibilité de déclarer imprescriptibles ces actes ou sur l'âge de présomption de non-consentement.

Surtout, le 21 avril 2021, la loi visant à protéger les mineurs des crimes et délits sexuels et de l'inceste a été promulguée. Désormais, aucun adulte ne peut se prévaloir du consentement sexuel d'un enfant s'il a moins de 15 ans, ou moins de 18 ans en cas d'inceste. Quatre nouvelles infractions ont été créées : le crime de viol sur mineur de moins de 15 ans, puni de vingt ans de réclusion criminelle, le crime de viol incestueux sur mineur (de moins de 18 ans), puni de vingt ans de réclusion criminelle, le délit d'agression sexuelle sur mineur de moins de 15 ans, puni de dix ans de prison et de 150 000 euros d'amende, et le délit d'agression sexuelle incestueuse sur mineur (de moins de 18 ans), puni de dix ans de prison et de 150 000 euros d'amende. En outre, le texte complète la définition du viol en mentionnant les actes bucco-génitaux et étend le périmètre de l'inceste aux grands-oncles et aux grands-tantes.

La loi du 21 avril 2021 introduit un principe de prescription glissante dans la loi Schiappa de 2018, qui fixait le délai de prescription à trente ans à partir de la majorité de la victime : ce délai de prescription du viol sur un enfant peut désormais se voir prolongé si la même personne agresse sexuellement par la suite un autre enfant jusqu'à la date de prescription de cette nouvelle infraction. Enfin, afin d'inciter les personnes qui sont au courant de violences commises sur un enfant à les signaler, le délai de prescription du délit de non-dénonciation de sévices est allongé, et porté à dix ans à partir de la majorité de la victime en cas d'agression sexuelle ou à vingt ans en cas de viol.

Enfin, une ligne d'écoute pour les victimes d'inceste et de violences sexuelles a été mise en place (0 805 802 804).

Le consentement sexuel des mineurs en Europe

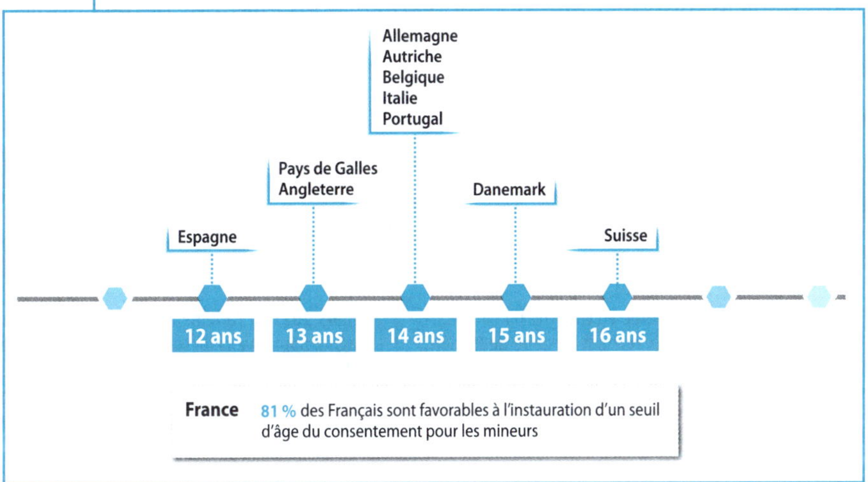

Sources : Ipsos, Statista.

Mise en perspective

En marge de cette affaire, un dessinateur du *Monde*, Xavier Gorce, a décidé de quitter le journal après avoir essuyé de nombreuses critiques à propos d'un dessin mettant en scène deux manchots où l'un, plus jeune, demande : « *Si j'ai été abusé par le demi-frère adoptif de la compagne de mon père transgenre devenu ma mère, est-ce un inceste ?* » Cela interroge à nouveau le rôle de la caricature et la question de la liberté d'expression.

L'Espagne légalise l'euthanasie : une mesure encore peu répandue

par Jérôme Calauzènes

Depuis le 25 juin 2021, en Espagne, un patient atteint d'une maladie incurable a désormais légalement le droit de mourir pour mettre fin à ses souffrances. C'est le quatrième pays de l'Union européenne à dépénaliser l'euthanasie et l'un des rares dans le monde. Cette question soulève en effet des débats houleux.

Une loi autorisant l'euthanasie active mais de façon encadrée

La loi espagnole prévoit que toute personne ayant « *une maladie grave et incurable* » ou des douleurs « *chroniques le plaçant dans une situation d'incapacité* » puisse demander l'aide du corps médical pour mourir et s'éviter une « *souffrance intolérable* ». Elle permet ainsi à la fois l'euthanasie active (dans ce cas, c'est le soignant qui provoque la mort du patient) et le suicide médicalement assisté (lorsque le patient décide de s'administrer lui-même la dose de produit prescrite pour se donner la mort).

Toutefois, des conditions très strictes viennent encadrer cette démarche. La personne doit être de nationalité espagnole ou résider en Espagne. Cela permet d'éviter que des personnes étrangères ne viennent mourir dans le pays. De plus, le patient doit être « *capable et conscient* » lorsqu'il en fait la demande, c'est-à-dire parfaitement lucide et au courant des conséquences de son choix. La demande doit être formulée par écrit, « *sans pression extérieure* » et renouvelée à trois reprises ensuite.

Le corps médical a d'ailleurs la possibilité de rejeter la demande s'il pense que les critères ne sont pas remplis ou s'il fait valoir son objection de conscience (il peut refuser, parce qu'il est contre ce principe, de pratiquer l'euthanasie). Enfin, si le médecin donne son approbation, sa décision devra être validée par un autre collègue et par une commission d'évaluation. La procédure est d'ailleurs prise en charge par le système public de santé.

▸ Une lutte de longue date et un ancrage à gauche

Après la mort de Franco, en 1975, et l'ouverture démocratique de l'Espagne, une partie de la société civile a commencé le combat en faveur du droit à l'euthanasie. L'association « Droit à mourir dignement » (DMD) se bat depuis 1984.

Plusieurs cas ont depuis contribué à médiatiser le débat et à faire prendre conscience de ce sujet. L'histoire de Ramón Sampedro avait ainsi ému une partie de l'Espagne. À 25 ans, ce marin de Galice était devenu hémiplégique suite à un accident. En 1993, alors qu'il est totalement immobilisé et dans l'incapacité de se suicider, il commence une lutte judiciaire pour pouvoir être aidé à mourir sans que les personnes aidantes ne subissent de poursuites. En 1998, il réussit, grâce à une dizaine d'amis dont Ramona Maneiro, à boire un verre de cyanure. Son agonie, filmée par ses amis, sera diffusée à la télévision quelques semaines plus tard. Son histoire a été popularisée par le film oscarisé d'Alejandro Amenábar, *Mar adentro*. Le cas de Luis Montes, médecin anesthésiste accusé d'avoir donné la mort à 73 patients en phase terminale, a également défrayé la chronique avant que son dossier ne soit classé par la justice en 2007. Plus récemment, en 2019, Ángel Hernández a aidé sa femme Maria José à se suicider, à sa demande, et il a rendu public son geste.

Depuis 1998, quinze projets de loi avaient déjà été déposés devant les Cortès, le Parlement espagnol, par les partis de gauche, sans succès. L'arrivée de Podemos, parti créé en 2014, sur le devant de la scène publique, a fait avancer le débat. Ses représentants ont déposé en 2017 un texte sur la fin de vie. En 2020, au début de son second mandat, Pedro Sánchez, le chef du gouvernement, comprend la nécessité d'ancrer à gauche son action, *via* une loi dans le champ sociétal. La crise de la Covid-19 a finalement fait différer le projet de la légalisation de l'euthanasie d'un an.

Ce sont d'ailleurs les députés de la gauche et du centre, majoritaires, qui ont contribué à ce que ce projet de loi soit voté. Une large majorité a ainsi été acquise : 202 députés pour, 141 contre (représentants de la droite et de l'extrême droite) et 2 abstentions.

▸ Une législation critiquée qui peine à se généraliser dans le monde

Pourtant, de nombreuses oppositions continuent d'exister. Même si l'influence de l'Église catholique est en diminution constante en Espagne, la Conférence épiscopale espagnole a réaffirmé que l'euthanasie « *est toujours une forme d'homicide* ». Elle affirme ainsi qu'au lieu de « *défendre la vie* », l'État « *devient responsable de la mort infligée* ». Les deux principaux partis de droite, le Parti populaire et Vox, dénonçant « *la culture de [...] la mort* », ont annoncé vouloir déposer un recours devant le Tribunal constitutionnel (comme cela avait été fait, sans succès, contre la loi de 2010 sur l'avortement).

De plus, cette loi risque d'être difficile à appliquer car, pour qu'une euthanasie soit validée, il faut l'accord des commissions de garantie. Or, les membres sont nommés par les gouvernements de chacune des 17 régions espagnoles. On peut alors imaginer une application variable de la loi selon les régions et la tendance politique de chacune d'entre elles.

À une échelle plus large, l'Espagne devient le quatrième pays de l'Union européenne à légaliser l'euthanasie active et le suicide assisté, après les Pays-Bas (2001) la Belgique (2002) et le Luxembourg (2009). Aux Pays-Bas et en Belgique, cette disposition est même légale pour certains mineurs. Les médecins sont également protégés contre d'éventuelles poursuites judiciaires. Face à une augmentation des demandes, liée au vieillissement de la population, le débat est relancé. Dans le reste du monde, peu de pays ont adopté de telles législations, à l'image de la Colombie (tolérance dès 1997, légalisation en 2015). Dans d'autres pays, comme la Suisse, ou dans quelques États américains (Oregon, État de Washington, Montana, Vermont, Californie), le suicide assisté est légal. En Suède, il est toléré.

La législation sur l'euthanasie dans les différents pays européens

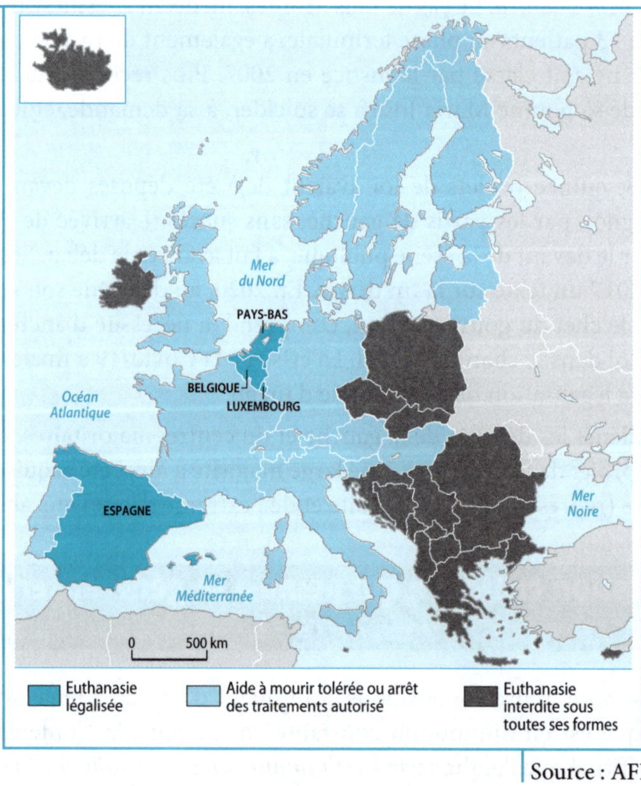

Source : AFP.

En Europe, fin janvier 2021, le Parlement portugais a voté une loi légalisant l'euthanasie, mais la Cour constitutionnelle a invalidé le texte en mars. Le texte devra alors être renvoyé au Parlement, qui pourra la reformuler.

Malgré plusieurs affaires qui ont défrayé la chronique (affaire Vincent Lambert entre 2013 et 2019), les députés français ne sont pas parvenus à trouver un accord sur le texte déposé à l'Assemblée nationale par Olivier Falorni proposant d'ouvrir « *un droit à une fin de vie libre et choisie* », et examiné le 8 avril 2021. Le vote a principalement été empêché par plus de 3 000 amendements venant de la droite, ce qui témoigne du fait que les débats sont très vifs.

En France, en vertu de la loi de 2002 relative aux droits des malades, de la loi Léonetti de 2005 relative en plus à la fin de vie et de celle de Claeys Leonetti de 2016 « *créant de nouveaux droits en faveur des malades et des personnes en fin de vie* », seule l'euthanasie passive est autorisée : les médecins, en accord avec la famille, peuvent décider de réduire ou d'arrêter les traitements, de débrancher des machines qui maintiendraient un patient en vie, sous certaines conditions.

Les Français largement favorables à l'euthanasie

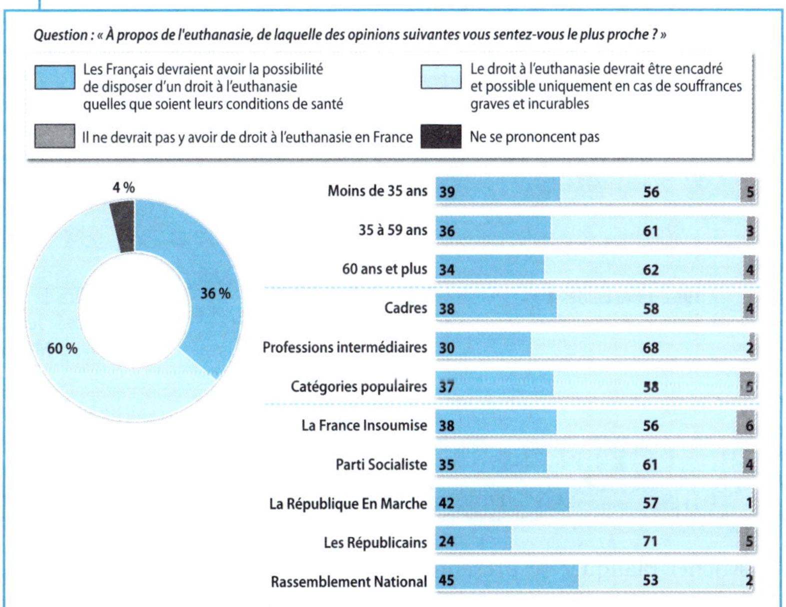

Source : Ipsos, 2019.

Mise en perspective

Autre question de bioéthique, le don d'organe est encadré en France. Chaque individu est présumé donneur sauf s'il exprime son refus depuis la loi Caillavet du 22 décembre 1976 (principe réaffirmé par la loi du 26 janvier 2016). Ce don est anonyme et gratuit.

Jean-Michel Blanquer, ministre « star » controversé

par Alice Volkwein

Spécialiste des questions d'éducation, J.-M. Blanquer entreprend, dès son arrivée au ministère de l'Éducation nationale, une réforme en profondeur de l'école. Si la « méthode Blanquer » séduit d'abord les médias et l'opinion, la contestation s'avère forte parmi les enseignants. Aujourd'hui, les critiques de la réforme du lycée et les polémiques médiatiques s'accumulent alors que la pandémie a replacé l'école au cœur de la société.

Un intellectuel engagé au service d'une vision libérale de l'éducation

Si Jean-Michel Blanquer se présente en 2017 comme une personnalité issue de la société civile, le nouveau ministre de l'Éducation nationale arrive en terrain connu. Il dispose d'un solide réseau, d'une expérience de DGESCO et d'une réflexion développée dans plusieurs livres (*L'École de la vie. Pour que chacun puisse réussir*, 2014, *L'École de demain*, 2016, *Construisons ensemble l'école de la confiance*, 2018, *Quelle école voulons-nous ? La passion du savoir*, 2020, écrit avec Edgar Morin, École ouverte, 2021).

Se définissant comme « *en-même-temps-tiste* », il développe, dans ses livres comme dans son action, une vision conservatrice de l'éducation, centrée sur les fondamentaux libéraux en faveur d'une école efficace où les résultats sont à évaluer. Passionné de neurosciences, dont il se réclame pour défendre la méthode syllabique au CP, il est aussi un fervent partisan de l'expérimentation pédagogique qu'il encouragea fortement en tant que recteur de Créteil. C'est donc un « *intellectuel qui aime l'action* », ce qui définit selon lui l'homme politique. Son engagement politique est d'ailleurs ancien. En 2017, il s'engage tôt dans la campagne, ayant trouvé chez Macron un candidat partageant sa vision de l'éducation.

Entre « soft révolution » et autoritarisme, la « méthode Blanquer » divise

S'imposant très vite comme un poids lourd du gouvernement, J.-M. Blanquer met en œuvre, dès son arrivée au ministère en 2017, de nombreuses réformes réunies, deux ans plus tard, dans la loi du 26 juillet pour une école de la confiance. Ses premières réformes ciblant le premier degré (dédoublement des classes de CP en REP (réseau d'éducation prioritaire) et assouplissement de la réforme des rythmes scolaires) sont très bien accueillies. L'accumulation de mesures (scolarisation obligatoire dès 3 ans, réforme de la formation des enseignants) suscite toutefois de plus en plus de défiance au sein du corps enseignant. C'est aussi l'absence de revalorisation réelle du métier et le défaut de concertation qui sont décriés par les syndicats.

Mais c'est contre la réforme du lycée, du baccalauréat et de l'entrée dans le supérieur, mise en œuvre en 2019, que l'opposition se fait plus forte. Projet personnel du ministre, la réforme supprime, en lycée général, les filières traditionnelles, remplacées par des spécialités choisies par les élèves, renforce le contrôle continu et introduit un « grand oral » sur le modèle des IEP (instituts d'études politiques). Selon le ministère, 60 % des lycéens seraient satisfaits, pourtant les critiques pointent une mise en place chaotique au niveau des emplois du temps et des groupes dans les lycées, ainsi que le caractère inégalitaire de la réforme. Expression du malaise enseignant, le mouvement des « Stylos rouges » appelle à une grève du bac dès 2019, une forme de contestation inédite.

Un ministre médiatique et volontiers polémique

Quatre ans après être devenu ministre, J.-M. Blanquer conserve cependant son statut de « *ministre star* », comme le désignent certains médias. Il est certes passé de 62 % d'opinions favorables, en 2018, à 46 %, en 2019, mais 69 % des Français soutiennent ses réformes, hormis celle du bac, selon un sondage Odoxa d'août 2019.

Enchaînant les annonces marquantes, il est très présent dans l'espace public, notamment durant l'épisode de la Covid. En défendant la réouverture des écoles après le confinement de 2020, une « *exception française* » par rapport au reste de l'Europe, J.-M. Blanquer a réaffirmé le rôle central de l'école en France. Ses prises de position médiatiques sont, elles, plus controversées. Qu'il s'agisse de défendre les « *tenues correctes* » à l'école ou une conception « *claire* » de la laïcité, J.-M. Blanquer ne craint pas la polémique.

En novembre 2020, un autre scandale est venu ternir son image : le syndicat « Avenir lycéen » est soupçonné d'avoir été monté et subventionné par le ministère de l'Éducation nationale pour en défendre la politique. Une enquête est en cours.

Personnalité

Joséphine Baker : une meneuse de revues au Panthéon

par Jérôme Calauzènes

Le 30 novembre 2021, Joséphine Baker, meneuse de revue et résistante, est entrée au Panthéon suite à une décision d'Emmanuel Macron. Elle sera la sixième femme dont la dépouille y sera placée. C'est en tout cas un acte politique pour le président Macron qui a affirmé vouloir « *réconcilier* » la France, notamment avec les personnes issues de l'immigration.

1906 Naissance à Saint-Louis, dans le Missouri aux États-Unis

1925 Arrivée en France, triomphe de la *Revue nègre*

1975 Mort de Joséphine Baker à Paris

2013 Demande de « panthéonisation » de la chanteuse par sa famille et *via* une pétition

30 novembre 2021 Entrée au Panthéon

▸ Une artiste américaine qui débarque en France

Née à Saint-Louis (Missouri, États-Unis) en 1906 dans une famille pauvre, descendant d'esclaves, Freda Josephine McDonald est obligée de travailler dès l'enfance pour contribuer aux revenus du ménage. Mariée à 13 ans, elle rejoint en 1920 un groupe d'artistes et commence à se produire sur scène avec eux, puis elle part se produire à Broadway, à New York. Elle y rencontre Caroline Dudley Reagan, épouse de l'attaché commercial de l'ambassade américaine à Paris, qui lui propose de la suivre en France pour monter un spectacle, la *Revue nègre*.

Dès 1925, elle débarque en France et le spectacle est un véritable succès. Elle y danse le charleston presque nue, vêtue simplement d'un pagne et de fausses bananes. Sa carrière décolle véritablement et elle se produit dans d'autres pays (elle fait une tournée aux États-Unis en 1935) et monte d'autres spectacles où elle danse mais aussi chante. En 1928, Giuseppe Abattino, son impresario et amant, ouvre un club baptisé « Chez Joséphine » et organise une tournée mondiale.

Certaines chansons sont particulièrement célèbres comme *La Petite Tonkinoise* (1930), *J'ai deux amours* (1931), *Sous le ciel d'Afrique* (1935), *Mon cœur est un oiseau des îles* (1940)… Elle participe aussi à des films : *La Folie du jour* en 1927, *Zouzou* (avec Jean Gabin) en 1934, *Moulin rouge* en 1940.

Elle acquiert la nationalité française en 1937 en épousant Jean Lion, courtier en sucre, et le couple s'installe au château des Milandes en Dordogne. Elle connaît des années difficiles à partir de 1964, une époque où elle est très endettée et doit vendre sa propriété. Elle remonte alors sur scène jusqu'à sa mort, en 1975.

▸ De nombreux engagements

Joséphine Baker est une militante acharnée du mouvement de la Renaissance de Harlem, qui vise à promouvoir et valoriser la culture afro-américaine dans l'entre-deux-guerres. Il prône l'émancipation des Noirs américains, confrontés à la ségrégation raciale, et regroupe des intellectuels et des écrivains comme Marcus Garvey, des musiciens comme Louis Armstrong ou Duke Ellington et de nombreux autres artistes. Après 1945, elle soutient le mouvement afro-américain et Martin Luther King : elle participe notamment à la marche de 1963 sur Washington pour l'emploi et la liberté et milite contre le racisme.

Pendant la Seconde Guerre mondiale, elle s'engage dans la France libre. Au début de la guerre, elle soutient les soldats français au front en chantant pour eux. En 1939, elle devient un agent du contre-espionnage français, puis travaille en 1940 pour les services secrets de la résistance extérieure, en France et au Maroc. Elle aurait dissimulé des informations dans ses partitions musicales. À la Libération, elle poursuit ses activités pour la Croix-Rouge, et chante pour les soldats et résistants près du front, suivant avec ses musiciens la progression de la 1re armée française.

Après la guerre, elle accueille, dans le château des Milandes, douze enfants de toutes origines qu'elle a adoptés. En 1968, elle est en tête d'une grande manifestation de soutien au général de Gaulle après son retour de Baden-Baden.

▸ Les enjeux de la panthéonisation

Reprenant une idée du philosophe et haut fonctionnaire Régis Debray, une pétition intitulée « Osez Joséphine » (en référence à une chanson d'Alain Bashung) lancée à l'initiative de l'essayiste Laurent Kupferman, soutient l'entrée au Panthéon de cette « *artiste, résistante, féministe et militante antiraciste* ». Elle recueille environ 380 000 signatures et est soutenue par des organisations comme la Licra (Ligue internationale contre le racisme et l'antisémitisme).

Joséphine Baker est la sixième femme dont la dépouille entre dans le monument. Pour Emmanuel Macron, l'enjeu est politique puisqu'il s'agit de montrer une image d'ouverture et de séduire la jeunesse, quelques mois avant les élections de 2022. En 2015, François Hollande avait fait entrer rue Soufflot quatre héros de la résistance : Geneviève de Gaulle-Anthonioz, Pierre Brossolette, Germaine Tillion et Jean Zay.

AUTRES FAITS

Lundi 4 janvier La justice britannique refuse l'extradition du lanceur d'alerte Julian Assange vers les États-Unis en raison de son état psychologique.

Fin février En France, une polémique éclate après la décision de la mairie de Lyon de proposer temporairement un repas sans viande à la cantine. Gérald Darmanin, le ministre de l'Intérieur, s'est notamment inquiété des carences nutritionnelles engendrées par des repas végétariens.

Mercredi 24 février En France, après avoir débattu avec Marine Le Pen le 11 février sur France 2, Gérald Darmanin échange avec le polémiste d'extrême droite Éric Zemmour, sur le plateau de l'émission *Zemmour & Naulleau*. Éric Zemmour a été condamné à deux reprises en 2020 pour injure et provocation à la haine envers les musulmans.

Lundi 1er mars En France, l'ancien président de la République Nicolas Sarkozy est condamné à trois ans de prison, dont un an ferme, pour des faits de corruption dans le cadre de l'affaire Bismuth. Il a fait appel de la décision.

Dimanche 7 mars Une interview accordée à Oprah Winfrey par Meghan Markle et le prince Harry ébranle la famille royale britannique. Meghan Markle et son jeune fils, Archie, auraient été victimes de propos racistes.

Mercredi 12 mars Au Royaume-Uni, le corps sans vie de Sarah Everard est identifié. Sarah Everard, 33 ans, avait disparu alors qu'elle rentrait à pied, de nuit, dans le sud-ouest de Londres. Un policier est soupçonné d'avoir kidnappé et tué la jeune femme. Ce fait divers suscite un débat et une mobilisation inédits au Royaume-Uni sur les violences faites aux femmes.

Vendredi 19 mars La Turquie annonce se retirer de la Convention d'Istanbul, un traité européen adopté en 2011 par lequel les pays signataires s'engagent à lutter contre les violences faites aux femmes.

Mercredi 24 mars Aux États-Unis, la Virginie abolit la peine de mort.

Vendredi 9 avril Le prince Philip, époux de la reine d'Angleterre, Elisabeth II, décède à l'âge de 99 ans.

Mardi 20 avril Aux États-Unis, la justice rend un verdict historique en reconnaissant le policier Derek Chauvin coupable du meurtre de George Floyd.

Dimanche 25 avril En France, des manifestations sont organisées pour contester la décision de la Cour de cassation au sujet du meurtrier de Sarah Halimi. Cette femme juive avait été assassinée à Paris en 2017. Le 14 avril 2021, la Cour de cassation avait conclu à l'irresponsabilité pénale du meurtrier.

MARQUANTS 2021

- **Vendredi 30 avril** En Israël, une bousculade de très grande ampleur entraîne la mort d'au moins 44 personnes. Ces dernières étaient réunies à l'occasion d'un pèlerinage au mont Méron, dans le nord du pays.
- **Lundi 10 mai** Le tueur en série Michel Fourniret décède à l'âge de 79 ans.
- **Jeudi 17 juin** En France, le procureure requiert un an de prison et 3 750 euros d'amende contre Nicolas Sarkozy. L'ancien président de le République française est jugé devant le tribunal correctionnel de Paris dans le cadre de l'affaire Bygmalion.
- **Lundi 12 juillet** Le rapport annuel sur la sécurité alimentaire publié par l'ONU révèle que la crise sanitaire a fortement aggravé la faim dans le monde.
- **Dimanche 1er août** Selon l'ONG SOS Méditerranée, plus de 700 migrants ont été secourus durant le week-end alors qu'ils essayaient de traverser la Méditerranée à bord d'embarcations de fortune.
- **Lundi 9 août** En France, le prêtre Olivier Maire est assassiné en Vendée. L'auteur présumé est un Rwandais placé sous contrôle judiciaire depuis plusieurs mois car suspecté d'être l'auteur de l'incendie de la cathédrale de Nantes de 2020.
- **Mercredi 1er septembre** Au Texas (États-Unis), la loi Heartbeat Act entre en vigueur, interdisant l'IVG à partir du moment où les battements du cœur de l'embryon sont perceptibles, y compris en cas de viol et d'inceste.
- **Mercredi 8 septembre** En France, le procès des attentats du 13 novembre 2015 débute devant la cour d'assises de Paris.
- **Dimanche 26 septembre** En Suisse, les citoyens approuvent majoritairement par référendum le mariage pour toutes et tous ainsi que le droit à l'adoption et à la PMA pour les couples homosexuels.
- **Mardi 5 octobre** En France, la Commission indépendante sur les abus sexuels dans l'Église, présidée par Jean-Marc Sauvé, rend son rapport après deux ans et demi de travail. Le rapport révèle que 216 000 victimes mineures ont été agressées sexuellement par des membres du clergé depuis 1950.
- **Vendredi 5 novembre** En France, l'ancien chargé de mission à l'Élysée, Alexandre Benalla, est condamné à trois ans de prison dont deux avec sursis pour les violences commises en 2018 et pour l'usage de faux passeports diplomatiques.

QCM

Pour chaque question, une seule réponse est correcte.

1 Quel est l'article le plus controversé de la loi sécurité globale ?

- a. L'article 24.
- b. L'article 11.
- c. L'article 20.

2 Quel ministre a largement enrichi la proposition de loi initiale sur la sécurité des deux députés LREM ?

- a. Christophe Castaner.
- b. Nicole Belloubet.
- c. Gérald Darmanin.

3 Comment se nommait la proposition de loi (PPL) originelle ?

- a. PPL pour un nouveau pacte de sécurité respectueux des libertés.
- b. PPL pour une sécurité globale préservant les libertés.
- c. PPL pour un continuum de sécurité vers la sécurité globale.

4 Quelle instance a été saisie par 90 députés et le Premier ministre à la suite de l'adoption de la loi ?

- a. Le Conseil constitutionnel.
- b. Le Conseil d'État.
- c. La commission des lois du Sénat.

5 Quel est le principal événement déclencheur des tensions entre police et justice en 2021 ?

- a. Les confinements successifs.
- b. Le meurtre d'un brigadier de police.
- c. La désignation d'Éric Dupond-Moretti en tant que ministre de la Justice.

6 Qui n'est pas visé par les revendications des syndicats policiers ?

- a. Le Conseil constitutionnel.
- b. Les législateurs.
- c. Les juges.

7 Quelle est la date de la grande manifestation policière devant l'Assemblée nationale ?

- a. Le 24 avril 2021.
- b. 11 mai 2021.
- c. 19 mai 2021.

8 **Quelle proportion les faits de violence envers les forces de l'ordre représentent-ils par rapport à tous les faits de violence enregistrés ?**
❍ a. Environ 2 %. ❍ b. Environ 8 %. ❍ c. Environ 16 %.

9 **Quelle découverte a permis de commencer le débat sur la PMA ?**
❍ a. Le don de sperme.
❍ b. La naissance d'Amandine.
❍ c. Le don d'ovocytes.

10 **Quel frein existe-t-il à l'adoption de la GPA en France ?**
❍ a. Une majorité de la population y est opposée.
❍ b. Elle met en cause la marchandisation du corps des femmes.
❍ c. Elle n'est pas possible techniquement en France.

11 **Pour qui la PMA est-elle désormais autorisée ?**
❍ a. Pour les couples hétérosexuels seulement.
❍ b. Pour les couples de femmes seulement.
❍ c. Pour tous.

12 **Quelle est la prise en charge de la PMA ?**
❍ a. Elle est à la charge des couples.
❍ b. Elle est partiellement remboursée par l'Assurance maladie.
❍ c. Elle est totalement prise en charge pour tous.

13 **Qu'est-ce qui caractérise les réunions non mixtes ?**
❍ a. Elles sont apparues dans le cadre du mouvement Black Lives Matter.
❍ b. Elles promeuvent un racisme anti-Blancs.
❍ c. Elles offrent un espace de parole protégé.

14 **Pourquoi les réunions non mixtes sont-elles vivement critiquées en France ?**
❍ a. Elles seraient contraires à l'idéal de l'universalisme républicain.
❍ b. Elles pointeraient les failles de l'universalisme républicain.
❍ c. Elles favoriseraient l'islamo-gauchisme.

15 **Qu'est-ce que le concept d'« islamo-gauchisme » ?**
❍ a. Un concept scientifique largement reconnu.
❍ b. Un concept intrinsèquement polémique souvent utilisé à des fins politiques.
❍ c. Un concept inventé par les médias.

16 **Que peut-on dire sur la loi « contre le séparatisme » ?**
❍ a. Elle interdit les réunions non mixtes.
❍ b. Elle fait largement consensus.
❍ c. Elle cherche à lutter contre l'islamisme radical.

17 **Combien de personnes ont été victimes d'inceste en France ?**

- ○ **a.** 5,7 millions.
- ○ **b.** 6,7 millions.
- ○ **c.** 7,7 millions.

18 **En quelle année une première enquête avait-elle été ouverte pour inceste contre Olivier Duhamel ?**

- ○ **a.** En 2011.
- ○ **b.** En 2013.
- ○ **c.** En 2015.

19 **Quel est le prénom donné à Antoine Kouchner dans le roman *La Familia grande* ?**

- ○ **a.** Louis.
- ○ **b.** Vincent.
- ○ **c.** Victor.

20 **À combien d'années après la majorité de la victime la loi Schiappa de 2018 étend-elle le délai de prescription suite à un viol sur mineur ?**

- ○ **a.** Dix ans.
- ○ **b.** Vingt ans.
- ○ **c.** Trente ans.

21 **Depuis 2021, quels sont les quatre pays de l'UE ayant légalisé l'euthanasie active ?**

- ○ **a.** L'Espagne, le Portugal, les Pays-Bas et la Belgique.
- ○ **b.** L'Espagne, les Pays-Bas, la Belgique et la Suède.
- ○ **c.** L'Espagne, les Pays-Bas, la Belgique et le Luxembourg.

22 **De qui le film *Mar adentro* raconte-t-il l'histoire, en 2004 ?**

- ○ **a.** Javier Bardem.
- ○ **b.** Ramón Sampedro.
- ○ **c.** Ramona Maneiro.

23 **Quel pays non européen a légalisé l'euthanasie ?**

- ○ **a.** Les États-Unis.
- ○ **b.** La Colombie.
- ○ **c.** L'Inde.

24 **Qui a déposé en France, en 2021, un projet de loi relative à « une fin de vie libre et choisie » ?**

- ○ **a.** Olivier Falorni.
- ○ **b.** Olivier Véran.
- ○ **c.** Jean Castex.

25 Sous quel président, J.-M. Blanquer a-t-il accédé à ses premières responsabilités politiques ?

- ❍ a. Jacques Chirac.
- ❍ b. Nicolas Sarkozy.
- ❍ c. Emmanuel Macron.

26 En quelle année J.-M. Blanquer est-il devenu ministre de l'Éducation nationale ?

- ❍ a. En 2007.
- ❍ b. En 2012.
- ❍ c. En 2017.

27 Quelle réforme lancée par J.-M. Blanquer suscite une forte opposition ?

- ❍ a. Le dédoublement des classes de CP en REP+.
- ❍ b. La réforme de la formation des enseignants.
- ❍ c. La réforme du lycée et du baccalauréat.

28 Quelle a été la position de J.-M. Blanquer lors de la crise de la Covid ?

- ❍ a. Fermer les écoles, considérées comme un haut lieu de contamination.
- ❍ b. Mettre en place un protocole sanitaire permettant d'ouvrir au maximum les écoles.
- ❍ c. Laisser le choix aux parents d'envoyer leurs enfants à l'école ou non.

29 Quel est le nom du premier spectacle en France de Joséphine Baker ?

- ❍ a. *La Revue noire.*
- ❍ b. *La Revue coloniale.*
- ❍ c. *La Revue nègre.*

30 Quand Joséphine Baker débarque-t-elle en France ?

❍ a. En 1923. ❍ b. En 1925. ❍ c. En 1927.

31 Quelle est la chanson de Joséphine Baker la plus célèbre ?

- ❍ a. *J'ai deux amours.*
- ❍ b. *J'ai deux amants.*
- ❍ c. *J'ai deux amis.*

32 Quel rôle a joué Joséphine Baker pendant la Seconde Guerre mondiale ?

- ❍ a. Agent du contre-espionnage.
- ❍ b. Infirmière pour la Croix-Rouge.
- ❍ c. Traductrice.

Corrigé

1a, 2c, 3a, 4a, 5b, 6a, 7c, 8b, 9b, 10b, 11c, 12c, 13c, 14a, 15b, 16c, 17b, 18a, 19c, 20c, 21c, 22b, 23b, 24a, 25b, 26c, 27c, 28b, 29a, 30b, 31a, 32a.

PARTIE 4

PARTIE 5

CULTURE ET SPORT

Personnalité

Jean-Paul Belmondo, de la Nouvelle Vague à Bébel

par Glen Grainger

Jean-Paul Belmondo, « Bébel », s'est éteint à Paris le 6 septembre 2021, à l'âge de 88 ans. En soixante ans de carrière, il compte plus de 80 films à son actif, d'une très grande variété. De la Nouvelle Vague à la comédie en passant par les films d'action, Belmondo a brillé sous de multiples facettes.

- **1960** *À bout de souffle*, de Jean-Luc Godard
- **1964** *L'Homme de Rio*, de Philippe de Broca
- **1982** *L'As des as*, de Gérard Oury
- **1989** César du meilleur acteur pour son rôle dans *Itinéraire d'un enfant gâté* de Claude Lelouch
- **8 août 2001** Victime d'un accident vasculaire cérébral
- **6 septembre 2021** Mort à son domicile parisien

De Neuilly à la Nouvelle Vague

Né à Neuilly-sur-Seine le 9 avril 1933, d'une artiste peintre, Madeleine Rainaud-Richard, et du sculpteur Paul Belmondo, Jean-Paul l'adolescent est passionné de sport (la boxe et le football tout particulièrement), mais peu attiré par les études. Il intègre le Conservatoire national supérieur d'art dramatique à Paris après avoir été recalé deux fois, et en sort en 1956, jugé peu talentueux par ses professeurs, mais fort d'une bande de camarades à l'avenir prestigieux, parmi lesquels Jean-Pierre Marielle, Claude Rich et Jean Rochefort.

Son début de carrière est marqué par de nombreux échecs au théâtre, son art de prédilection. Après des seconds rôles alimentaires au cinéma et un succès au théâtre dans *Oscar*, en 1958, il est mobilisé pendant la guerre d'Algérie, ce qui l'empêche de poursuivre ses représentations. À son retour, il est repéré par un jeune critique des *Cahiers du cinéma*, Jean-Luc Godard. Ce dernier le convaincra de s'engager dans l'aventure cinématographique, à laquelle il était initialement réticent.

Il accepte alors de s'illustrer en 1960 dans ce qui deviendra un monument de la Nouvelle Vague, le film *À bout de souffle*. Cette décision ne va pas de soi. Son agent a tenté vigoureusement de l'en dissuader, tant Jean-Luc Godard était peu connu, à l'époque, et le scénario inexistant, d'autant que d'autres choix nettement plus sûrs pour sa carrière s'offraient à lui. Mais Belmondo opte pour Godard.

À bout de souffle, succès dès sa sortie, s'inscrira dans la postérité. Jean-Paul Belmondo campe Michel Poiccard, voyou insolent et charmeur, tueur d'un gendarme, qui se lie avec une vendeuse du *Herald Tribune*, Patricia Franchini, incarnée par Jean Seberg. Leurs dialogues, d'une douce poésie désinvolte de part et d'autre, ainsi que les plans sur les Champs-Élysées marqueront l'histoire du cinéma. Godard devient le réalisateur majeur de la Nouvelle Vague, et Belmondo son visage. Une petite dizaine des films avec Belmondo s'inscrivent dans cette Nouvelle Vague, dont l'autre film culte de Godard, *Pierrot le fou* (1965).

▸ Bébel

Mais c'est en 1962 que naît le véritable Belmondo, connu par la France entière sous le sobriquet de « Bébel ». Son acte de naissance, c'est *Cartouche*, un film de cape et d'épée réalisé par Philippe de Broca, dont Belmondo tient le rôle éponyme, celui d'un bandit d'honneur virevoltant et enjôleur.

En 1964, *L'Homme de Rio*, toujours de Philippe de Broca, dessine les contours définitifs de ce que sera Bébel, aventurier casse-cou et goguenard, dont le parler de titi parisien le portera indistinctement à travers des westerns modernes dans le rôle du flic ou du voyou, aux accents comiques ou dramatiques. Ses films, innervés par des histoires et des tonalités très variées, reposent tous cependant entièrement sur un acteur personnage unique, fait tout aussi unique dans l'histoire du cinéma.

▸ Figure du *star-system* à la française

Presque tous les films interprétés par Bébel jusqu'au milieu des années 1980 rencontrent un immense succès commercial. Mentionnons par exemple *Cent mille dollars au soleil* (1964) et *Un singe en hiver* (1962) d'Henri Verneuil, *L'As des as* (1982), de Gérard Oury, ou encore *Hold-up* (1985), d'Alexandre Arcady. Il reçoit trois grandes récompenses : le césar du meilleur acteur en 1989 pour le rôle de Sam Lion dans *Itinéraire d'un enfant gâté*, prix qu'il refuse, la palme d'or à la carrière en 2011 et le lion d'or pour couronner l'ensemble de sa carrière en 2016.

Cette gloire ne saurait cependant occulter les critiques qu'il a essuyées, sur certains choix de films jugés faciles ou encore sur sa production de *Stavisky* en 1974, réalisée par Alain Renais, où il tient le premier rôle. Des sifflets et des ricanements accompagnent alors sa descente des marches du Festival de Cannes. Son interprétation de l'escroc fut estimée trop légère et sympathique.

En 2001, Belmondo, frappé par un grave accident vasculaire cérébral, voit se précipiter la fin de sa carrière. Sa mort à Paris, le 6 septembre 2021, ne laisse pas insensibles les Français. Depuis 1988, il n'avait jamais quitté le classement du top 50 des personnalités préférées des Français. Lors de son hommage national aux Invalides le 9 septembre, Emmanuel Macron le qualifie de « *héros aux mille visages* ».

Le pass Culture contre les fractures culturelles : succès culturel ou succès politique ?

par Glen Grainger

Depuis le 21 mai 2021, le pass Culture alloue la somme de 300 euros à tous les jeunes de 18 ans, afin d'acheter des biens culturels, assister à des spectacles, télécharger des livres numériques ou des jeux vidéo... Emmanuel Macron entend ainsi œuvrer pour la réduction des inégalités d'accès à la culture. Au-delà de l'enthousiasme de ses porteurs, quel bilan peut-on déjà en tirer quatre mois après sa mise en place ?

Genèse du pass Culture

Dès la campagne présidentielle 2017, Emmanuel Macron promet la création pour les jeunes de 18 ans d'un dispositif favorisant leur accès à la culture. Il prévoyait sept objectifs, dont le premier, amplement détaillé, aspirait à « *donner le goût de la culture* ». L'une des mesures proposées pour l'atteindre n'était alors autre que la création dudit pass, d'un montant de 500 euros. Après de longs mois de réflexion et débats, le ministre de la Culture, Franck Riester, annonce le 2 décembre 2018 que deux « *vagues d'expérimentation* » seraient fixées, avant une généralisation sur toute la France.

En février 2019, 12 000 jeunes de 18 ans, issus de 5 départements, se voient remettre le pass Culture. En juin 2019, ce sont tous les jeunes de 18 ans de ces 5 départements, ainsi que de 9 autres, qui bénéficient du précieux sésame. Ces deux tests sont jugés concluants par le gouvernement et le pass est élargi à tout le territoire le 21 mai 2021.

Le pass Culture

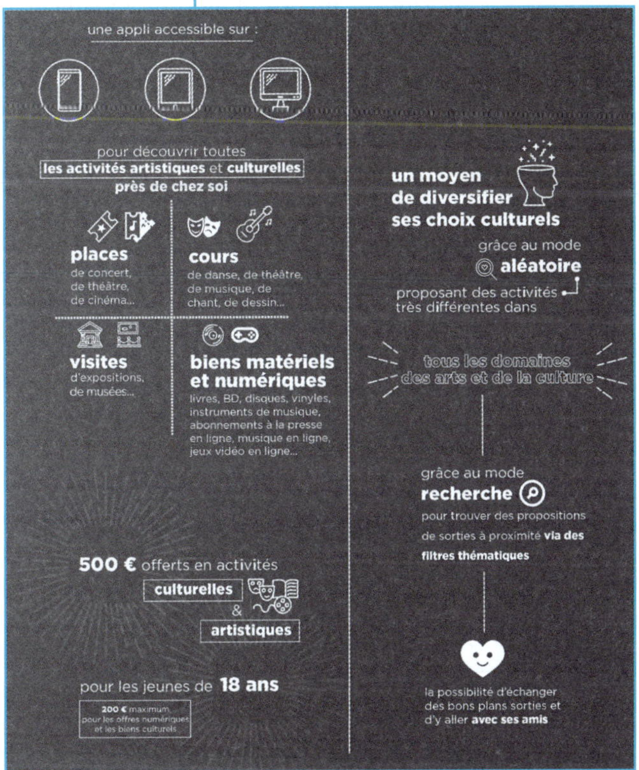

Source : ministère de la Culture.

En quoi consiste-t-il ? Il s'agit d'une application mobile grâce à laquelle l'utilisateur peut dépenser ses 300 euros pendant 24 mois. Le forfait comprend l'achat de livres, de billets de spectacles (théâtre, concerts…), d'entrées de musée, de cours de musique, de danse, de théâtre ou, en ligne, de séries, de livres numériques… Afin d'encourager la rencontre physique entre l'acheteur et les acteurs culturels, la livraison de biens matériels est proscrite (exclues donc les plateformes comme Amazon), et les achats de biens numériques sont plafonnés à 100 euros.

À partir de janvier 2022, dans le cadre du pass Culture, tous les lycéens bénéficieront de 50 euros par an, et les collégiens de quatrième et troisième de 25 euros, à utiliser dans le cadre de l'éducation artistique et culturelle, pour une somme totale de 200 euros, avant les 300 euros à l'âge de 18 ans.

Le budget 2021 du pass est de 80 millions d'euros, dont 59 millions apportés par l'État, 9 millions non utilisés en 2020 et 12 millions issus d'offres négociées gratuitement avec les prestataires et fournisseurs culturels. Le volet collège-lycée atteindra, quant à lui, environ 128 millions d'euros.

PARTIE 5

▸ L'enthousiasme des porteurs du pass Culture

Les premières données, parues quelques semaines après le lancement du pass Culture, attestent son succès auprès des jeunes. Lors des trois premières semaines, 300 000 jeunes ont téléchargé l'application, dans laquelle un peu moins de 1 million de réservations ont été faites, pour 84 % de livres. À la fin de l'été, le nombre de porteurs du pass Culture s'élevait à 680 000 sur un total de 825 000 jeunes de 18 ans.

Répartition des réservations par catégories sur l'application (février 2019-mai 2021)

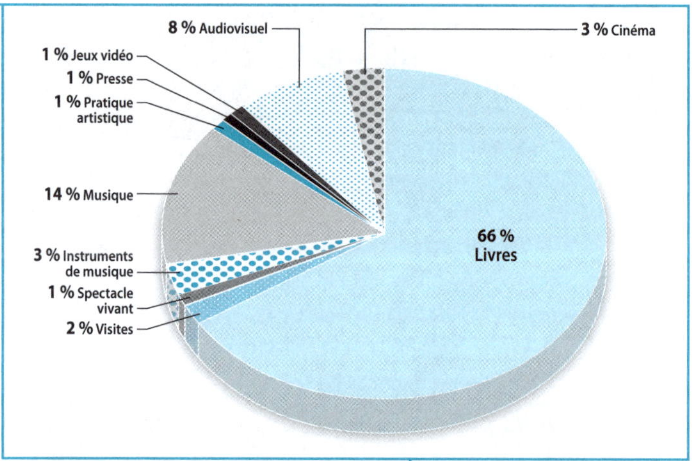

Source : ministère de la Culture, mars 2021.

Sont en particulier prisés les mangas. Les adeptes se sont ainsi rués dans des librairies de quartier ou à la Fnac, ravis de constituer une collection complète de *Berserk* ou *Stone Ocean*. Sur les 700 000 livres réservés lors du premier mois de l'opération, 71 % sont des BD japonaises, selon les chiffres du pass Culture.

Le site officiel du pass Culture recense aussi quelques témoignages de jeunes. Des cours d'ukulélé aux abonnements cinéma, en passant par les concerts, les musées et les acquisitions de livres de toutes sortes, et même d'un piano, les porteurs du pass ne boudent pas leur joie. Si cette présentation relève d'une stratégie de communication de la part du ministère de la Culture, elle permet cependant d'en mesurer la finalité : emmener des personnes vers des secteurs culturels auxquels ils n'ont normalement pas accès.

La politique culturelle d'Emmanuel Macron est celle de la demande. On facilite l'accès des jeunes à l'offre culturelle locale par l'information et des moyens financiers. Ce faisant, on soutient un secteur culturel qui n'en a jamais eu autant besoin qu'en ces années de pandémie. Les premiers temps de l'opération voient cependant les jeunes se tourner vers une culture à laquelle ils sont déjà habitués. Ils ne se rendent pas plus au théâtre, au cinéma ni à des cours de piano si tel n'était pas déjà le cas auparavant.

Une pluie de critiques

Dès l'annonce du projet, le pass Culture est passé sous le feu des critiques. Est avant tout visé le budget, qui devrait d'ailleurs s'étendre à partir de 2022, puisque le nombre de bénéficiaires va augmenter. Mais au-delà du budget et des critiques politiques, de nombreux spécialistes fustigent une certaine philosophie.

Le secteur culturel s'est constamment opposé au pass Culture avec une certaine unanimité. Dès 2018, l'Union syndicale des employeurs du secteur public du spectacle vivant (USEP-SV) s'est insurgée, soulignant le raisonnement erroné sous-tendant cette mesure. Le 19 mai 2021, elle a publié un communiqué alarmant, qui appelle à « *la suppression de ce gadget présidentiel* ». L'usage de l'argent pour attirer les jeunes est incriminé tout particulièrement. Les politiques d'actions culturelles de terrain, comme l'intervention de médiateurs dans des écoles ou l'installation d'ateliers d'artistes dans certains espaces urbains, lui paraissent plus appropriées pour sensibiliser le public. Seul l'accompagnement ouvrirait selon elle à de nouvelles envies culturelles, lesquelles auraient ainsi dû être soutenues en priorité.

De plus, les réponses aux fractures culturelles, selon les sociologues de la culture, ne peuvent être économiques ou technologiques, mais doivent être symboliques. La culture « savante » s'acquiert et se développe dans le cadre familial et non à l'école. Ni l'argent ni la numérisation ne stimulent massivement la réflexion et l'appropriation de codes, qui sont l'apanage d'une classe sociale.

Peut-on d'ores et déjà prédire les usages du pass Culture ? Le chercheur au CNRS en science politique Emmanuel Negrier tient pour acquis qu'il sera majoritairement utilisé par les jeunes disposant déjà d'un accès sociologique et financier à l'offre culturelle. Selon lui, le slogan « Libérez les affranchis » s'applique bien au pass Culture. Ceux qui sont déjà enfermés dans certains types de culture ne s'en libéreront pas grâce au pass Culture.

Enfin, la volonté d'Emmanuel Macron de récupérer les suffrages des néo-votants n'est pas passée inaperçue. Après le concours d'anecdotes avec McFly et Carlito sur YouTube, l'interview sur le média en ligne Brut et ses vidéos TikTok, le pass Culture confirme une telle aspiration. Néanmoins, comme l'explique Jean-Daniel Lévy, le directeur délégué de Harris Interactive, grande entreprise de sondages d'opinion : « *Le premier parti des jeunes, c'est, de loin, l'abstention. Plus d'un sur deux ne vote pas hors présidentielle. Et les jeunes sont aussi très zappeurs, se décident à la dernière minute, c'est difficile de miser sur cet électorat* ».

Mise en perspective

Le pass Culture s'efforce de répondre à la fracture culturelle. Ses enjeux s'inscrivent dans le concept sociologique de « capital culturel », décrit par Pierre Bourdieu dans son ouvrage *La Distinction* (1979). Le capital culturel dont on hérite conditionne notre culture de prédilection.

Les NFT révolutionnent-ils vraiment le monde de l'art ?

par Paul Muthelet

Récemment, des ventes aux enchères d'œuvres à 100 % numériques ont attiré l'attention d'un large public, atteignant des sommes parfois impressionnantes. Le fait que des œuvres potentiellement copiables à l'infini sur Internet puissent représenter de tels montants est rendu possible grâce à une technologie encore nouvelle et peu connue, les jetons non fongibles ou NTF, de l'anglais *non-fungible tokens*. Selon beaucoup, ils révolutionnent le monde de l'art.

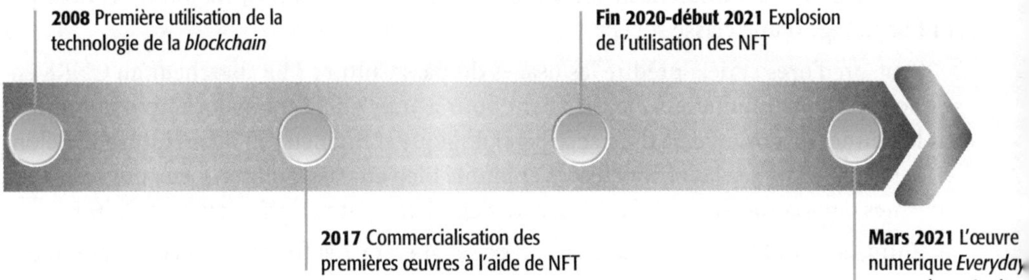

▸ Le fonctionnement des NFT

Pour comprendre le fonctionnement des NFT, il convient de s'intéresser à la *blockchain*. Cette technologie a d'abord été utilisée dans le cadre de l'édition des crypto-monnaies (notamment le Bitcoin dès 2008). Elle est régie par les différentes transactions des utilisateurs. Dans la *blockchain*, toutes les transactions sont regroupées sous la forme de blocs. Chaque bloc doit ensuite être validé par un réseau (« nœud » de stockage) en utilisant une méthode algorithmique. Une fois que le bloc est validé, il est ajouté à la « chaîne de blocs » (*blockchain*) et devient visible par tous les utilisateurs.

Tout repose donc sur la *blockchain* : ce système sécurisé par cryptographie permet de laisser des preuves irréfutables sans avoir besoin de « tiers de confiance », auxquels on pourrait toujours reprocher de manipuler l'information. La *blockchain* peut avoir des usages concrets et matériels comme la mise en place de capteurs dans des camions de livraison pour prouver que la marchandise n'a pas été altérée, ce qui en fait un outil très utile pour la traçabilité et le transport. Cela peut aussi permettre d'assurer le respect de contrats par les parties prenantes.

Les NFT, eux, sont par définition « non fongibles », ce qui signifie qu'ils sont uniques et ne peuvent pas être remplacés par un autre jeton pourtant analogue (contrairement aux pièces de monnaie ou même au Bitcoin qui utilise pourtant lui aussi la *blockchain*). Par le biais de cette technologie, chacun des jetons établit un lien indissoluble entre un objet et une adresse précise. En réalité, un NFT n'est donc pas l'œuvre elle-même, mais un simple fichier de données constituant un titre de propriété rattaché à une œuvre. Autrement dit, il représente un objet (numérique ou physique) et garantit l'identité de son propriétaire, qui peut dès lors l'échanger. Les premiers NFT apparaissent vers 2017 en utilisant la technologie de *blockchain* d'Ethereum associée à la cryptomonnaie Ether. Ils représentent un énorme potentiel puisque la chaîne leur permet de garantir de manière infalsifiable l'authenticité d'une œuvre et son appartenance à un individu.

La décentralisation des transactions, une sécurité accrue

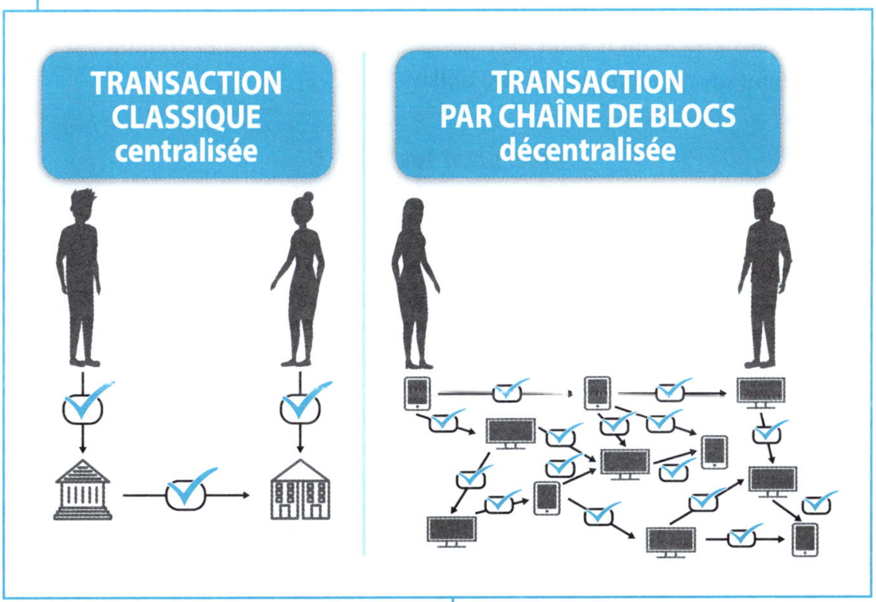

Source : ministère de l'Économie et des Finances.

▸ Un engouement inédit qui dépasse le domaine de l'art

Les premiers projets portant l'attention sur la technologie des NFT sont les *CryptoKitties* et les *CryptoPunks*. En 2017, les *CryptoKitties* sont les premières œuvres d'art assorties d'un NFT à être vendues au grand public. Il s'agit de chatons virtuels à collectionner, dont chacun peut être acquis par un seul utilisateur pour une certaine somme d'argent. Quant aux *CryptoPunks*, ce sont 10 000 visages de punks différents réalisés en pixels, mis en vente par la société Larva Labs. Ils sont tous associés à un NFT, de sorte que, comme pour les *CryptoKitties*, chacun d'entre eux est la propriété unique de son acquéreur. L'un des 10 000 *CryptoPunks* s'est vendu à 11,7 millions de dollars en juin 2021.

Une autre œuvre entièrement numérique, *Everydays: The First 5.000 Days*, assemblage de dessins et d'animations réalisés quotidiennement durant 5 000 jours d'affilée par l'artiste Beeple, a été vendue à 69,3 millions de dollars en mars 2021. Cette transaction effectuée en cryptomonnaie Ether fait d'*Everydays* l'une des trois œuvres les plus chères du monde à avoir été réalisées par un artiste encore vivant, tous supports confondus. Environ 22 millions d'internautes ont suivi en ligne les dernières minutes de la vente, qui fut aussi la première vente d'une œuvre numérique par une maison d'enchères majeure, la maison Christie's. Le même mois, la chanteuse Grimes vend une série d'œuvres d'art digitales pour un total de 6 millions de dollars.

Mais cette technologie innovante ne se limite pas qu'à l'art : Jack Dorsey, l'un des fondateurs de Twitter, a vendu son premier tweet, posté en 2006, pour 2,9 millions de dollars. La NBA a lancé une plateforme commercialisant des extraits vidéo de quelques secondes d'actions de basket-ball. Plus insolite encore, le journaliste Kevin Roose a mis aux enchères un article qu'il avait écrit pour le *New York Times* traitant du sujet des NFT : il a atteint un montant de 560 000 dollars.

Que sont les NFT ?

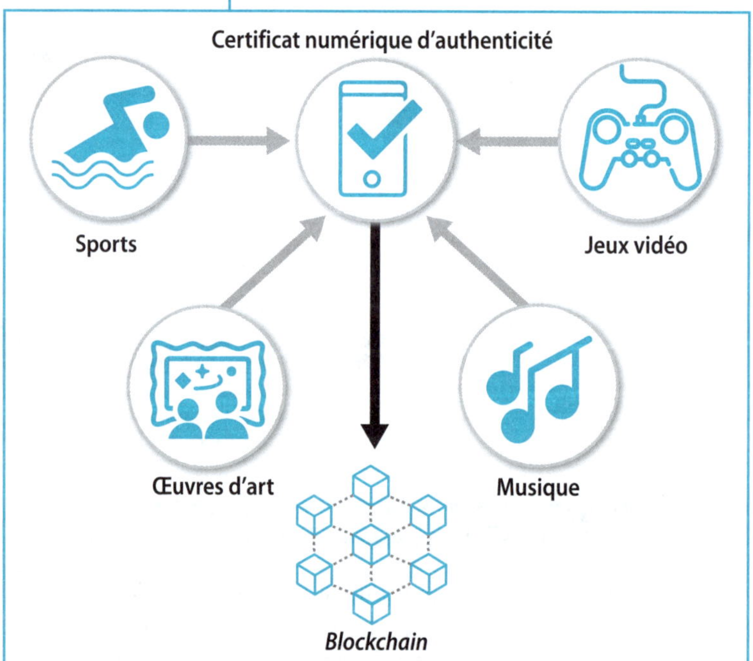

Source : Bloomberg Law.

Au vu du succès des NFT dans le monde numérique, des tentatives ont aussi été faites pour les connecter à des objets physiques réels. Nike a breveté un système utilisant la *blockchain* pour lier des actifs numériques à un produit physique, rendant ce produit physique totalement unique. Ainsi, lorsqu'une personne achète une paire de CryptoKicks, elle reçoit également un actif numérique attaché à l'identifiant unique de cette paire de chaussures.

▸ Les NFT, une réelle révolution ?

Internet étant un système de partage global de tous les contenus mis en ligne, ceux-ci sont copiables sans limites, rendant *a priori* caduques les notions de propriété et de rareté d'une œuvre d'art. Juridiquement parlant, il existe un moyen pour un auteur de protéger légalement l'œuvre numérique qu'il crée, mais la vendre pose plus de problèmes, d'autant que personne ne se risquerait à dépenser des fortunes pour une œuvre à 100 % numérique en sachant que cela ne lui octroierait rien de plus que ce que n'importe quel utilisateur d'Internet peut avoir gratuitement.

En cela, les NFT permettent un encadrement plus efficace de la propriété intellectuelle sur Internet. Il sera plus facile pour quelqu'un d'acheter une image à un artiste pour en faire, par exemple, le logo de son entreprise, en minimisant le risque de plagiat et en facilitant les procédures de recours juridiques, le transfert de propriété étant rendu incontestable grâce au NFT.

Au-delà de l'aspect juridique, les NFT permettent de ressusciter la conception « capitaliste » du monde de l'art. Alors qu'Internet avait rebattu les cartes en supprimant la notion de propriété « physique » des œuvres, celles-ci pourront redevenir des marqueurs sociaux puisque leur propriété pourra à nouveau être établie. Au vu des montants impressionnants atteints par les œuvres ainsi vendues, les NFT répondent au besoin de quelques consommateurs de pouvoir afficher qu'ils sont les propriétaires d'une œuvre, quand bien même celle-ci reste accessible à tous. La propriété n'est donc plus « physique » à proprement parler. L'artiste Beeple disait, lors de la vente de son œuvre, que cela ouvrirait un « *nouveau chapitre de l'histoire de l'art* ». Pourtant, les NFT n'occasionnent pas tant une révolution du monde de l'art qu'un retour vers une période où celui-ci était essentiellement régi par la notion de propriété.

Mise en perspective

Pour rendre la *blockchain* infalsifiable, les transactions de NFT nécessitent des opérations nombreuses, extrêmement énergivores. De fait, le modèle actuel des NFT n'est pas soutenable en termes d'empreinte carbone du numérique. Cela renvoie à la nécessité de développer des solutions afin de rendre le secteur du numérique plus vert, à l'heure où celui-ci représente chaque année 4 % des émissions de gaz à effet de serre.

La disparition des langues dans le monde : un phénomène inexorable ?

par Jérôme Calauzènes

En février 2021, Amoin Aruká, le dernier membre masculin du peuple indigène du Brésil des Jumas, meurt des suites de la Covid-19. La question de la survie de son peuple est alors posée et, avec lui, de sa culture et de sa langue. Plus largement, la mondialisation galopante semble favoriser une certaine uniformisation du monde en vouant plusieurs langues à la disparition.

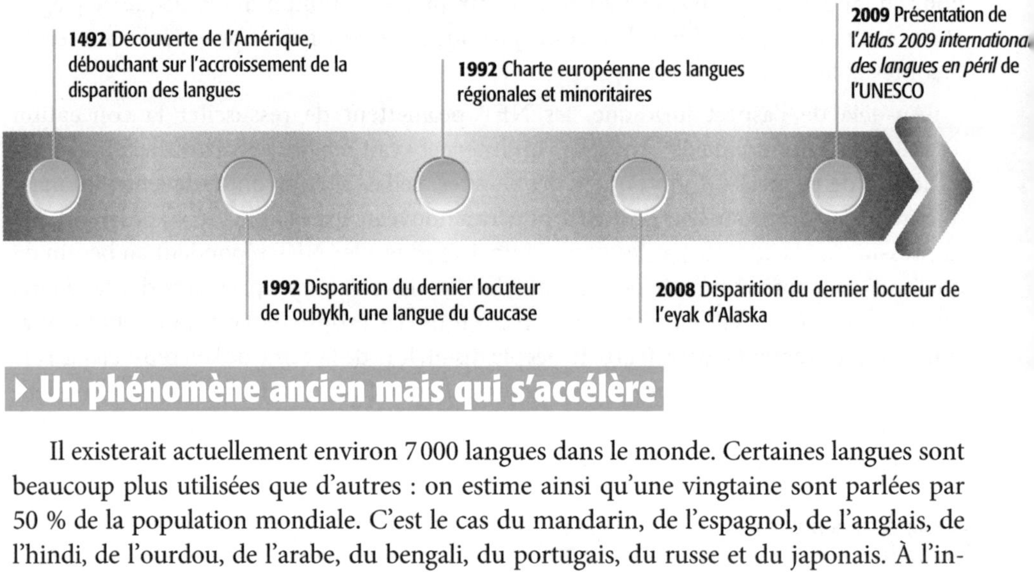

▸ Un phénomène ancien mais qui s'accélère

Il existerait actuellement environ 7 000 langues dans le monde. Certaines langues sont beaucoup plus utilisées que d'autres : on estime ainsi qu'une vingtaine sont parlées par 50 % de la population mondiale. C'est le cas du mandarin, de l'espagnol, de l'anglais, de l'hindi, de l'ourdou, de l'arabe, du bengali, du portugais, du russe et du japonais. À l'inverse, 97 % de ces 7 000 langues se partagent un nombre de locuteurs ne dépassant pas 4 % de la population mondiale.

La disparition des langues n'est pas un phénomène nouveau puisque l'on estime que, depuis environ cinq mille ans, au moins 30 000 langues ont disparu sans laisser aucune trace. Mais le rythme de mortalité des langues semble s'accélérer, surtout à partir du XVe siècle, au moment où les Européens entament la conquête de l'Amérique et où la colonisation se développe.

D'après l'UNESCO, aujourd'hui, entre 50 % et 90 % des langues parlées, notamment en Amazonie et en Papouasie-Nouvelle-Guinée, disparaîtront d'ici à la fin du XXIe siècle. Le linguiste français Claude Hagège estime, pour sa part, qu'une langue disparaît environ toutes les deux semaines, soit 25 par an. En Afrique, plus de 200 langues comptent moins de 500 locuteurs. Selon l'UNESCO, en 2021, 592 langues sont considérées comme « vulnérables », 640 sont « en danger », 537 « sérieusement en danger », 577 en « situation critique » et 228 se sont éteintes depuis 1950. L'Europe est le continent le moins menacé. Dans la francophonie, sur 26 langues reconnues comme menacées par l'UNESCO, aujourd'hui 5 sont vulnérables (alémanique, basque...), 8 en danger (corse, wallon...), 13 sérieusement en danger (breton, languedocien, picard...), mais aucune en situation critique ni éteinte.

Une telle disparition favorise le phénomène d'acculturation, c'est-à-dire l'adaptation d'un groupe d'individus à la culture environnante, ce qui se traduit souvent par la perte de tout ou partie de sa culture.

Carte des langues « en situation critique » (UNESCO)

Source : ELP.

▸ Des causes multiples

Généralement, une langue est menacée dans sa survie dès qu'elle n'est plus en état d'expansion, qu'elle perd de ses fonctions de communication dans la vie sociale ou qu'elle n'est plus pratiquée quotidiennement pour les besoins usuels de la vie, qu'elle n'est plus rentable sur le plan économique, ou qu'il n'y a plus assez de locuteurs pour en assurer la diffusion. De telles causes demeurent complexes, mais s'imbriquent le plus souvent.

Une langue peut d'abord disparaître en raison de conquêtes militaires ou de génocides. De nombreuses langues amérindiennes ont ainsi disparu, essentiellement aux XVe et XVIe siècles, comme celles de plusieurs peuples ayant vécu sous l'ancienne URSS ou en Chine (Ingouches, Kalmouts, Mekhétiens, Nus, Achangs, etc.).

La faiblesse numérique est un autre facteur de disparition. On estime qu'une langue ne peut survivre que si elle compte au moins 100 000 locuteurs. Or, la moitié des langues actuelles en compterait moins de 10 000. L'ixcatèque, au Mexique, n'est plus parlé que par 8 personnes, toutes âgées de plus de 80 ans aujourd'hui.

La régression d'une langue dépend aussi de la place que ses locuteurs occupent dans les rapports socio-économiques. Le breton en France (comme d'autres langues régionales) a connu un fort déclin parce que les habitants de cet espace ont été attirés par la prospérité économique des grandes villes (exode rural) où ils ont adopté le français. L'intérêt économique explique alors que des communautés abandonnent leur langue pour une autre qu'elles jugent plus rentable socialement parlant.

De même, les langues qui ne possèdent pas de pouvoir politique, c'est-à-dire qui n'exercent pas leur contrôle sur un territoire (État, gouvernement, voire région) et ne disposent pas d'un statut reconnu, se placent dans une position précaire. Certaines subissent une forme de répression de la part du pouvoir politique dominant : berbère en Algérie, kurde en Turquie, en Iran et en Irak… Le na, parlé par des Tibétains du Sichuan, en Chine, est également en voie de disparition parce que Pékin pousse à l'utilisation du mandarin.

Mais c'est surtout l'impérialisme culturel qui est à l'œuvre aujourd'hui. L'uniformisation est le fait de l'école et des produits véhiculés par les moyens technologiques. L'anglais est ainsi en position hégémonique *via* le *soft power* américain (cinéma, musique, séries télévisées). Sur Internet, l'anglais et le chinois dominent largement.

Les langues les plus utilisées sur Internet en 2020

Langues principales	Nombre d'internautes pour cette langue	Population mondiale pour cette langue (estimation 2021)	Pourcentage de l'Internet
Anglais	1 186 451 052	1 531 179 460	25,9 %
Chinois	888 453 068	1 477 137 209	19,4 %
Espagnol	363 684 593	516 655 099	7,9 %
Arabe	237 418 349	447 572 891	5,2 %
Portugais	171 750 818	290 939 425	3,7 %
Malais/Indonésien	198 029 815	306 327 093	4,3 %
Français	151 733 611	431 503 032	3,3 %
Japonais	118 626 672	126 476 461	2,6 %
Russe	116 353 942	145 934 462	2,5 %
Allemand	92 525 427	96 654 451	2,0 %
Total de 10 langues	**3 525 027 347**	**5 273 725 132**	**76,9 %**
Ensemble des autres langues	**1 060 551 371**	**2 522 890 578**	**23,1 %**
Total mondial	4 585 578 718	7 796 615 710	100 %

Source : Internet World Stat, 2020.

À une échelle plus fine, certaines langues sont menacées par d'autres. Par exemple, en Afrique, un grand nombre de langues qui avaient pourtant résisté à la colonisation sont aujourd'hui victimes du succès de certaines langues africaines telles que le swahili (en Afrique orientale), le peul (en Afrique centrale), le haoussa (au Niger et au Cameroun) ou le wolof (au Sénégal).

Certains avancent enfin que le réchauffement climatique serait responsable de la disparition de langues, car il pousse des populations de régions où l'agriculture devient impossible vers les villes, lieux de l'acculturation.

▸ Une disparition qui n'est pas inéluctable

Si certains considèrent que la disparition des langues est un événement normal dont il ne faut pas s'inquiéter, d'autres avancent que les langues forment plus qu'un mode de communication. Chaque langue représente en effet une vision du monde, une façon de transmettre le savoir.

Certaines langues résistent au processus d'uniformisation, peut-être parce qu'une prise de conscience est à l'œuvre. Certaines langues régionales deviennent des instruments d'identification, notamment en Europe (catalan, basque ou corse). Plusieurs États européens tendent aussi de plus en plus à les reconnaître, notamment à l'école. C'est le cas en France où les langues régionales peuvent être enseignées dès le collège en option.

De plus, des langues moribondes ont pu connaître une certaine résurrection. En algérie, l'arabe, langue dominée par le français pendant cent cinquante ans de colonisation, regagne du terrain au détriment du français. L'hébreu, qui avait cessé d'être utilisé comme une langue parlée au IIe siècle, renaît à la fin du XIXe siècle et compte aujourd'hui près de 9 millions de locuteurs.

La tendance est d'ailleurs à la conservation et à la protection des langues menacées de disparition. L'UNESCO a dressé en 2009 un atlas des langues menacées dans le monde et alerte contre ce phénomène. Le Conseil de l'Europe, en 1992, a rédigé la Charte européenne des langues régionales ou minoritaires dans le but de les protéger. De nombreux chercheurs tentent également de préserver au moins la mémoire de ces langues. En 1992, l'oubykh, langue du Caucase, s'est éteint à la mort de son dernier locuteur, peu après avoir été étudié par le linguiste Georges Dumézil. En France, le CNRS a été à l'origine de la base Pangloss, qui numérise des ressources sur des langues en danger et sous-documentées.

Mise en perspective

Par la révision constitutionnelle du 23 juillet 2008, l'article 75-1 dispose désormais que « *les langues régionales appartiennent au patrimoine de la France* ». Pourtant, en 2011, le Conseil constitutionnel déclare que cet article ne donne aucun droit ou liberté opposable par les particuliers et les collectivités. Une loi du 21 mai 2021 est également relative à « la protection patrimoniale des langues régionales et à leur promotion ».

Personnalité

Christiane Taubira, quelle empreinte dans le droit français ?

par Adrien Beaulieu

Le 10 mai 2021 a marqué les vingt ans de la loi pour la reconnaissance de la traite et de l'esclavage comme crime contre l'humanité, dite « loi Taubira », du nom de sa rapporteuse à l'Assemblée nationale. Économiste et sociologue, mais aussi femme de lettres, Christiane Taubira est une figure singulière de la vie politique française. Dans quelle mesure les lois qu'elle a portées ont-elles contribué à faire évoluer le droit français ?

- **2 février 1952** Naissance à Cayenne, elle est élevée par sa mère
- **1993-2012** Députée de la Guyane
- **10 mai 2001** Vote de la loi Taubira
- **2002** Candidate à la présidence pour le Parti radical de gauche, elle obtient 2,32 % de voix
- **Mai 2012 à janvier 2016** Garde des Sceaux, ministre de la Justice
- **27 janvier 2016** Démission du gouvernement Valls II

▸ Une personnalité singulière dans le paysage politique français

Christiane Taubira grandit en Guyane dans une famille monoparentale modeste, au sein d'un fratrie de onze enfants. Elle suit des études en sciences économiques et sociales avant d'en devenir enseignante de 1978 à 1982. En 1978, elle entre également en politique dans le Mouvement guyanais de décolonisation, mais abandonne ses revendications indépendantistes à l'arrivée à la présidence de F. Mitterrand. Après plusieurs années à la tête d'institutions économiques locales, elle fonde avec son mari R. Delannon, en 1992, le parti autonomiste de gauche Walwari. Elle est élue députée en 1993 dans la première circonscription de la Guyane, mandat qu'elle conservera dix-neuf ans. Sa vie politique est également marquée par l'élection présidentielle de 2002, lors de laquelle elle recueille 2,32% des voix pour le Parti radical de gauche. « *La voix des sans-voix* », comme la surnommait son soutien B. Tapie, est alors accusée d'avoir contribué à l'éviction de L. Jospin du second tour.

Femme noire d'outre-mer, connue pour ses discours éloquents, Christiane Taubira incarne un nouveau visage du paysage politique qui lui vaut de fréquents commentaires racistes et misogynes : insultes à l'Assemblée nationale en 1996, caricature en singe en 2013 par une candidate locale du Front national puis par le média d'extrême droite Minute.

▸ Une empreinte durable dans le droit français

Christiane Taubira marque l'histoire française comme rapporteuse de la loi mémorielle promulguée le 21 mai 2001. En vertu de la « loi Taubira », la France reconnaît que la traite négrière (dans les océans Atlantique et Indien) et l'esclavage, pratiqués à partir de la fin du XXe siècle, en Amérique, dans l'océan Indien et en Europe, constituent un crime contre l'humanité. Elle vise également à ouvrir la recherche et l'enseignement sur ce thème. Parce qu'elle exclut l'esclavage perpétré pendant l'Antiquité ou au sein de l'Afrique (la traite arabe notamment) et parce qu'elle n'entraîne aucun effet rétroactif, cette loi a fait l'objet de critiques émises par des historiens et des juristes.

Devenue garde des Sceaux et ministre de la Justice en 2012, Christiane Taubira porte la loi pour le mariage pour tous, qui, après de nombreux débats et manifestations dans le pays, est promulguée le 17 mai 2013. Son séjour Place Vendôme est marqué par la création du parquet national financier (PNF), chargé de traquer la grande délinquance économique et financière, et par une nouvelle réforme pénale (il y en a eu plus de soixante-dix en dix ans). Visant à lutter contre la récidive, la loi du 15 août 2014 supprime les peines planchers mises en place par la réforme Dati de 2007, ouvre une nouvelle peine en milieu ouvert (bracelets électroniques, par exemple), et cherche à mieux accompagner les victimes, mais également les anciens détenus dans leur réinsertion.

▸ Une femme de lettres non consensuelle

Soutenue par l'électorat de gauche, bien que critiquée pour la faiblesse de son bilan (nombres de détenus et de places en prison constants, édulcoration de la réforme pénale par M. Valls), huée par la droite pour son « *laxisme* », la présence de Christiane Taubira au gouvernement cesse d'être évidente lorsque M. Valls devient Premier ministre. Ce dernier écarte les « frondeurs » de gauche, qui s'opposent aux restrictions budgétaires soutenues par le président de la République, mais conserve celle qui se considère comme un « *colibri* » combattant de l'intérieur, caution de gauche à un gouvernement critiqué pour son virage libéral et sécuritaire. Toutefois, opposée au projet de loi sur la déchéance de la nationalité, elle quitte ses fonctions en 2016.

Si certains lui prêtent des intentions quant à l'élection présidentielle de 2022, Christiane Taubira est aujourd'hui active sur une autre facette de sa vie, les lettres. Après plusieurs publications politiques et biographiques, elle publie son premier roman en 2020, *Gran Balan*, et un recueil de nouvelles en septembre 2021, *Ces morceaux de vie... comme carreaux cassés*. Revendiquant un héritage culturel très large, d'Aimé Césaire à Gaston Bachelard en passant par Nina Simone, ses derniers écrits peignent diverses réalités sociales guyanaises derrière la fiction.

Les Jeux olympiques ont-ils encore un sens ?

par Valérie Morin

Trop chers, trop loin (du public), trop sales : voilà comment les détracteurs des 32e Jeux olympiques (JO) pourraient déformer la célèbre devise. Les JO de 2020, reportés en 2021 se sont, en effet, déroulés dans une configuration totalement exceptionnelle qui amène les futurs organisateurs et le CIO à s'interroger sur ce que signifient les JO désormais.

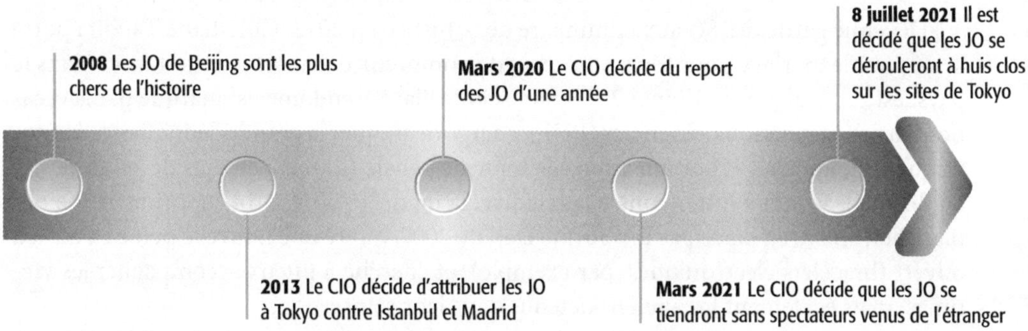

▸ Les JO de Tokyo : les Jeux de la pandémie

Lorsque la candidature de Tokyo pour les JO est retenue en 2013, le gouvernement japonais veut en faire les Jeux du renouveau pour montrer que le pays peut se relever de la catastrophe nucléaire de Fukushima en 2011. Mais l'arrivée de la pandémie de la Covid-19, à partir du début de l'année 2020, a totalement bouleversé la donne. L'instauration du confinement dans une grande partie du monde empêche l'organisation des compétitions qualificatives pour les JO. Dès mars, le CIO fait donc le choix du report des Jeux à l'année suivante. La pandémie continuant pendant l'année 2021, le CIO décide, en mars 2021, d'interdire aux visiteurs étrangers d'assister aux Jeux. Se pose alors la question de savoir si les Jeux doivent être annulés, ce que refuse le CIO : trop d'intérêts sont en jeu. Le gouvernement japonais s'y oppose aussi au vu des sommes déjà engagées.

Malgré l'opposition croissante de la population – qui craint la propagation de la pandémie avec seulement 15 % de Japonais totalement vaccinés –, les Jeux sont maintenus et s'ouvrent à huis clos le 23 juillet dans une drôle d'atmosphère. Des milliers de volontaires se sont désengagés, des villes ont renoncé à accueillir les camps d'entraînement des délégations étrangères, des manifestations anti-olympiques se déroulent en permanence dans Tokyo. La flamme olympique a traversé le pays en catimini et certains sponsors, comme Toyota, suppriment leurs publicités. Les athlètes doivent arriver cinq jours avant leurs épreuves et repartir quarante-huit heures après. Ils ne peuvent se déplacer qu'entre leur hébergement et les sites olympiques, ils ne peuvent ni faire de visite ni entrer en contact avec la population.

Une majorité de la population favorable à l'annulation des 32e JO

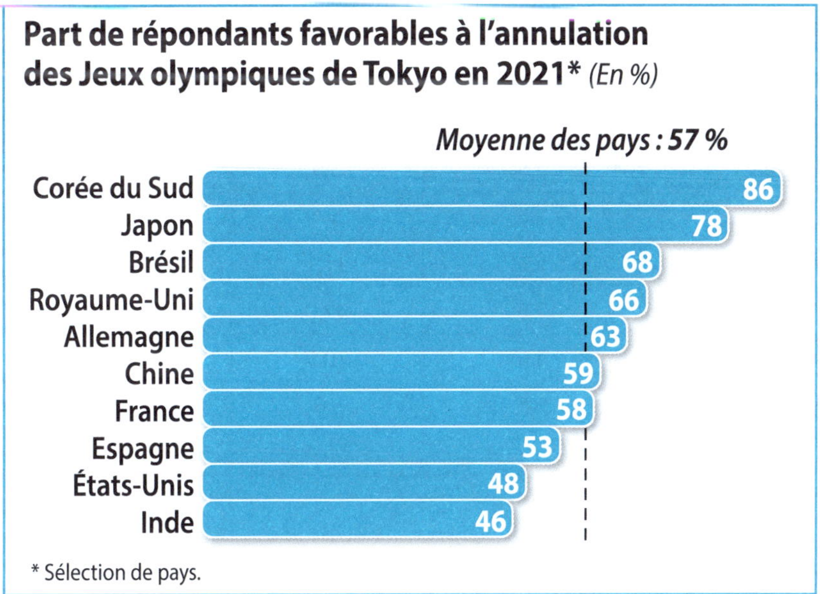

Source : Banque mondiale, Statista.

Ce report a de plus aggravé le budget des Jeux. L'absence de public a coûté plusieurs centaines de millions d'euros que devait rapporter la vente des billets (15 à 20 % des recettes prévues). Pourtant, Tokyo a réussi à mobiliser près de 60 entreprises locales pour plus de 2,5 milliards d'euros de parrainage.

Néanmoins, le Japon a réussi ses Jeux : il arrive troisième au tableau des médailles avec 58 médailles, dont 27 en or, derrière les États-Unis et la République populaire de Chine. Il a brillé dans ses disciplines phares, le judo (9 médailles d'or sur 15 possibles), le softball et le base-ball, mais aussi dans les sports additionnels comme le skateboard. Aucun cluster n'a été à déplorer.

Des Jeux dévoyés ?

Néanmoins, si l'enthousiasme sportif est toujours présent – les athlètes sont célébrés et il y a eu 4 milliards de téléspectateurs durant la quinzaine des Jeux – , de nombreuses questions se posent sur la philosophie des JO. Les premières critiques concernant leurs coûts faramineux. La construction de nombreuses infrastructures (épreuves, transports et logements des athlètes) entraîne une inflation des dépenses. Le dépassement des coûts conduit les villes hôtes à s'endetter sur plusieurs années. Ainsi, Montréal (1976) a mis trente ans à rembourser ses Jeux ! Seuls les JO de Los Angeles (1984) ont été entièrement payés par les recettes privées.

Coût des JO depuis 1984

Ville hôte et année	Coût prévisionnel*	Coût effectif*	Dépassement du budget
Los Angeles 1984	1,6	1,6	0 %
Séoul 1988	4,0	8,3	108 %
Barcelone 1992	3,9	10,0	156 %
Atlanta 1996	2,5	3,3	32 %
Sydney 2000	2,8	5,4	93 %
Athènes 2004	5,3	11,1	109 %
Pékin 2008	2,6	32,0	1130 %
Londres 2012	4,8	10,9	127 %
Rio de Janeiro 2016	9,5	16	168 %
Tokyo 2020	5	15,4	308 %

*En milliards de dollars courants.
Source : *La Tribune*

C'est pourquoi de nombreuses villes ont renoncé à déposer leur candidature, comme Boston. À Hambourg, en 2004, ce sont les habitants qui ont voté contre l'organisation des JO à la suite d'un référendum local. Pour 2024 et 2028, seules deux villes, Paris et Los Angeles, avaient présenté leur candidature. Elles se sont donc partagé les dates. Idem pour Brisbane (Australie), qui a été la seule à se positionner pour 2032. On reproche aussi aux JO de détruire les quartiers populaires et d'accélérer la gentrification des nouveaux quartiers reconstruits, reléguant les populations les plus précaires en grande périphérie.

Du point de vue sportif, les Jeux sont de plus en plus soumis à des pressions financières : les droits des télévisions représentent 60 % des recettes du CIO. La chaîne américaine NBC, qui a obtenu ces droits jusqu'en 2032, a donc été autorisée à influencer la programmation des événements afin de maximiser l'audience américaine. Ainsi, à Tokyo, les finales de natation ont-elles eu lieu le matin pour être regardées le soir aux États-Unis. Pour la même raison, les JO ont été maintenus durant l'été malgré le climat particulièrement chaud et les risques de cyclones de cette période, ce qui a d'ailleurs pénalisé de nombreux athlètes. En comparaison, les JO de 1964 ont eu lieu du 10 au 21 octobre, mais l'influence des médias était bien moindre.

Les JO de Tokyo n'ont pas non plus évité la question du dopage. Des athlètes ont été contrôlés positifs au dopage, notamment dix athlètes nigériens. La Russie a été interdite de JO à cause de la découverte de la mise en place d'un dopage d'État lors des JO de Sotchi (2014). Les athlètes russes invités ont défilé sous bannière neutre après avoir prouvé qu'ils étaient « propres ».

Le matériel est aussi en cause. S'il y a quelques années ce sont les combinaisons intégrales en natation qui avaient fait débat, pour les Jeux 2020 ce sont les nouvelles semelles avec une lame de carbone des pointes d'athlétisme de Nike qui ont créé la polémique. Les athlètes porteurs de ces nouvelles chaussures ont fait exploser les records du monde sur la piste comme le Norvégien Karsten Warholm, nouveau record du monde sur 400 mètres haies en 45,94 secondes.

▸ Paris 2024, les Jeux d'une nouvelle ère ?

Face à la montée des critiques, le CIO et les organisateurs de Paris 2024 promettent des Jeux propres, respectueux des budgets prévus et écologiques. Ils ont fait le choix d'utiliser des infrastructures déjà existantes – comme le Stade de France ou le stade Pierre-Mauroy de Lille – pour éviter la gabegie de l'abandon des sites olympiques que l'on a vue à Athènes ou à Rio. Les structures sont construites pour apporter des infrastructures sportives à des villes qui en ont besoin, comme la piscine qui devrait se construire à Aubervilliers (construction suspendue par la justice pour irrégularité dans le dépôt de permis de construire) ou le village des médias de Dugny qui sera converti en 1 300 logements et des bureaux. Tous les autres sites seront provisoires et démontables.

Avec la création de nouvelles lignes de métro et de tramway, Paris promet des Jeux écologiques et qui respecteront le budget initial. Les Jeux de Paris souhaitent renforcer la place du sport dans la société, notamment auprès des jeunes, pour éviter la sédentarisation accentuée par deux années de pandémie. L'arrivée de nouveaux sports visant un public plus jeune – surf, escalade, skateboard, breakdance – est aussi une marque de changements importants.

Dernière révolution, le Comité national olympique et sportif français (CNOSF) a élu une femme à sa tête : il s'agit de Brigitte Henriques, qui remplace Denis Masseglia. Reste à espérer que les Jeux de Paris 2024 seront aussi les Jeux de la parité (à Tokyo, 48,8 % des athlètes étaient des femmes).

Mise en perspective

Dans l'Antiquité, les JO représentaient une période de trêve, pendant laquelle tous les conflits des cités grecques devaient s'arrêter. Les JO de l'ère moderne ont été créés en 1896 à l'initiative de Pierre de Coubertin avec l'idée de faire perdurer cette notion de trêve olympique. Ils n'ont d'ailleurs pas eu lieu durant les deux dernières guerres mondiales.

La création de la Super Ligue européenne de football, échec ou révolution ?

par Pablo Ahumada

En avril 2021, 12 clubs européens de football ont annoncé la création d'une nouvelle compétition. Le projet, dont la justification est avant tout économique, a été fortement critiqué, ce qui a conduit 9 des clubs fondateurs à l'abandonner aussitôt. Son avenir dépend désormais d'une décision de la Cour de justice de l'Union européenne.

▸ L'annonce inattendue de la création d'une nouvelle compétition européenne de football

Le 18 avril 2021, 12 clubs européens de football (6 anglais : l'Arsenal FC, le Chelsea, le Liverpool FC, le Manchester City FC, le Manchester United FC, le Tottenham Hotspur FC ; 3 espagnols : l'Atlético de Madrid, le FC Barcelone, le Real Madrid CF ; 3 italiens : l'Inter Milan, la Juventus Turin, l'AC Milan) ont annoncé avoir conclu un accord pour la création d'une nouvelle compétition de football, la Super Ligue européenne (*The European Super League*).

Cette compétition regrouperait, dans un championnat fermé, 20 clubs européens de football (15 membres fondateurs – dont 3 restent à définir – et 5 clubs annuellement qualifiés), qui s'affronteraient chaque année entre août et septembre. S'il n'y a pas de date précise annoncée, la volonté des clubs est de faire commencer la compétition le plus rapidement possible. L'objectif affiché par la Super Ligue est de regrouper les meilleurs clubs et joueurs du monde dans une même compétition pour proposer « *des matchs de meilleure qualité et des ressources financières supplémentaires pour la pyramide du football dans son ensemble* ».

La principale raison de la création de cette nouvelle compétition est économique, dans un contexte où la pandémie de Covid-19 a affecté les finances des clubs de football. L'objectif serait ainsi de créer une compétition concurrente à l'actuelle Ligue des Champions (organisée par l'UEFA, Union des associations européennes de football), que les fondateurs de la Super Ligue ne jugent pas assez lucrative, malgré la réforme qui doit être mise en œuvre à partir de 2024. Cette dernière prévoit le passage de 32 à 36 clubs participants, ainsi qu'un nouveau format permettant d'organiser plus de matchs dans l'objectif d'augmenter les revenus.

Pour sa part, la Super Ligue permettrait une augmentation plus substantielle des recettes liées aux droits télévisuels, compte tenu du prestige des clubs participants. Surtout, les clubs fondateurs géreraient directement ces droits télévisuels. Actuellement c'est, l'UEFA qui s'occupe de leur redistribution, notamment aux clubs (plus nombreux) qui participent à la Ligue des champions. Outre ces droits télévisuels, les clubs fondateurs recevraient une subvention initiale pour des investissements en infrastructures (l'enveloppe totale pourrait s'élever à 3,5 milliards d'euros pour les 15 clubs fondateurs) de la part de la banque américaine JP Morgan (sous forme d'un prêt aux conditions avantageuses).

Plus largement, la question des droits télévisuels est aujourd'hui centrale dans l'économie du football. Leur montant a sensiblement augmenté à partir de 2000, devenant une des principales sources de revenus des clubs. La Premier League (championnat d'Angleterre de football) a par exemple vu passer le montant de ses droits annuels de 250 millions de livres pour le cycle 1992-1997 à 8,4 milliards de livres en 2019-2022. Le défaut de paiement en octobre 2020 de l'entreprise Mediapro, qui détenait les droits de diffusion de la Ligue 1, a mis en lumière les risques engendrés par ce modèle économique et en particulier par la surenchère des diffuseurs pour acquérir ces droits.

▸ Des réactions très critiques

Sur le fond, c'est principalement le caractère faiblement inclusif du projet qui fait débat. À la différence de l'actuelle Ligue des champions, dont la participation dépend des performances dans les championnats nationaux, les 15 clubs fondateurs seraient assurés de participer tous les ans à la compétition, quels que soient leurs résultats lors de la compétition. D'un point de vue économique, la Super Ligue créerait également une inégalité majeure entre les clubs y participant, qui pourraient bénéficier de revenus considérables, et les autres, qui pourraient voir leurs ressources diminuées, puisqu'ils seront cantonnés à des compétitions moins attractives. Les principes de mérite sportif et de redistribution des revenus ne seraient ainsi plus mis en pratique. Plus largement, c'est la pérennité du système économique du football qui est en question. Les clubs exclus de la compétition pourraient se retrouver dans l'incapacité de financer un centre de formation, de recruter des joueurs ou de trouver des investisseurs, en l'absence de réelles perspectives de pouvoir accéder aux compétitions les plus prestigieuses.

Pour ces raisons, l'annonce de la création de la Super Ligue a suscité très rapidement de nombreuses critiques. D'un point de vue politique, Emmanuel Macron a indiqué que cette compétition menaçait « *le principe de solidarité et le mérite sportif* » et souhaité agir pour « *protéger l'intégrité des compétitions fédérales qu'elles soient nationales ou européennes* ». Le Premier ministre britannique, Boris Johnson, a pour sa part mis en garde contre un projet qui serait « *très dommageable* » pour le football, le décrivant comme un cartel opposé aux intérêts des supporters et du football. Au niveau sportif, le projet a également été rejeté par les différents acteurs du football : ligues nationales, entraîneurs, joueurs et supporters. La Premier League, qui organise le championnat d'Angleterre, a par exemple estimé que ce concept « *détruirait le rêve* » des supporters de voir leur équipe « *grimper au sommet et jouer contre les meilleurs clubs* ».

L'avenir des compétitions européennes de football ?

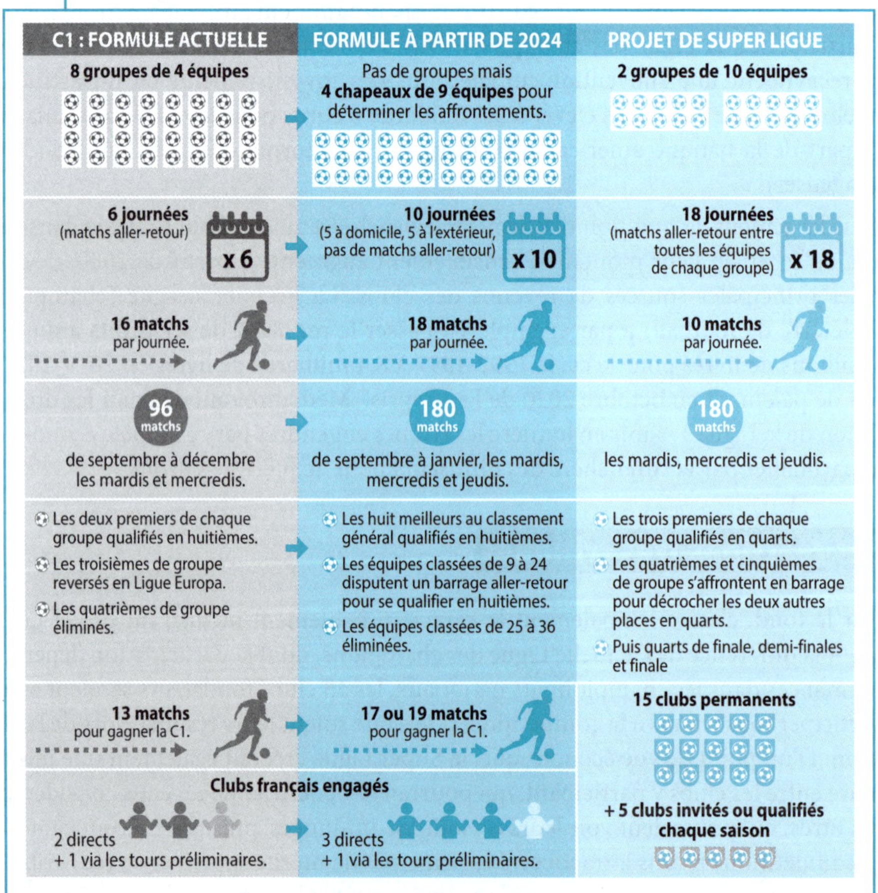

Source : *L'Équipe*.

▸ L'avenir du projet dépend désormais de la justice européenne

Face à ces réactions très critiques, 9 des 12 clubs fondateurs ont engagé leur retrait du projet, deux jours seulement après son annonce : les clubs anglais, qui ont présenté leurs excuses aux supporters, suivis par l'Atlético de Madrid, l'Inter Milan et l'AC Milan. Malgré ce revirement, l'UEFA leur a imposé des dons de 15 millions d'euros pour des actions sociales, en plus d'engager des procédures disciplinaires le 26 mai contre les trois clubs fondateurs restants.

Le Real Madrid, le FC Barcelone et la Juventus Turin persistent de fait dans leur projet, encouragés par plusieurs décisions de la justice espagnole. En effet, dès le mois de mai, un tribunal de commerce espagnol avait décidé de saisir la Cour de justice de l'Union européenne (CJUE), afin qu'elle statue sur la compatibilité des sanctions prises par l'UEFA avec le principe de libre concurrence consacré par le droit européen. Ce même tribunal a confirmé le 1er juillet que l'UEFA, tout en faisant appel, ne pouvait pas sanctionner les clubs, au nom du principe de libre concurrence du droit européen. L'UEFA a donc dû abandonner toutes les sanctions qui entraveraient la préparation de la Super Ligue. Les tribunaux madrilènes ont confirmé ces deux décisions le 30 juillet en rejetant les deux recours déposés par l'UEFA. Cette dernière s'est finalement pliée à ces décisions en décidant d'annuler toutes les procédures disciplinaires contre les clubs mutins le 27 septembre.

L'avenir du projet dépend désormais de la CJUE, qui statuera en octobre ou novembre sur la question préjudicielle qui lui a été soumise. Si les clubs ne risquent pas de sanction de la part de l'UEFA, d'autres clubs pourraient alors choisir de rejoindre la Super Ligue.

Mise en perspective

Le projet de Super Ligue souligne l'ampleur des conséquences économiques de la pandémie de Covid-19. Il risque également de relancer le débat sur le libéralisme économique prôné par l'UE.

Transferts sportifs, la fin d'une envolée des prix ?

par Pablo Ahumada

Plusieurs transferts sportifs en France ont marqué l'année 2021, avec notamment l'arrivée de Lionel Messi au Paris Saint-Germain. Ils illustrent les conséquences de la pandémie de Covid-19 sur l'économie du sport et celle des transferts. Cela semble plaider pour un renforcement des règles encadrant les transferts sportifs afin de favoriser une plus grande équité entre équipes.

▸ Changements de clubs pour les meilleurs joueurs de football et de rugby

Le 5 août 2021, malgré un accord de principe avec son joueur Lionel Messi, qui avait pourtant indiqué sa disposition à réduire de moitié son salaire pour pouvoir prolonger son contrat, le FC Barcelone a annoncé l'impossibilité de formaliser un contrat du fait des règles de limites salariales imposées par le championnat espagnol de football (la Liga). Ces règles prévoient que chaque club se voie attribuer un montant annuel qu'il ne peut dépasser en masse salariale, et correspondant à la différence entre les revenus et les dépenses. Lionel Messi étant libre de tout contrat (celui qui le liait au FC Barcelone étant arrivé à échéance en juin 2021), le PSG n'a eu à débourser aucune indemnité de transfert pour recruter celui qui est actuellement considéré comme le meilleur joueur de football au monde (six fois vainqueur du Ballon d'Or *France Football*, la plus prestigieuse récompense individuelle du football). Lionel Messi s'est engagé pour deux saisons, avec une année supplémentaire en option. Son salaire pourrait s'élever à 30 millions d'euros nets par saison, hors primes.

Au rugby également, l'année 2021 a été marquée par d'importants transferts. Le 27 août, Cheslin Kolbe, joueur sud-africain, champion du monde en 2019, qui évoluait depuis 2017 au sein du Stade Toulousain, a été transféré au Rugby club toulonnais. Ce dernier aurait racheté les deux dernières années de contrat du joueur à Toulouse pour un montant de 1,8 million d'euros. Plus tôt dans l'année, le 20 avril 2021, un autre transfert avait marqué le championnat de France de rugby, le top 14, celui de Gaël Fickou. Outre le fait qu'il concerne un des meilleurs joueurs français actuels, ce transfert présentait les particularités d'être réalisé en cours de saison et d'acter le passage d'un joueur d'un club (Stade Français) vers celui de son plus grand rival (Racing 92). Il s'agit de transferts inédits pour le rugby, peu habitué aux changements de clubs des joueurs avant la fin de leurs contrats, en cours de saison et pour de tels montants. Cela s'explique notamment par le fait que le rugby n'a connu la professionnalisation qu'en 1995 et que son modèle économique ne reposait pas sur le rachat des contrats de joueurs.

▸ Mutations des transferts sportifs avec la pandémie de Covid-19

Si l'arrivée de Lionel Messi au Paris Saint-Germain est marquante d'un point de vue sportif (le championnat de France de football n'attire traditionnellement pas les meilleurs joueurs), elle est loin de représenter un des transferts les plus chers de l'histoire, puisqu'elle n'a pas fait l'objet d'une transaction. Le record correspond toujours au transfert entre le FC Barcelone et le Paris Saint-Germain pour le joueur brésilien Neymar en 2017 (222 millions d'euros). Pour la période des transferts de l'été 2021, c'est le passage du joueur belge Romelu Lukaku de l'Inter Milan (Italie) à Chelsea (Angleterre) qui a été le plus onéreux (115 millions d'euros).

Les transferts les plus chers de l'histoire

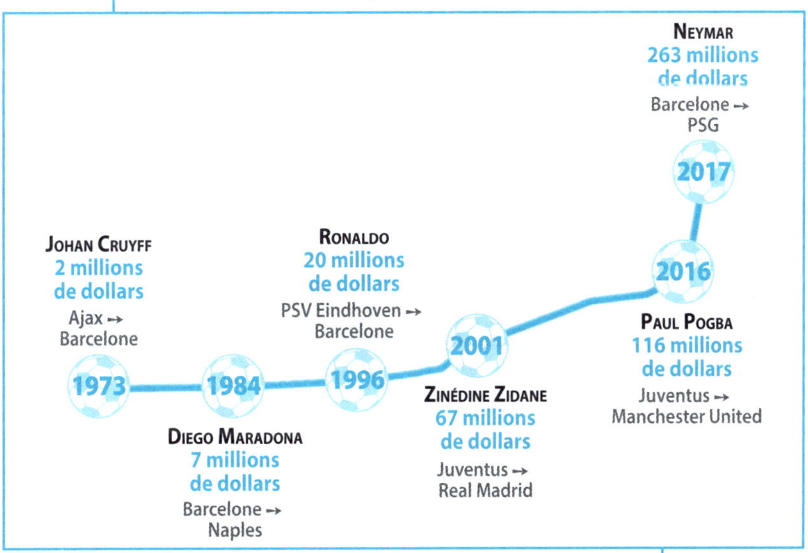

Source : AJ Labs, 2017.

La pandémie de Covid-19 a ainsi eu des conséquences à plusieurs égards dans les transferts sportifs. S'agissant du football, on constate déjà une baisse des dépenses des clubs pour les transferts de joueurs, conséquence de la baisse des revenus du fait de la pandémie et des suspensions des compétitions (pertes en billetterie, en gains sportifs, voire en droits télévisuels). Selon la FIFA (Fédération internationale de football association), entre 2019 et 2021, le nombre de transferts payants dans le monde est passé de 1 624 à 1 199 (de 4,9 milliards à 3,15 milliards d'euros en valeur globale). En Europe, les dépenses de 2021 seraient inférieures de 42 % à celles de 2019 pour les clubs des cinq championnats européens de football les plus importants (Angleterre, Espagne, Allemagne, Italie et France).

On constate par ailleurs le début d'une remise en cause du modèle économique sur lequel reposait le football. Un club faisait auparavant une plus-value en vendant un joueur avant la fin de son contrat, car il percevait des indemnités pour le rachat par un autre club des années de contrat restantes. Mais la pandémie de Covid-19 a fortement diminué les ressources financières des clubs, limitant leur capacité à racheter des contrats.

On observe ainsi une augmentation des transferts sans indemnités. L'arrivée de Lionel Messi libre de tout contrat au Paris Saint-Germain l'illustre. C'est également le cas du gardien de but italien Gianluigi Donnarumma, champion d'Europe en 2021 et considéré comme un des meilleurs du monde, transféré du Milan AC vers le Paris Saint-Germain à l'été 2021, sans aucune indemnité de transfert puisque libre de tout contrat.

Évolution dépenses en indemnités de transfert par championnat (en millions d'euros)

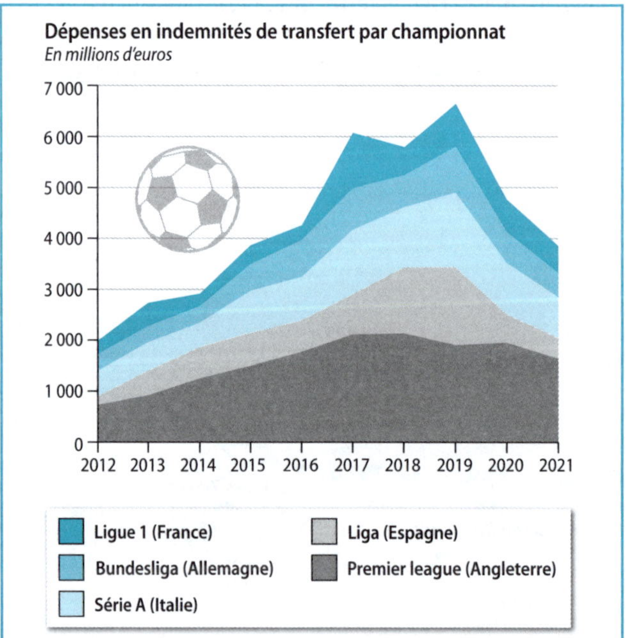

Source : *Le Monde*, septembre 2021.

▸ La nécessaire redéfinition du fair-play financier

Depuis mai 2010, les transferts des clubs européens de football sont encadrés par la règle dite du « fair-play financier ». Elle prévoit qu'un club ne puisse dépenser plus que le montant de ses revenus. L'objectif était de limiter l'augmentation des dépenses des clubs en transferts et surtout de réduire les inégalités entre les clubs détenus par de riches propriétaires et les autres. En France, le budget du Paris Saint-Germain s'élève à 620 millions d'euros en 2021-2022 contre 147 millions pour Lille, champion de France en 2020-2021, ou 769 millions pour le FC Barcelone.

Une décision du Tribunal arbitral du sport en juillet 2020 a remis en cause la mise en œuvre de cette règle. Le club anglais de football Manchester City, initialement suspendu deux ans par l'UEFA de toutes les Coupes d'Europe de football pour ne pas avoir respecté le fair-play financier en surévaluant ses revenus publicitaires entre 2012 et 2016, a vu sa sanction levée et ramenée à une amende de 10 millions d'euros.

L'UEFA doit donc désormais faire évoluer ses règles de régulation du marché des transferts dans le football en s'inspirant du modèle des ligues américaines de sport de basket-ball, de hockey sur glace et de base-ball, dans lesquelles les masses salariales des équipes sont limitées pour assurer une certaine équité et une homogénéité de niveau entre elles. Dans le championnat nord-américain de basket-ball (la NBA), le plafond salarial a été limité à 109 millions de dollars par club pour la saison 2019-2020. Cette limite est définie chaque année par un accord entre dirigeants et joueurs. Cette règle est déjà en œuvre dans le championnat de France de rugby ou dans le championnat de football espagnol (c'est notamment ce qui a empêché la prolongation du contrat de Lionel Messi au FC Barcelone).

Enfin, plutôt que de sanctionner les clubs ne respectant pas les règles financières en les suspendant de compétitions, il pourrait être envisagé de les pénaliser financièrement et de reverser ces sommes aux clubs les plus disciplinés.

Mise en perspective

Les discussions à venir sur la redéfinition du fair-play financier pourraient prendre une dimension politique, alors que de nombreux actionnaires dans le monde du football sont désormais des acteurs étatiques, comme l'illustrent les investissements du Qatar dans le Paris Saint-Germain ou des Émirats arabes unis dans Manchester City.

AUTRES FAITS

- **Vendredi 1er janvier** Le chanteur portugais Carlos do Carmo décède à l'âge de 81 ans.
- **Lundi 18 janvier** En France, le comédien et réalisateur Jean-Pierre Bacri décède à l'âge de 69 ans, des suites d'un cancer.
- **Lundi 1er février** L'actrice américaine Evan Rachel Wood accuse le chanteur Marilyn Manson d'agressions sexuelles et de viol. Dans les jours qui suivent, quatre autres femmes accusent le chanteur de crimes similaires.
- **Vendredi 19 février** Le chanteur, auteur et compositeur français Philippe Chatel décède à l'âge de 72 ans. Il était connu pour sa comédie musicale *Émilie Jolie*.
- **Lundi 22 février** Le duo français Daft Punk, créé en 1993 par Thomas Bangalter et Guy-Manuel de Homem-Christo, annonce sa séparation.
- **Vendredi 12 mars** En France, la cérémonie des Césars voit le film d'Albert Dupontel *Adieu les cons* rafler 7 récompenses. L'actrice Laure Calamy reçoit le césar de la meilleure actrice pour son rôle dans *Antoinette dans les Cévennes.*
- **Jeudi 25 mars** Le réalisateur français Bertrand Tavernier décède à l'âge de 79 ans.
- **Jeudi 1er avril** Le chanteur suisse Patrick Juvet décède à l'âge de 70 ans. Il était notamment connu pour son tube disco *Où sont les femmes ?*
- **Mercredi 5 mai** Le président de la République française rend hommage à Napoléon Bonaparte lors d'une cérémonie mémorielle organisée aux Invalides pour le bicentenaire de la mort de l'Empereur.
- **Jeudi 6 mai** En France, Jean-Michel Blanquer impulse la publication d'une circulaire interdisant l'usage pédagogique de l'écriture inclusive à l'école.
- **Mardi 18 mai** En France, Didier Deschamps annonce la sélection de Karim Benzema pour l'Euro 2020 (reporté à 2021 en raison de la pandémie).
- **Samedi 29 mai** Chelsea remporte la Ligue des champions à Porto face à Manchester City. Le club de foot anglais avait déjà remporté la Ligue des champions en 2012.
- **Dimanche 13 juin** Le Serbe Novak Djokovic remporte le tournoi Roland-Garros pour la 2e fois de sa carrière face au Grec Stefanos Tsitsipas qui s'incline en 5 sets.
- **Lundi 28 juin** La France est éliminée de l'Euro de football après sa défaite face à la Suisse en huitièmes de finale.
- **Mardi 6 juillet** La Belgique annonce son intention de restituer une partie des objets culturels volés au Congo durant l'époque coloniale.
- **Mercredi 14 juillet** L'artiste français Christian Boltanski, photographe, sculpteur et cinéaste, décède à l'âge de 76 ans.

MARQUANTS 2021

Samedi 17 juillet Le jury du 74e Festival de Cannes rend son verdict : la palme d'or est attribuée au film *Titane* de la Française Julia Ducournau. L'actrice norvégienne Renate Reinsve et l'acteur américain Caleb Landry Jones remportent les prix d'interprétation.

Dimanche 18 juillet Le 108e Tour de France de cyclisme se termine. Pour la deuxième année consécutive, le cycliste slovène Tadej Pogačar gagne le tour. Le Danois Jonas Vingegaard et l'Équatorien Richard Carapaz sont également sur le podium.

Mardi 20 juillet La comédienne française Françoise Arnoul décède à l'âge de 90 ans.

Vendredi 23 juillet L'humoriste français Jean-Yves Lafesse décède à l'âge de 64 ans.

Dimanche 25 juillet En France, le festival d'Avignon se termine. En 2020, le festival avait été annulé en raison de la Covid. À partir de 2022, et pour un mandat de quatre ans, le metteur en scène portugais Tiago Rodrigues succédera à Olivier Py.

Mardi 27 juillet Le réalisateur et acteur français Jean-François Stévenin décède à l'âge de 77 ans.

Dimanche 1er août La sprinteuse biélorusse Kristina Timanovskaïa, qui participe aux JO du Japon, demande l'asile politique à la Pologne. Elle avait critiqué, dans une vidéo, la délégation sportive de son pays, suscitant un tollé. Les autorités biélorusses l'accusent d'acte antipatriotique et réclament son retour immédiat en Biélorussie.

Samedi 7 août L'un des cofondateurs du groupe de musique disco Kool and the Gang, Dennis Thomas, alias « Dee Tee », décède à l'âge de 70 ans.

Dimanche 8 août À Tokyo, l'équipe de France féminine de handball remporte le titre olympique. La veille, l'équipe de France masculine a remporté elle aussi l'or olympique. En volley, l'équipe masculine a également remporté l'or. En basket masculin, les Français remportent l'argent quand les femmes remportent la médaille de bronze.

Mercredi 11 août Michel Laclotte, créateur du musée d'Orsay et ancien président du Grand Louvre, décède à l'âge de 91 ans.

Jeudi 7 octobre Le prix Nobel de littérature est attribué à l'écrivain tanzanien Abdulrazak Gurnah, âgé de 72 ans et auteur, notamment, des romans *Paradis* (1995) et *Près de la mer* (2007).

Mercredi 3 novembre En France, le prix Goncourt est remis à l'auteur sénégalais Mohamed Mbougar Sarr pour son roman *La Plus Secrète Mémoire des hommes*.

Samedi 13 novembre L'équipe de France de football se qualifie pour la Coupe du monde 2022 en battant le Kazakhstan 8-0.

Mercredi 17 novembre En France, le pronom non genré « iel » est ajouté par le dictionnaire *Le Robert* dans son édition en ligne.

QCM

Pour chaque question, une seule réponse est correcte.

1 Lequel de ces films symbolise le mieux la Nouvelle Vague ?
- ❍ a. *À bout de souffle* (1960) de Jean-Luc Godard.
- ❍ b. *L'Homme de Rio* (1964) de Philippe de Broca.
- ❍ c. *L'As des as* (1982) de Gérard Oury.

2 Pour quel film Jean-Paul Belmondo a-t-il obtenu le césar du meilleur acteur ?
- ❍ a. *Itinéraire d'un enfant gâté* (1989).
- ❍ b. *Stavisky* (1974).
- ❍ c. *À bout de souffle* (1960).

3 À quelle période Jean-Paul Belmondo a-t-il connu ses plus grands succès ?
- ❍ a. Du milieu des années 1960 au milieu des années 1980.
- ❍ b. Du milieu des années 1960 à 2001.
- ❍ c. Du milieu des années 1980 à 2001.

4 Quel genre de rôle Belmondo joue-t-il dans *L'Homme de Rio* ?
- ❍ a. Un séducteur poète, qui courtise les femmes sur les Champs-Élysées.
- ❍ b. Un aventurier téméraire et railleur.
- ❍ c. Un voyou cascadeur et charmant.

5 Quelle instance s'est mobilisée contre le pass Culture ?
- ❍ a. La Maison des artistes auteurs.
- ❍ b. L'association des Amis des arts du spectacle.
- ❍ c. L'Union syndicale des employeurs du secteur public du spectacle vivant.

6 Quel est le budget 2021 du pass Culture ?
- ❍ a. 80 millions d'euros.
- ❍ b. 400 millions d'euros.
- ❍ c. 128 millions d'euros.

7 Quand l'idée d'un pass Culture a-t-elle été évoquée pour la première fois ?
❍ a. Le 21 mai 2021. ❍ b. Le 2 décembre 2018. ❍ c. Le 27 janvier 2017.

8 Quel est le but principal du pass Culture ?
- ❍ a. Aider le monde du spectacle à attirer plus de public.
- ❍ b. Ouvrir les jeunes à une culture à laquelle ils n'avaient pas accès jusqu'alors.
- ❍ c. Réduire les inégalités.

9 Quelle technologie a permis de créer les NFT ?
❍ a. Le Bitcoin.
❍ b. La *blockchain*.
❍ c. La 5G.

10 Quand les NFT ont-ils commencé à être commercialisés avec les *CryptoKitties* ?
❍ a. En2017.
❍ b. En 2018.
❍ c. En 2019.

11 À combien de dollars s'est vendue l'œuvre de Beeple en mars 2021 ?
❍ a. 30 000 dollars.
❍ b. 10,00 millions de dollars.
❍ c. 69,30 millions de dollars.

12 Quel est le principal défaut des NFT ?
❍ a. Ils coûtent très cher à produire.
❍ b. Ils sont très polluants.
❍ c. Ils sont faciles à falsifier.

13 Combien de langues environ seraient aujourd'hui parlées dans le monde selon l'UNESCO ?
❍ a. 5000.
❍ b. 6000.
❍ c. 7000.

14 Quelle langue a disparu avec son dernier locuteur en 1992 ?
❍ a. Le na.
❍ b. L'oubykh.
❍ c. L'ixcatèque.

15 Quel article de la Constitution française de 1958 reconnaît les langues régionales ?
❍ a. L'article 1.
❍ b. L'article 75-1.
❍ c. L'article 87-2.

16 En France, selon l'UNESCO, combien de langues sont menacées ?
❍ a. 24. ❍ b. 25. ❍ c. 26.

17 À quelle élection présidentielle et pour quel parti Christiane Taubira est-elle ou a-t-elle été candidate ?
❍ a. Un parti de centre gauche, le Parti radical de gauche, en 2002.
❍ b. Un parti d'extrême gauche, le Parti Walwari, en 2002.
❍ c. Une union des partis de gauche, du Parti communiste au Parti socialiste, en 2022.

18 Parmi ces réformes, quelle est celle dont Christiane Taubira n'a pas été en charge quand elle était garde des Sceaux ?

❍ **a.** La reconnaissance de la traite et de l'esclavage comme crime contre l'humanité.
❍ **b.** La création du parquet national financier.
❍ **c.** La réforme pénale supprimant les peines planchers.

19 Quelle loi surnomme-t-on « loi Taubira » ?

❍ **a.** La loi ouvrant le mariage aux couples de personnes de même sexe.
❍ **b.** La loi sur l'indépendance de la justice et les relations parquet-chancellerie.
❍ **c.** La loi tendant à la reconnaissance de la traite et de l'esclavage en tant que crime contre l'humanité.

20 Quel livre n'a pas été écrit par Christiane Taubira ?

❍ **a.** *Gran Balan.*
❍ **b.** *Ces morceaux de vie… comme carreaux cassés.*
❍ **c.** *Les Damnés de la Terre.*

21 Quels sont les JO les plus chers de l'histoire ?

❍ **a.** Ceux de Beijing.
❍ **b.** Ceux de Tokyo.
❍ **c.** Ceux d'Athènes.

22 Combien représentent les droits TV dans le budget du CIO ?

❍ **a.** 50 %. ❍ **b.** 60 %. ❍ **c.** 40 %.

23 Pourquoi les Japonais souhaitaient-ils accueillir les JO ?

❍ **a.** Pour encourager le sport chez les jeunes.
❍ **b.** Pour développer le tourisme au Japon.
❍ **c.** Pour effacer l'image négative laissée par la catastrophe de Fukushima.

24 Dans quelle mesure les Japonais ont-ils réussi leurs Jeux ?

❍ **a.** Ils sont les troisièmes au tableau des médailles.
❍ **b.** Ils sont les premiers au tableau des médailles.
❍ **c.** Ils sont devant les États-Unis au tableau des médailles.

25 Combien de clubs participeraient à la Super Ligue ?

❍ **a.** 10. ❍ **b.** 15. ❍ **c.** 20.

26 Quel club fondateur reste dans le projet de la Super Ligue malgré les réactions très critiques ?

❍ **a.** L'Atletico de Madrid.
❍ **b.** Le Manchester United FC.
❍ **c.** La Juventus de Turin.

27 Quel principe du droit européen pourrait permettre de mettre en œuvre le projet de Super Ligue ?

❍ a. Le principe de subsidiarité.
❍ b. Le principe de libre circulation.
❍ c. Le principe de libre concurrence.

28 Pour quelle raison certains clubs ont-ils décidé de créer une nouvelle compétition européenne de football ?

❍ a. Économique.
❍ b. Sportive.
❍ c. Politique.

29 Quel a été le montant du transfert de Lionel Messi au Paris Saint-Germain ?

❍ a. 0 euro.
❍ b. 30 millions d'euros.
❍ c. 222 millions d'euros.

30 Que prévoit le fair-play financier aujourd'hui ?

❍ a. Un club doit vendre un joueur pour pouvoir en acheter un autre.
❍ b. Un club ne peut acheter qu'un seul joueur par saison.
❍ c. Un club ne peut pas dépenser plus qu'il ne gagne.

31 Quand a été mis en œuvre le fair-play financier ?

❍ a. En 2010.
❍ b. En 2012.
❍ c En 2016.

32 Sur quoi reposait traditionnellement le modèle économique des transferts dans le football ?

❍ a. Les indemnités de rachat des années de contrats restantes.
❍ b. La vente de maillots.
❍ c. Les résultats sportifs.

Corrigé

1a, 2a, 3a, 4b, 5c, 6a, 7c, 8b, 9b, 10a, 11c, 12b, 13c, 14b, 15b, 16c, 17a, 18a, 19c, 20c, 21a, 22b, 23c, 24a, 25c, 26c, 27c, 28a, 29a, 30c, 31a, 32a.

PARTIE 6

SCIENCES ET ENVIRONNEMENT

L'ARN messager dans les vaccins, une technique méconnue ?

par Paul Muthelet

En 2020, plusieurs vaccins ont vu le jour simultanément, moins d'un an après le début de la pandémie de Covid-19. Il s'agit d'une première en termes de rapidité de mise au point de vaccins. Alors que certains d'entre eux sont confectionnés de manière classique, d'autres mettent en avant des technologies plus innovantes : protéines recombinantes, vecteur viral ou encore ARN messager (ARNm).

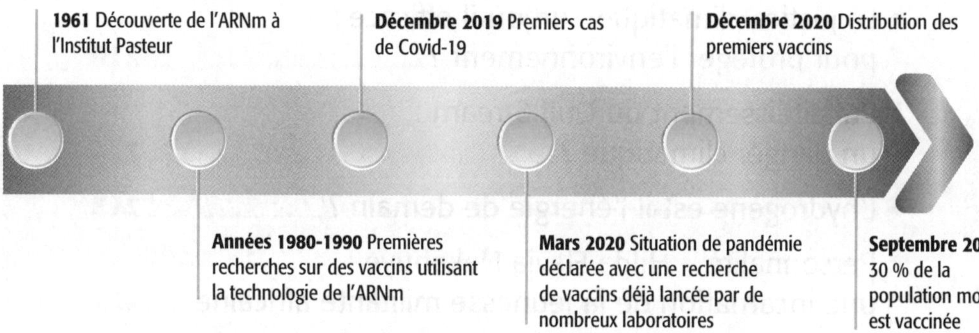

▸ La nécessité d'explorer les différents types de vaccins

Le virus dérivé de la famille des coronavirus SARS-CoV-2, à l'origine de la maladie de Covid-19, se révèle mortel dans 2 à 3 % des cas. Il peut être transmis sans même que le porteur de base ne présente des symptômes, ce qui favorise sa rapide propagation. Malgré différentes mesures prises par les gouvernements à travers le monde, des millions de morts sont à déplorer des suites de cette maladie. Face à une pandémie de cette envergure et au manque de traitements curatifs efficaces, il est devenu urgent de chercher des traitements préventifs, dont font partie les vaccins.

La forme dite « classique » du vaccin est celle utilisant un virus atténué ou inactivé : elle consiste à injecter au patient une partie du virus rendue inoffensive afin que l'organisme produise des anticorps et active des cellules T (lymphocytes B ou lymphocytes T à mémoire) spécifiques à l'antigène, permettant de recréer les anticorps à l'avenir. Les vaccins chinois Sinovac et Sinopharm font partie de cette catégorie.

D'autres types de vaccins ont également vu le jour, augmentant les chances d'accéder vite à un traitement efficace pour le plus d'individus possible. Ainsi, les vaccins à base de protéine recombinante (Novavax, Sanofi-Pasteur et GSK), dont aucun n'est encore autorisé sur le marché, ne contiennent pas le virus dans son intégralité mais simplement une de ses protéines. En l'occurrence, pour le SARS-CoV-2, ils contiennent un exemplaire des protéines « spike » qui composent la surface du virus SARS-CoV-2, ce qui permet au corps de s'armer en conséquence contre le virus. Les vaccins à vecteur viral (AstraZeneca, Janssen, Spoutnik V) consistent, quant à eux, à injecter un « vecteur », habituellement un autre virus inoffensif, porteur d'un gène d'ADN contenant les informations nécessaires à l'organisme afin de recréer ces mêmes protéines « spikes », qui sont ensuite éliminées comme si elles avaient été directement injectées.

Or, les vaccins des laboratoires Pfizer et Moderna, premiers à être mis sur le marché, respectivement le 21 décembre 2020 et le 6 janvier 2021, utilisent encore une autre méthode, qui était jusqu'alors peu connue du grand public : l'ARN messager.

Les vaccins Pfizer-Biontech et Moderna

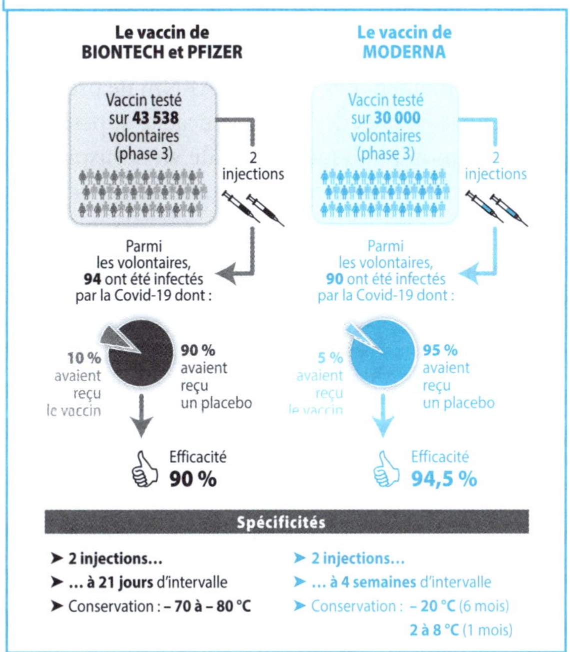

Source : Pfizer, Moderna.

▸ Le fonctionnement des vaccins à ARNm

Au lieu d'injecter directement une protéine ou un vecteur viral, les laboratoires font d'abord une copie de la protéine « spike » en laboratoire, sous la forme d'une molécule d'acide ribonucléique messager (ARNm) qui comporte son code génétique. En temps normal, les molécules d'ARNm sont produites en grande quantité par le corps humain.

Elles sont des copies transitoires de portions d'ADN renfermant les « plans de fabrication » des protéines, de sorte que toutes les protéines contenues dans nos cellules sont fabriquées à partir d'ARNm.

Lorsque l'ARNm contenant le plan de fabrication de la protéine « spike » est injecté, il est entouré par une couche protectrice de lipides qui se dissolvent une fois à l'intérieur d'une cellule. La protéine de pathogène est alors répliquée par les ribosomes dans le cytoplasme des cellules, soit dans la partie entourant le noyau, et non pas dans ce dernier. En effet, l'ARNm fait partie du transcriptome et non du génome, contenu dans le noyau, où se trouve l'ADN. Ces vaccins ne présentent donc aucun risque de modification génétique, d'autant que l'ARN messager ne va pas rester définitivement dans la cellule, ayant une durée de vie de quelques heures.

Exactement de la même façon que pour les vaccins à vecteur viral, à la différence que la protéine « spike » est ici recréée à base d'ARNm et non d'ADN, lorsque la protéine entre en contact avec l'extérieur de la cellule, le système immunitaire repère ce corps étranger et enclenche un mécanisme de défense. Des anticorps sont produits pour détruire la protéine, et le système immunitaire, par le biais des lymphocytes B et T à mémoire, se souvient de la façon de reproduire ces anticorps afin de protéger le corps contre toute nouvelle intrusion du même pathogène.

Non seulement le fonctionnement des vaccins à ARNm ne présente aucun danger particulier, mais ceux-ci affichent en plus des taux d'efficacité supérieurs aux autres vaccins. Pourtant, une frange de l'opinion publique nourrit de vives suspicions, pointant du doigt le caractère récent de cette technologie dont on ne connaîtrait pas bien le fonctionnement.

Le fonctionnement des vaccins à ARNm

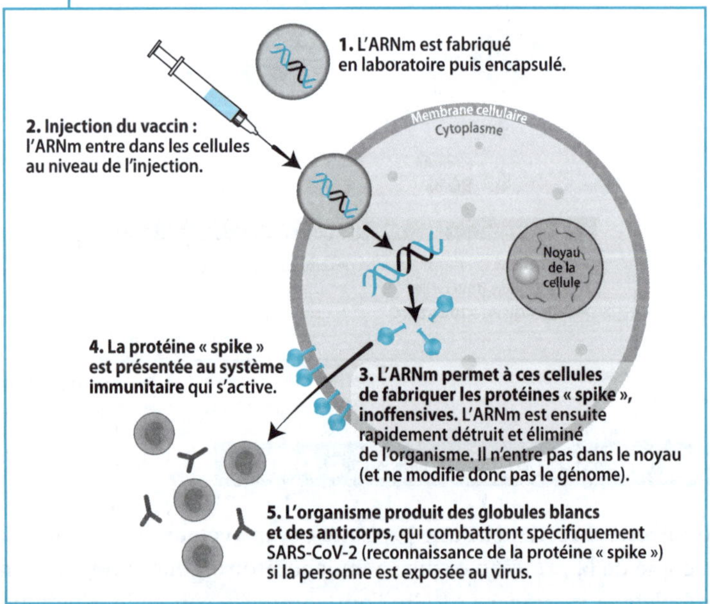

Source : ANSM.

▸ Une technique bien connue

Le concept d'ARNm a été émis puis démontré par Jacques Monod, François Jacob et leurs collaborateurs à l'Institut Pasteur en 1961. Si la technologie de la vaccination à ARNm a été mise en lumière avec la Covid-19, elle est en réalité connue depuis longtemps. Les recherches sur les vaccins utilisant directement les propriétés de l'ARNm ont commencé dans les années 1980. Une publication de 1993 par une équipe de l'AP-HP (Assistance publique hôpitaux de Paris) montre une technique très proche des vaccins actuels utilisée alors contre le virus de la grippe chez la souris.

Le premier essai clinique fut réalisé chez des patients ayant un cancer de la prostate métastatique, en 2002, avec l'injection de cellules dendritiques dans lesquelles était introduit l'ARNm codant l'antigène PSA. De nombreux essais de vaccins à ARNm ont par la suite été menés contre plusieurs maladies virales. Dès 2018, un article publié dans la revue *Nature* explique que les approches vaccinales classiques peuvent ne pas être applicables aux maladies non infectieuses, comme le cancer. Cet article dresse l'état des lieux de la recherche sur les vaccins à ARNm, laissant entrevoir que celle-ci était déjà bien avancée deux ans avant le début de la pandémie.

De fait, avant 2020, plus de 1 000 patients avaient reçu plus de 7 000 injections de vaccins à ARNm en plus de vingt ans. Pour certains d'entre eux, le suivi a duré sept ans. En 2020, dans le cadre des expérimentations sur chaque vaccin à ARNm contre le virus SARS-CoV-2, ce sont trois phases d'études rigoureuses qui ont été menées, de façon randomisée et en double aveugle, sur plus de 74 000 personnes (44 000 pour Pfizer et 30 000 pour Moderna) suivies depuis le 27 juillet 2020.

Somme toute, bien que cette technologie soit peu connue du grand public, c'est loin d'être le cas pour le monde scientifique. Les vaccins à ARNm sont même bien plus documentés et sûrs que l'étaient les premiers vaccins de l'histoire. Le processus de recherche s'est déroulé comme il se doit, voire de façon plus rigoureuse qu'à l'accoutumée. Pourtant, la désinformation, notamment en ligne, contribue à attiser la méfiance d'une frange de l'opinion publique qui se coupe de plus en plus du reste de la société et de la communauté scientifique.

Mise en perspective

Selon une étude de GlobalData, en 2021, 44 essais cliniques sont en cours pour évaluer des vaccins à ARNm. Les essais contre le Covid-19 représentent 60 % de ces études, mais il existe un potentiel évident contre d'autres virus et maladies, notamment le cancer : le mRNA-4157 de Moderna, dans une petite étude de phase I sur dix patients atteints de carcinome épidermoïde de la tête et du cou, a obtenu un taux de réponse de 50 % en association avec Keytruda de Merck.

Vers une privatisation de la course à l'espace ?

par Jérôme Calauzènes

En juillet 2021, Richard Branson a devancé de peu Jeff Bezos en effectuant un vol dans l'espace. Elon Musk a lancé à son tour un vol touristique un peu plus tard, en septembre. Alors que jusqu'à présent la course à l'espace était une compétition entre les États, notamment dans le contexte de la guerre froide, et même après, elle semble avoir désormais été privatisée, tant les enjeux économiques et géopolitiques semblent importants.

▸ La nouvelle course à l'espace des milliardaires

Le 11 juillet 2021, Richard Branson, 70 ans, patron de Virgin Galactic, s'est envolé pour l'espace avec trois autres passagers et deux pilotes. Un avion porteur a décollé depuis la base Spaceport America dans le Nouveau-Mexique. À 15 km d'altitude, le vaisseau *VSS* Unity s'est détaché et a entamé une ascension supersonique jusqu'à dépasser les 80 km d'altitude. Dès lors, les passagers ont été quelques minutes en apesanteur. Le vaisseau est ensuite redescendu en planant puis, deux heures après le décollage, il s'est posé sur la piste d'atterrissage. Le milliardaire britannique est alors devenu la première personne à avoir fait le voyage dans un engin spatial développé par une compagnie qu'il a lui-même fondée.

Il a ainsi coupé l'herbe sous le pied de Jeff Bezos, qui a fondé une autre entreprise de tourisme spatial, Blue Origin, en 2000. Le 20 juillet 2021, il a utilisé le propulseur *New Shepard*, avec à son sommet une capsule transportant quatre personnes, qui a décollé du désert occidental du Texas. Dans le cadre de ce vol totalement autonome, *New Shepard* a ensuite accéléré vers l'espace à une vitesse dépassant Mach 3 (trois fois la vitesse du son) au moyen d'un moteur fonctionnant à l'hydrogène et à l'oxygène liquides, sans émission de carbone. Ensuite, la capsule s'est séparée de son propulseur et les passagers ont passé quelques minutes dans l'espace, à plus de 100 km, soit la ligne de Kármán, limite définie entre l'atmosphère terrestre et l'espace. Les larges baies vitrées, couvrant un tiers de la superficie de la cabine, ont permis aux passagers d'admirer la courbe de la Terre. Après quelques minutes, la capsule est redescendue en chute libre puis a atterri en douceur grâce à trois parachutes géants et à un rétropropulseur. Le vol aura duré environ dix minutes.

En septembre 2021, Elon Musk a embarqué sur un vol Virgin Galactic, montrant par là qu'il cherche à s'allier avec Richard Branson.

Les différences entre les vols Virgin Galactic et Blue Origin de 2021

	BLUE ORIGIN	GALACTIC
Franchissement de la ligne de Kármán	Oui	Non
Type de véhicule	Fusée	Avion de haute altitude
Fenêtres	Les plus larges de l'espace (107 x 71 cm)	Type hublots d'avion
Système d'évacuation	Oui	Non
Impact sur la couche d'ozone	Minime (émission d'eau)	Élevé (émission de polybutadiène hydroxytéléchélique, ou PBHT, et de protoxyde d'azote, 100 fois plus polluants)
Historique des vols	15 (réussis)	3 (au-dessus de 80 km)
Prix du vol	28 millions de dollars	250 000 dollars

Source : BlueOrigin.com

Vers le développement du tourisme spatial

Le tourisme spatial a en réalité déjà commencé. Il existe aujourd'hui deux formes de tourisme spatial : le séjour en orbite dans la Station spatiale internationale (SSI) ou au-delà, qui nécessite un très long entraînement, et le vol suborbital, qui consiste à passer quelques minutes en apesanteur à une altitude supérieure à 100 km, relativement moins coûteux et contraignant.

Dès 2001, pour pallier des problèmes budgétaires, l'agence spatiale russe a autorisé, moyennant finance, des civils à embarquer. Le 28 avril 2001, l'Américain Dennis Tito devient ainsi le premier touriste de l'espace, à bord de la mission Soyouz TM-32, pour un montant de 20 millions de dollars versés à l'agence spatiale fédérale russe. D'autres touristes spatiaux ont suivi, au nombre de sept en tout, le dernier étant le Canadien Guy Laliberté, en 2009. Chacun aurait déboursé entre 20 et 35 millions de dollars.

Ainsi, depuis les années 2000, on assiste à une certaine privatisation de l'espace. Avec la fin de la guerre froide, la NASA dispose de moins de fonds et l'agence russe stoppe ses vols. En 1984, par ailleurs, le Congrès américain adopte la loi « The Commercial Space Launch Act », autorisant les entreprises privées à effectuer leurs propres lancements, ce qui représente un tournant important. En 1990, une nouvelle loi a même ordonné à la NASA de payer les entreprises privées pour lancer les charges utiles lorsque cela était possible.

C'est ce qui a amené à la création d'entreprises comme Blue Origin, SpaceX ou Virgin Galactic. On parle alors de « New Space », ou encore d'« entrepreneurial *space* » pour évoquer l'émergence d'une industrie spatiale d'initiative privée qui se donne pour but de développer le tourisme spatial « *low cost* », mais aussi de promouvoir l'exploration spatiale.

Les vols effectués par ces entreprises en 2021 visent à marquer les esprits, à valoriser leur image de pionniers, à démontrer leurs capacités technologiques. Les carnets de commandes commencent à être remplis. Branson aurait déjà enregistré 600 commandes.

Le 30 juillet 2021, SpaceX a révélé les noms du premier équipage entièrement civil au monde de la mission baptisée Inspiration4 : le milliardaire Jared Isaacman, l'assistante médicale Hayley Arceneaux, la scientifique et professeur de géologie Sian Proctor et l'ingénieur Chris Sembroski. Ce dernier a remporté sa place en étant tiré au sort. De plus, le milliardaire japonais Yusaku Maezawa sera acheminé vers la SSI en décembre 2021 par l'agence spatiale russe Roscosmos, qui a décidé, face à la concurrence des entreprises privées américaines, de reprendre ses expéditions touristiques. Le milliardaire japonais a également prévu de voyager vers la Lune avec SpaceX en 2023, accompagné par huit autres personnes.

Les touristes spatiaux depuis 2001

De 2001 à 2009 : 7 touristes spatiaux	
2001	Dennis Tito, homme d'affaires californien, Américain
2002	Mark Shuttleworth, entrepreneur, Anglo-Sud-Africain
2005	Gregory Olsen, ingénieur, Américain
2006	Anousheh Ansari, femme d'affaires Américano-Iranienne (première femme touriste spatiale)
2007 et 2009	Charles Simonyi, informaticien, Hongrois (émigré aux États-Unis)
2008	Richard Garriott, développer de jeux vidéo, Américain
2009	Guy Laliberté, homme d'affaires, Canadien

2021	
11 juillet 2021	Richard Branson, l'ingénieur Colin Bennett, l'instructeur des astronautes de Virgin Galactic, Beth Moses, et une vice-présidente de l'entreprise, Sirisha Bandla, ainsi que les pilotes Dave MacKay et Michael Masucci.
20 juillet 2021	Jeff Bezos, son frère Mark, l'ex-pilote américaine de 82 ans Wally Funk et Oliver Daemen, un étudiant néerlandais de 18 ans.

▸ Des enjeux importants

Les défis sont d'abord techniques. Pour parvenir à une altitude supérieure à 100 km, l'avion spatial doit se propulser à une altitude où il n'existe pas suffisamment d'oxygène pour alimenter un moteur à réaction. Il est nécessaire d'avoir recours à un moteur-fusée qui brûle des carburants embarqués, ce qui reste dangereux.

La concurrence s'annonce également rude sur un marché porteur. Jeff Bezos, d'une part, et Richard Branson et Elon Musk, d'autre part, se sont lancés dans une compétition à couteaux tirés. Richard Branson a d'abord réussi à coiffer l'ex-patron d'Amazon sur le poteau en effectuant son vol quelques jours avant lui. Mais Blue Origin considère que l'expérience qu'il propose à ses clients est d'une autre nature que celle de Virgin Galactic (le vol va plus haut et est plus sensationnel). De plus, l'enjeu est aussi pour ces sociétés de passer des contrats avec la NASA pour acheminer du matériel et des personnes dans l'espace.

L'autre pari est le déploiement de constellations de satellites qui permettraient d'apporter une connexion Internet à l'ensemble de la planète. Blue Origin, avec son projet Kuiper, semble avoir pris du retard alors que SpaceX et la société OneWeb ont déjà mis sur orbite plusieurs satellites.

Malgré la privatisation, force est de constater que les États restent toujours présents et qu'ils sont en mesure de démontrer leur puissance *via* la nationalité des entreprises privées qui se positionnent sur le marché. Ce dernier est actuellement dominé par les Anglo-Américains.

Sur le plan écologique, le développement du tourisme spatial pourrait avoir des conséquences désastreuses : pollution de l'espace, mais aussi empreinte carbone importante. On pourrait aussi s'inquiéter de l'absence actuelle de régulation. Beaucoup de scientifiques plaident ainsi en faveur du fait que l'espace doit rester seulement à usage scientifique. Sur le plan social, ce tourisme spatial est critiqué car il n'est, pour l'instant, accessible qu'aux milliardaires. Sur le plan philosophique, on peut enfin s'interroger sur la capacité de l'homme à développer sa connaissance de l'univers, à explorer l'infini.

Mise en perspective

En 2006, la société Bigelow Aerospace (dirigée par Robert Bigelot, magnat des hôtels Budget Inn) lance un prototype d'hôtel orbital, baptisé Genesis I. Richard Branson veut également se positionner sur ce marché.

Thomas Pesquet, un héros national d'un nouveau type ?

par Jérôme Calauzènes

Le 23 avril 2021, Thomas Pesquet fait partie de l'équipage de la mission Alpha, à destination de la SSI (Station spatiale internationale). Pendant les six mois où il a vécu sur la station, il a réalisé de nombreuses expériences scientifiques, aux côtés d'astronautes américains, japonais et russes. Très médiatique, il est d'ailleurs devenu une des personnalités préférées des Français.

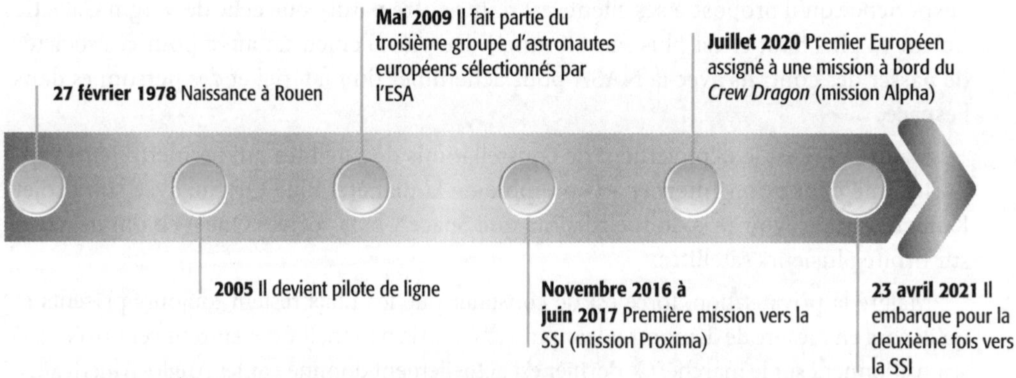

Une formation scientifique et un intérêt pour l'espace

Né en 1978 à Rouen, Thomas Pesquet obtient après des études scientifiques son diplôme d'ingénieur aéronautique à l'ISAE-SUPAERO (Institut supérieur de l'aéronautique et de l'espace) à Toulouse. Il est également formé à l'École polytechnique de Montréal.

Il commence sa carrière en 2001, comme ingénieur stagiaire au centre spatial de Cannes-Mandelieu (qui construit des satellites). De 2002 à 2004, il travaille au CNES (Centre national d'études spatiales) sur l'autonomie des missions spatiales et l'harmonisation des technologies spatiales européennes. Fin 2005, il choisit de se reconvertir dans l'aviation et obtient sa licence de pilote de ligne (ATPL).

En 2008, il présente sa candidature à l'Agence spatiale européenne lorsqu'elle lance une campagne de recrutement de spationautes. En mai 2009, il fait partie des six candidats retenus parmi les 8413 postulants. Il reçoit alors une formation au Centre des astronautes européens (EAC) situé à Cologne, en Allemagne, où il apprend notamment le russe, langue officielle, avec l'anglais, à bord de la SSI. De 2010 à 2016, il effectue un entraînement qui doit le préparer à ses futures missions spatiales et se déroule en Allemagne, en Russie et aux États-Unis.

▸ Deux missions vers la SSI

En 2014, Thomas Pesquet est choisi par l'ESA pour faire partie de l'équipage de la SSI dans le cadre d'une mission de six mois baptisée Proxima. Elle se déroule de novembre 2016 à juin 2017 et il y exerce les fonctions d'ingénieur de vol. Au sein de l'équipage du *Soyouz MS-03*, qui va prendre la relève de trois des six membres de la SSI, Thomas Pesquet est accompagné du Russe Oleg Novitskiy et de l'Américaine Peggy Whitson. Il y réalise des expériences scientifiques (62 en tout) et des opérations de maintenance de la SSI.

En juillet 2020, il est sélectionné pour participer à la deuxième mission opérationnelle de la capsule *Crew Dragon*, issue du partenariat entre la NASA et la société d'Elon Musk, SpaceX. Après un entraînement intensif, il décolle le 23 avril 2021 pour six mois, dans le cadre d'une mission baptisée Alpha, avec trois autres membres d'équipage : les Américains Shane Kimbrough et Megan McArthur et le Japonais Akihiko Hoshide. Il devient commandant de bord de la SSI pendant la seconde moitié de son séjour à bord, ce qui fait de lui le premier Français et le quatrième Européen à la commander. Il réalise aussi de multiples expériences : étude du rythme de sommeil des astronautes en orbite terrestre, analyse du comportement dans l'espace du blob, un organisme unicellulaire unique au monde qui peut se déplacer ou se nourrir sans bouche ni cerveau, qui fait preuve de grandes capacités d'apprentissage et qui n'est ni sensible à l'eau ni au feu.

▸ Un héros national

En 2020, Thomas Pesquet était classé onzième personnalité masculine préférée des Français par le *JDD*. Pédagogue, il a contribué, notamment chez les jeunes, à créer un véritable engouement pour l'exploration spatiale en France.

Outre la publication de ses nombreuses photos prises depuis l'espace, il cumule de nombreuses activités de communication et de représentation. À bord de la SSI, il a accordé de nombreuses interviews et a été très actif sur les réseaux sociaux pour faire connaître sa mission sous ses différents aspects ce qui a généré un suivi massif de ses publications. Il a publié plusieurs ouvrages dont un recueil de photos, *TERRE(s)*. Une bande dessinée *Dans la combi de Thomas Pesquet*, écrite et dessinée par Marion Montaigne et publiée par Dargaud, relate ses aventures. De nombreux documentaires et émissions de télévision ont été réalisés sur ses exploits d'un nouveau genre (*Dans la peau de Thomas Pesquet* et *16 levers de soleil* en 2018, *L'Étoffe d'un héros* en 2019).

La loi « climat et résilience », un bilan en demi-teinte ?

par Jérôme Calauzènes

Le président de la République a annoncé, en 2019, la création d'une Convention citoyenne pour le climat qui a réuni 150 citoyens tirés au sort. Ceux-ci ont émis 149 propositions qui devaient être reprises « *sans filtre* », selon les mots d'Emmanuel Macron. Or, le contenu de la loi « climat et résilience », présentée au Parlement par la ministre de la Transition écologique, Barbara Pompili, semble très en deçà de ce qui avait été préconisé.

Octobre 2019 Début des réunions de la Convention citoyenne pour le climat

Juin 2020 La Convention citoyenne pour le climat présente 149 propositions dans le cadre de la lutte contre le réchauffement climatique

4 mai 2021 L'Assemblée nationale adopte, avec modifications, le projet de loi « climat et résilience » du gouvernement

12 juillet 2021 La commission mixte paritaire, suite à des modifications et au vote du Sénat le 29 juin, est parvenue à un accord sur le projet de loi

22 août 2021 Promulgation de la loi portant lutte contre le dérèglement climatique et renforcement de la résilience face à ses effets

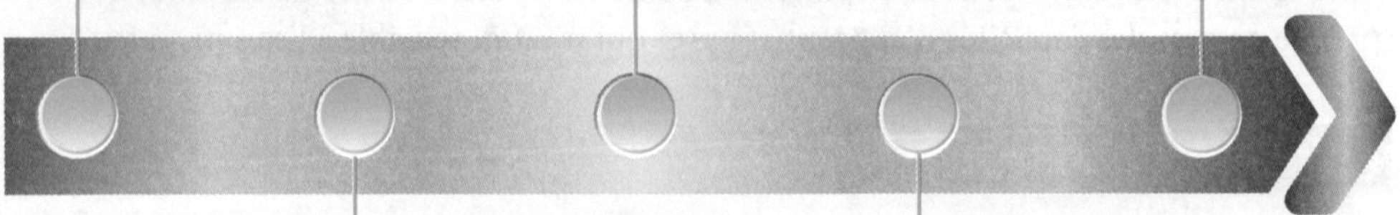

▸ 10 % des propositions reprises telles quelles, beaucoup de mesures abandonnées

Sur les 149 propositions faites par la Convention, le président de la République en avait déjà écarté trois : la limitation de vitesse à 110 km/h sur les autoroutes, la taxe de 4 % sur les dividendes des entreprises, « *pour ne pas décourager l'investissement* » et la réécriture du préambule de la Constitution qui aurait annoncé « *placer l'environnement au-dessus de nos autres valeurs fondamentales* ».

Sur les 146 propositions restantes, 10 (selon Franceinfo) à 15 (selon Reporterre, un média qui défend l'écologie) seulement ont été reprises telles quelles. Est ainsi modifié, par exemple, le « *code de l'éducation pour une généralisation de l'éducation à l'environnement et au développement durable* » qui forme l'article 2 du projet de loi examiné par l'Assemblée. Le texte propose aussi d'étendre les dispositions de la loi EGalim, visant à rétablir l'équilibre des relations commerciales entre producteurs et grande distribution et à rendre accessible une alimentation saine et durable pour tous les consommateurs « *à compter de 2025, [dans] la restauration collective privée* », comme le réclamaient les 150 citoyens de la Convention. Dans le secteur du bâtiment, le projet de loi prévoit de lutter contre l'artificialisation des sols (bétonnage et autres) en conditionnant les nouveaux projets d'urbanisation « *à la justification de l'impossibilité de répondre aux besoins sur les espaces déjà artificialisés* » et d'évaluer « *le potentiel de changement de destination et d'évolution d'un bâtiment* » avant sa démolition. Ces deux éléments figuraient dans les propositions de la Convention. On retrouve aussi l'interdiction des terrasses chauffées à l'extérieur, la fin des chaudières au fioul d'ici à 2030 ou la création de parkings relais.

Mais certaines mesures (79, soit 53 %, selon Reporterre) ont été littéralement abandonnées ou tellement modifiées qu'elles sont dénaturées. Cela comprend la plupart des mesures emblématiques de la Convention, celles qui ont le plus d'impact en matière de baisse des émissions de gaz à effet de serre. Parmi elles, on peut citer la redevance sur les engrais azotés, la renégociation du CETA (traité de libre-échange entre l'UE et le Canada), la promotion des moyens de transport doux et partagés, les prêts à taux zéro pour l'achat d'un véhicule propre, la fixation d'une température moyenne maximale des logements à 19 °C et le renoncement à la climatisation en dessous de 25 °C, le respect de la loi sur l'interdiction de l'obsolescence programmée, l'objectif de 50 % d'exploitations agricoles en agroécologie d'ici à 2040, et l'interdiction des pesticides les plus nocifs d'ici à 2025…

Le projet de loi climat et résilience vu par les journalistes de Reporterre

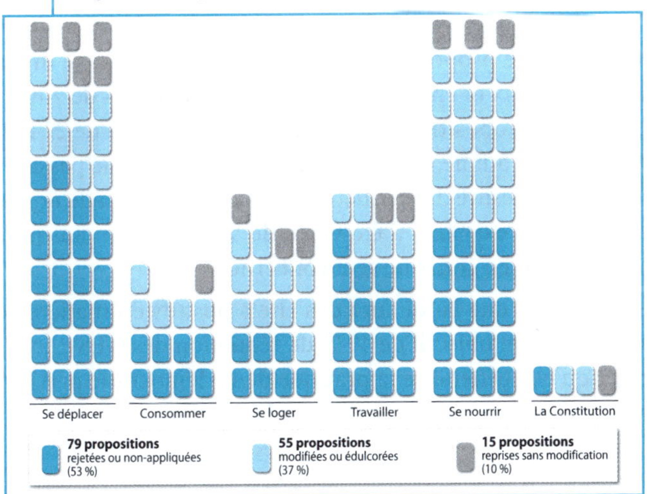

Source : Reporterre.

▸ De nombreuses propositions tronquées ou largement amendées , mais un impact écologique certain

Pour Reporterre, sur les 149 propositions, 55 ont été transformées ou édulcorées, soit 37 %. Selon Franceinfo, sur les 46 propositions reprises, un tiers (17 exactement) ne le sont que partiellement. C'est le cas des mesures visant à « *réguler la publicité pour limiter fortement les incitations quotidiennes et non choisies à la consommation* ». Le gouvernement n'a finalement retenu que quelques éléments, comme une expérimentation du « Oui Pub » sur les boîtes aux lettres et l'interdiction des avions publicitaires. Il omet l'interdiction de la publicité pour les ventes d'articles par lot qui « *incite, directement ou indirectement, à des modes de consommation excessifs ou au gaspillage* », selon la Convention citoyenne. De même, la baisse de la TVA sur les billets de train de 10 % à 5,5 % est abandonnée. Le crime d'écocide se transforme en simple délit.

Pour huit autres mesures, les délais sont étendus ce qui semble, pour le Haut Conseil pour le climat, incompatible avec l'urgence liée au changement climatique. Ainsi, la mise en place d'un « *score carbone sur tous les produits de consommation et services* » ne se fera pas en 2024, mais après une « *phase d'expérimentation d'une durée maximale de cinq ans à compter de la publication de la loi* ». Le gouvernement a également ralenti l'implantation du vrac dans les magasins : au lieu de 50 %, l'objectif est désormais de 20 % de surfaces de ventes consacrées à la vente en vrac d'ici à 2030. La sortie progressive des avantages fiscaux sur le gazole est également reportée de 2021 à 2023, la mise en place progressive d'un système de consigne de verre à 2023, la fin de la vente des véhicules thermiques les plus polluants de 2025 à 2030. La proposition d'un plan « *végétarien quotidien dans la restauration collective publique* » est reportée de 2022 à 2023, si le résultat des expérimentations est probant.

Dix autres idées ont vu leur périmètre réduit, comme l'interdiction de faire de la publicité « *des produits les plus émetteurs de gaz à effet de serre, sur tous les supports publicitaires* ». Dans le projet de loi, l'article 4 ne cite que la publicité sur les énergies fossiles, ce qui limite profondément le champ de la loi. Quant à la fin du trafic aérien sur les vols intérieurs, la loi ne propose une interdiction que s'il existe une alternative bas carbone satisfaisante en prix et en temps sur un trajet de moins de 2 heures 30 en train (contre 4 heures selon la proposition de la Convention). Au lieu de 22 liaisons, cela n'en concerne donc plus que 5, qui ne représentent que 10 % du trafic passager aérien national (hors outre-mer). La mesure d'interdiction de la construction de nouveaux aéroports et d'extension d'aéroports existants a été vidée de sa substance puisque aucun des dix grands projets d'extension en cours ne sera concerné.

Il n'en reste pas moins que la loi aura des effets positifs en matière écologique. Elle va contribuer à atteindre un objectif de 40 % de réduction des GES d'ici à 2030. On peut également affirmer qu'elle généralise la pratique de la démocratie participative en ayant associé les citoyens.

Calendrier de mise en œuvre de la loi « climat et résilience »

DÈS LA PROMULGATION DE LA LOI
- **Éducation à l'environnement** et **menus végétariens hebdomadaires** dans tous les établissements scolaires.
- **Pouvoir donné aux maires** d'encadrer les écrans publicitaires.
- **Renforcement des sanctions** pour les atteintes au droit de l'environnement.
- **Fin des centres commerciaux** sur des territoires naturels ou agricoles.

2022
- **Fin des chauffages** sur les terrasses.
- **Fermeture des lignes aériennes** lorsqu'il existe une alternative en train de moins de 2h30.
- **Premiers affichages environnementaux** sur les publicités de voitures et d'électroménager.
- **Fin de la pub** sur les énergies fossiles.
- Pour les logements classés G et F, **gel des loyers et obligation d'audit énergétique** lors de de la vente.

2023
- Début de l'application des **interdictions de circulation des véhicules polluants** dans la dizaine d'agglomération en dépassement des seuils de pollution de l'air.
- Ouverture de l'expérimentation pour des **prêts à taux zéro** pour acheter des véhicules électriques ou hybrides dans les Zones à faibles émissions (ZFE).
- **Option végétarienne** quotidienne dans les cantines gérées par l'État (cantines universitaires notamment).
- **Premiers affichages environnementaux** pour les produits alimentaires et textiles.

2025
- **Création des ZFE** dans toutes les agglomérations de plus de 150 000 habitants.
- **Obligation d'audit énergétique** pour les logements mis en vente, pour la classe E.
- **Interdiction de mise en location** des logements classés **G**.

2028
- **Interdiction de mise en location** des logements classés **F**.
- **Interdiction de publicité** sur les véhicules les plus polluants.

2030
- **20 %** des surfaces des grandes surfaces **dédiées au vrac**.
- **Interdiction de vente** de véhicules émettant plus de 95 g/CO_2.

2034
Interdicton de mise en location des logements classés **E** (2,6 millions de logements).

Source : ministère de la Transition écologique.

Quelles conséquences ?

La déception de l'opinion publique entraîne d'abord pour le président de la République et le gouvernement une crise de crédibilité. Alors que nombre d'annonces avaient été faites en matière de protection de l'environnement, on voit que les résultats sont très en deçà de ce qui était attendu, d'autant qu'une conscience écologique semble animer une partie des Français, notamment les plus jeunes. D'ailleurs, lorsque l'on a demandé aux membres de la Convention citoyenne d'évaluer le contenu de la loi par rapport à leurs propositions, ils ont attribué une note de 2,5 sur 10 seulement.

C'est ensuite la démocratie participative qui est écornée. Elle semble désormais faire figure de prétexte pour donner au pouvoir politique une légitimité, même si les citoyens consultés ne sont pas véritablement écoutés.

Le gouvernement justifie ses choix de façon économique (coût de certaines mesures, notamment pour les entreprises) et sociale (surcoût pour les particuliers). Il s'est parfois défendu de ne pas avoir inclus certaines mesures dans la loi climat et résilience en affirmant que certaines propositions de la Convention étaient plus ou moins contenues dans des lois déjà en vigueur ou en cours de discussion…

Mise en perspective

Plus largement, c'est la démocratie représentative qui est réellement remise en cause, ce qui renforce la défiance vis-à-vis d'un pouvoir accusé souvent d'être à la solde des lobbies et des grandes entreprises, et favorise les populismes.

La justice climatique : un outil efficace pour protéger l'environnement

par Adrien Beaulieu

En août 2021, le Conseil d'État infligeait à l'État français une amende de 10 millions d'euros pour l'insuffisance de son action face à la pollution de l'air. Cette décision intervient après plusieurs arrêts de cours de justice, dans le monde entier, sommant les États ou les entreprises de revoir leurs politiques pour protéger l'environnement. En quoi la justice est-elle efficace pour lutter contre le changement climatique ?

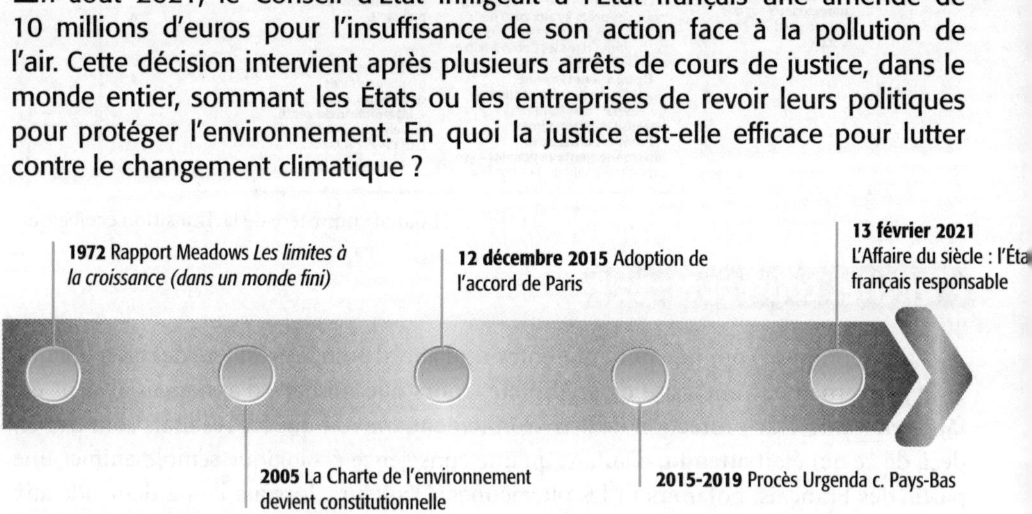

▸ Une prise de conscience tardive de l'urgence climatique

En 1972, le rapport Meadows, *Les limites à la croissance (dans un monde fini)*, alerte la communauté internationale sur les dangers d'une croissance économique exponentielle, la limitation des ressources naturelles et l'impact de l'action humaine sur l'environnement. Depuis ces premiers signaux, de multiples études scientifiques, dont les rapports du Groupe d'experts intergouvernemental sur l'évolution du climat (GIEC) – notamment le dernier en date, d'août 2021, particulièrement alarmiste – ont souligné la gravité du changement climatique et de ses effets.

Ce phénomène a motivé les États à prendre des engagements au niveau international et national. En 1997, les États signent, lors de la COP3, le protocole de Kyoto. Celui-ci contraint 38 États industrialisés à réduire leurs émissions de gaz à effet de serre (GES) de 5 % en moyenne avant 2012 par rapport au niveau de 1990. Cet accord présente toutefois des lacunes : plusieurs États, dont les États-Unis et le Canada, n'adoptent pas l'accord ou s'en retirent avant la date butoir. En 2015, l'accord de Paris marque un nouveau tournant dans la prise en compte de la crise climatique. Il réunit 196 délégations (195 États et l'Union européenne) autour d'un objectif : limiter le réchauffement à 2 °C, et si possible 1,5 °C par rapport à l'époque préindustrielle.

Mais des doutes existent quant à la dimension contraignante de ces traités internationaux. À titre d'exemple, à l'échéance fixée de décembre 2020, seuls 75 États ont présenté leurs contributions déterminées au niveau national (CDN), qui correspondent au plan d'action climatique quinquennal de chaque État pour atteindre l'objectif fixé par l'accord de Paris. Par ailleurs, l'ONU a appelé ces États à revoir leur copie car ces engagements ne permettraient de réduire que de 1 % les GES par rapport à 2015.

Vulnérabilité au changement climatique et niveau de préparation dans le monde

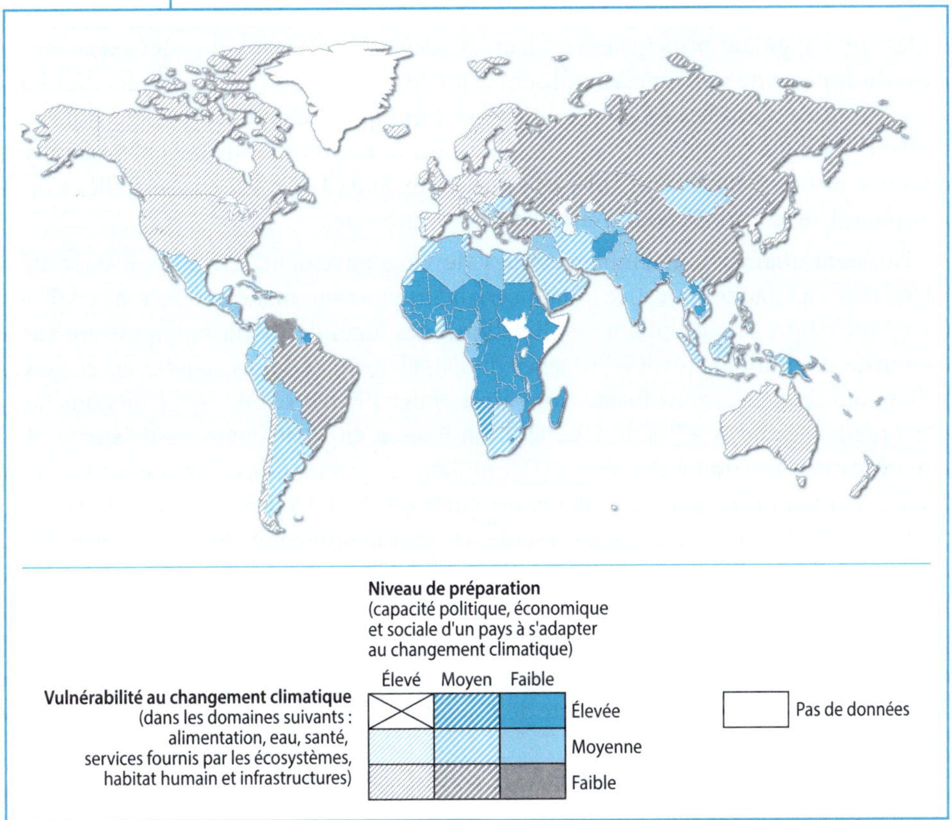

Source : Notre Dame Adaptation Initiative (https://gain.nd.edu/).

PARTIE 6

▸ La justice climatique : de la réparation des dommages au contrôle de l'action climatique

Le droit de l'environnement se développe. Pendant la deuxième partie du XXe siècle, il est surtout utilisé à des fins réparatrices. Par exemple, en France, dans le cas de la marée noire liée au naufrage du pétrolier *Erika*, la Cour de cassation a considéré que les victimes du préjudice écologique devaient bénéficier d'une réparation à hauteur de leurs préjudices et a engagé la responsabilité de Total qui avait affrété le pétrolier. Depuis 2016, ce principe juridique est intégré dans le Code civil.

Par ailleurs, de plus en plus d'associations et de groupes de citoyens décident de mener en justice leur État pour le confronter à ses engagements. On observe depuis 2015 une augmentation du nombre de cas dans le monde entier (+ 75 % depuis 2018), quoique essentiellement dans les pays de *common law*, où le juge a un pouvoir politique plus important que dans les pays de tradition civiliste. En effet, contrairement à ces derniers, où les juges appuient principalement leurs jugements sur les lois et codes existants, les juges du système de *common law* utilisent la jurisprudence pour prendre leurs décisions, et en créent de nouvelles face à des situations juridiques inédites, ce qui leur donne un pouvoir politique considérable sur des questions non statuées. Sur les 1 875 cas menés devant la justice, 1 408 étaient ainsi répertoriés aux États-Unis, 117 en Australie et 75 au Royaume-Uni, contre 56 pour toute l'Union européenne.

Plusieurs affaires sont emblématiques de ce mouvement. En 2015, l'association « Urgenda » a attaqué en justice l'État néerlandais pour son manque d'actions en faveur de la lutte contre le réchauffement climatique. Les juges de La Haye, s'appuyant sur le consensus scientifique quant à l'urgence du dérèglement et de ses conséquences potentielles pour les générations futures, ont ainsi obligé l'État à réduire ses émissions (avec une première étape de 25 % d'ici à 2020). En France, en 2019, quatre associations, soutenues par une pétition historique de 2,3 millions de personnes, ont également sommé l'État d'agir pour le climat, dans un dossier surnommé « l'Affaire du siècle ». Le tribunal administratif de Paris leur a donné raison en février et septembre 2021, reconnaissant la carence fautive de l'État quant à son action climatique, et a enjoint à l'État de prendre les mesures nécessaires pour atteindre ses objectifs avant la fin de l'année 2022, sous peine de payer aux parties lésées des dommages et intérêts. Dans une autre affaire sur la qualité de l'air, l'État français a été contraint, depuis l'été 2021, à payer une amende de 10 millions d'euros par semestre faute de n'avoir pas réparé en nature le préjudice causé par cette pollution.

La justice semble changer de paradigme : si la réparation intervient comme ultime recours, elle vise avant tout à prévenir les conséquences de l'inaction et rappelle à l'État les obligations qu'il s'est lui-même fixées.

Les États ne sont pas les seuls à être attaqués en justice. Des associations s'appuient sur d'autres textes législatifs tels que la loi française de 2017 sur le devoir de vigilance, pour demander à des entreprises de prévenir toute violation des droits humains et de l'environnement par leurs activités économiques. Plusieurs procès sont en cours, dont deux contre

Total, portés par treize collectivités et l'association Les Amis de la Terre, et un autre par l'Envol Vert contre le groupe Casino pour son impact sur la déforestation en Amazonie. Par ailleurs, en France, le Conseil constitutionnel a validé la décision de l'État d'interdire à IPC (International Petroleum Corp) d'extraire des hydrocarbures après 2040, faisant passer des intérêts environnementaux au-dessus d'enjeux économiques.

En cohérence avec ces décisions favorables à la protection de l'environnement, huit « décrocheurs de tableaux », qui avaient retiré les portraits d'E. Macron pour alerter sur l'inaction climatique, ont été relaxés le 22 septembre 2021 par la Cour de cassation au nom de la liberté d'expression et de l'état de nécessité face à l'urgence climatique.

▸ Une justice aux conséquences limitées

Toutefois, on peut douter de l'impact de cette justice climatique. En effet, la défense est rarement sommée de payer des dommages et intérêts pour avoir pris part au réchauffement climatique et la justice privilégie les réparations en nature, en demandant aux États d'agir. Par ailleurs, les cours de justice ne précisent pas les mesures que les États doivent prendre.

Bien qu'inscrite dans certaines constitutions, comme la Charte de l'environnement en France depuis 2005, la protection de l'environnement doit s'articuler avec d'autres principes constitutionnels comme la liberté d'entreprendre, ce qui limite son impact. De plus, si les premières conséquences du dérèglement climatique (mégafeux, inondations…) sont déjà observables, elles seront encore plus flagrantes dans les prochaines décennies. Or, comment établir la responsabilité d'acteurs lorsque leur impact n'est pas mesurable à l'heure actuelle, comme dans le cas des émissions de GES ?

L'absence de juridiction internationale pour traiter ces cas limite aussi les condamnations. La reconnaissance du crime d'écocide, au même titre que les génocides, permettrait à des instances comme la Cour pénale internationale de traiter ces questions environnementales. Les États semblent encore frileux à reconnaître à l'échelle nationale ce type de crime, à l'instar de la France qui a réduit le projet à un « délit d'écocide » similaire au préjudice écologique déjà existant dans la dernière loi « Climat et résilience » (amendes jusqu'à 4,5 millions d'euros et peines maximales de dix ans de prison). Pourtant, cela fournirait un moyen de pression sur les responsables du changement climatique, à commencer par les 90 entreprises émettant les deux tiers des émissions de GES mondiales.

Enfin, si les litiges juridiques se multiplient dans les pays démocratiques, la marge de manœuvre des cours dans des États autoritaires apparaît plus faible. En Chine, par exemple, qui représente un quart des émissions de GES mondiales, aucun procès climatique n'a été recensé.

Mise en perspective

Le Réseau Action Climat estime que, sans une réaction rapide des États, la planète comptera 120 millions de pauvres supplémentaires d'ici à 2030. Justice climatique et justice sociale sont donc liées.

L'affaiblissement du Gulf Stream : un danger climatique ?

par Fabrice Senechal

La revue *Nature Geoscience* a publié, en février 2021, une étude confirmant que le Gulf Stream, courant océanique régulant la température notamment dans l'hémisphère nord, était à son niveau le plus bas depuis mille ans. Ce régulateur thermique est le garant du climat tempéré que l'Europe connaît, car il permet d'adoucir les températures des côtes de l'Europe de l'Ouest. Dès lors, son affaiblissement présage la multiplication d'extrêmes climatiques plus marqués.

▸ Le Gulf Stream : un régulateur du climat dans l'hémisphère nord

Le Gulf Stream est un courant océanique prenant sa source entre la Floride et les Bahamas (région sud des Caraïbes au niveau du golfe du Mexique) et qui migre vers le nord de l'Atlantique. Entre 30 et 130 millions de mètres cubes d'eaux chaudes et très salées sont déplacés par seconde et suivent d'abord les côtes américaines pour enfin traverser l'océan Atlantique à hauteur du golfe du Mexique. Les eaux de ce golfe sont soumises à un important phénomène d'évaporation et voyagent donc à la surface de l'eau. Elles se refroidissent en gagnant le nord, plongeant sous les eaux froides nordiques vers la longitude du Groenland. Le Gulf Stream repose donc sur un fragile équilibre entre les températures des eaux méridionales et nordiques et leur différence de densité due à la salinité.

Ainsi, ce « tapis roulant » permet une régulation de la température dans l'hémisphère nord et assure à l'Europe son climat tempéré, bien plus doux que le climat connu aux mêmes latitudes en Amérique du Nord. Il convient de noter que le Gulf Stream n'est en réalité qu'une partie d'un système plus large nommé « la circulation méridienne de retournement atlantique » (en anglais *Atlantic Meridional Overturning Circulation* ou AMOC), qui recoupe un grand nombre de courants océaniques de l'océan Atlantique nord et sud. L'AMOC est depuis longtemps réputé pour sa stabilité car les relevés sur le Gulf Stream indiquent que son niveau n'a pas évolué durant plus de mille ans. Les études sur le courant ont débuté en 2004 et ont révélé que l'AMOC était resté stable jusqu'au milieu du XIXe siècle, avant de connaître un déclin suite à la fin de la petite période glaciaire. Le Gulf Stream, quant à lui, a connu une accélération de son déclin depuis le milieu du XXe siècle.

La circulation des grands courants océaniques

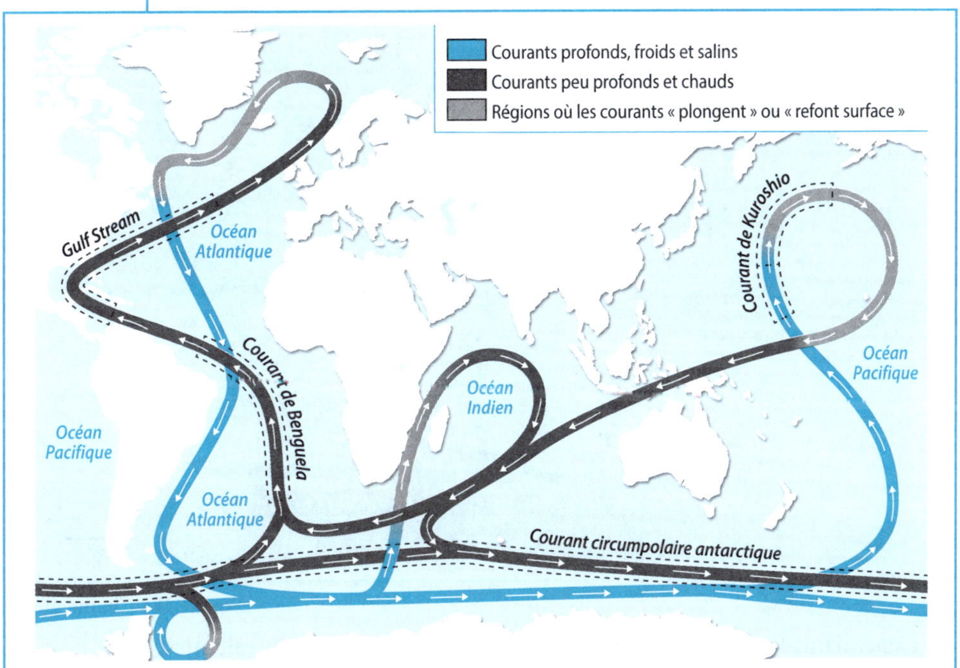

Source : OCE.

▸ L'affaiblissement de l'AMOC : un corollaire immédiat du réchauffement climatique

Le développement du réchauffement climatique anthropique, c'est-à-dire résultant des activités humaines, influe sur le ralentissement du Gulf Stream. Ce réchauffement, qui augmente la pluviométrie de la zone Atlantique nord et qui entraîne la fonte des glaces au Groenland, encourage une montée de l'eau douce en surface qui perturbe le fragile équilibre sur lequel repose l'AMOC. De ce fait, l'eau douce issue de la calotte glaciaire va réduire la salinité des eaux, elles très salines, originaires du golfe du Mexique. Or, le mécanisme de « roulement » du Gulf Stream repose précisément sur cette importante différence de salinité entre les eaux du golfe du Mexique et celles de l'Atlantique nord. Dès lors, eu égard au fait que ces eaux moins salines s'enfoncent plus difficilement vers les profondeurs marines, en raison d'une densité plus faible, la circulation du courant marin – nommée « circulation thermohaline » – ralentit inexorablement.

Les effets d'un Gulf Stream affaibli

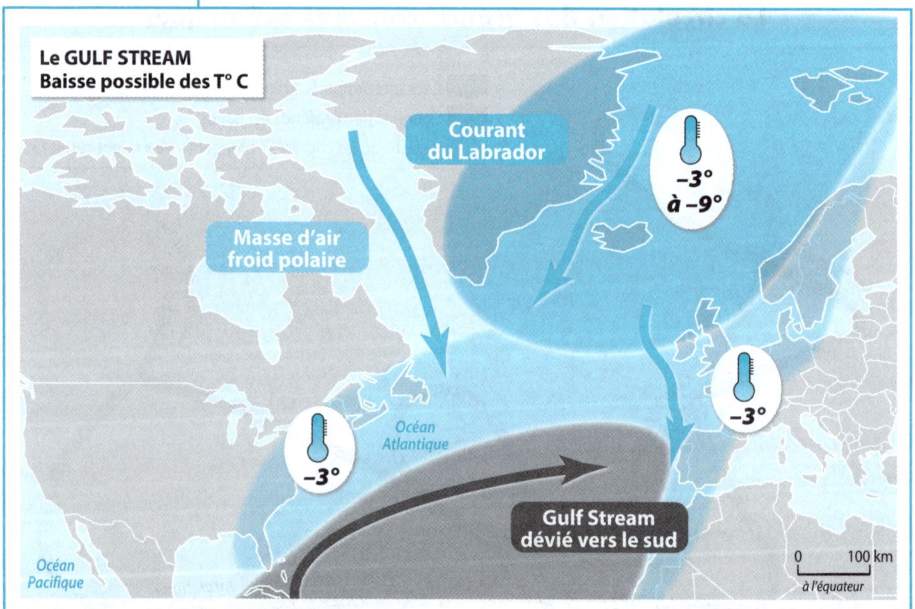

Source : La Chaîne météo.

Cependant, les positions des scientifiques sur l'ampleur du ralentissement possible divergent. La prédiction la plus alarmiste est celle partagée par le Potsdam Institute for Climat Impact Research, dans une étude du 5 août 2021 dans la revue *Nature Climate Change*, qui prévoit un possible effondrement du Gulf Stream avec un ralentissement de l'ordre de 34 à 45 % d'ici à 2100. L'échéance de ce possible effondrement reste vague et ne peut être prédite, soutient l'institut anglais. D'autres positions moins alarmistes tablent sur un ralentissement progressif et gradué, démontrant l'absence de consensus sur la rapidité du ralentissement de la circulation thermohaline.

▸ Les conséquences d'un Gulf Stream « au ralenti »

Les effets immédiats d'un ralentissement plus ou moins brutal de l'AMOC seraient tout d'abord l'apparition, de manière régulière, d'extrêmes climatiques en Europe, en Amérique du Nord et en Afrique, ainsi qu'une perturbation de l'écosystème marin en Atlantique nord.

En effet, le Gulf Stream est l'un des garants du climat tempéré connu dans l'hémisphère nord. S'il ralentit, le climat sera « dérégulé », entraînant des hivers plus rigoureux et des étés très chauds en Europe et en Amérique du Nord. En outre, son ralentissement aura également des répercussions sur le système climatique planétaire. Le fait que la circulation thermohaline s'enraye entraînera une accumulation d'eau sur la côte est des États-Unis et du Canada, ainsi que sur les côtes d'Europe de l'Ouest. Il en résultera une hausse du niveau de la mer allant jusqu'à plusieurs dizaines de centimètres.

En Afrique, la modification de la répartition de la chaleur au-dessus de l'océan Atlantique aurait également des conséquences sur les précipitations connues sur le continent. L'AMOC y joue un rôle fondamental car il participe à l'existence de la mousson ouest-africaine, qui s'étend de l'Afrique de l'Ouest jusqu'au Sahel. Or, le ralentissement de l'AMOC entraînerait une migration de cette mousson vers le sud, faisant subir à l'Afrique de l'Ouest d'importantes vagues de sécheresse. L'enjeu humain est donc primordial car, au-delà du changement climatique (modéré à fort) en Europe et en Amérique du Nord, toute une partie du continent africain subirait de plein fouet une sécheresse qui pourrait se pérenniser et affecter durablement la vie de millions d'habitants ainsi que la faune et la flore. De ce fait, Didier Swingedouw, océanographe physicien et chercheur au CNRS, estime que la conséquence en serait « *le désastre humain le plus important* ».

Ce scientifique, spécialiste de la variabilité du climat, évoque également l'effet dévastateur d'un ralentissement du Gulf Stream sur le transport des nutriments et des phytoplanctons. Les phytoplanctons (végétaux microscopiques au fondement de la chaîne alimentaire océanique qui flottent dans les eaux marines de surface et produisent de l'oxygène) se raréfieraient dans l'océan Atlantique, perturbant les écosystèmes marins et entraînant ainsi une chute de la vie marine.

Enfin, la captation du CO_2 par l'AMOC serait perturbée. De fait, lorsque le Gulf Stream plonge en profondeur au niveau du Groenland, il stocke une grande quantité de dioxyde de carbone dans les eaux profondes. Or, si ce « tapis roulant » s'enrayait, cette « ventilation » de l'océan ralentirait brutalement et engendrerait une hausse de la concentration de CO_2 dans l'atmosphère. Dès lors, la température de la Terre et des océans augmenterait conséquemment, participant à une accélération du dérèglement climatique.

Mise en perspective

Le Gulf Stream fait partie d'un grand ensemble de courants marins, chauds et froids, qui parcourent le globe et régulent la température de la Terre. À cet égard, il faut citer les courants chauds de Kuroshio (Pacifique), et froids de Benguela (Atlantique sud) et le courant circumpolaire antarctique. Des mesures sont actuellement prises pour étudier ces courants et voir, au même titre que l'AMOC, s'ils vont ralentir dans un futur proche.

L'hydrogène est-il l'énergie de demain ?

par Valérie Morin

L'hydrogène (H) est l'élément le plus abondant de l'Univers, présent sous forme de dihydrogène (H_2) dans la composition de l'eau (H_2O) et dans la matière organique. La recherche a permis de trouver des méthodes pour l'isoler des autres éléments. Ce processus de fabrication permet-il de remplacer avantageusement les énergies fossiles par l'hydrogène ?

- **1799-1859** Les premiers moteurs à hydrogène sont inventés
- **1800** Les Britanniques William Nicholson et Anthony Carlisle réalisent la première électrolyse de l'eau
- **1845** William Robert Grove réalise la première pile à combustible
- **1990** La première centrale de production d'hydrogène à partir d'énergie solaire entre en service en Bavière
- **2006** La BMW Hydrogen 7 est la première voiture de série fonctionnant à l'hydrogène
- **2019** EDF lance la filiale Hynamics, qui produit et vend de l'hydrogène par électrolyse de l'eau

▸ L'hydrogène, un vecteur d'énergie

L'hydrogène est le plus simple des atomes, composé seulement d'un proton et d'un électron. Il est le premier sur le tableau périodique des éléments, ou tableau de Mendeleïev. Dans la nature, il n'existe presque jamais seul. Il faut donc le produire, en cassant du dihydrogène (H_2), un gaz existant à l'état naturel : c'est cette réaction qui va libérer une grande quantité d'énergie. On estime que 1 kg de dihydrogène (quantité nécessaire pour parcourir 1 km) est l'équivalent énergétique de 3 à 4 kg d'essence.

Pour utiliser l'hydrogène comme énergie, il faut donc disposer d'un stock de dihydrogène, qui occupera un volume plus ou moins important. Le dihydrogène, une fois produit, peut être transporté. Comme c'est un gaz peu dense, il prend beaucoup de place. Afin de réduire son volume, il doit être liquéfié par cryogénie à – 253 °C. Un kilogramme de H_2 devient alors 14 litres de H_2 liquéfié. Il peut aussi être mis sous pression. À la pression de 1 bar, 1 kg de H_2 occupe un volume de 11 200 litres. À 350 bars, il occupe 40 litres et à 750 bars, seulement 23 litres. C'est donc cette dernière solution qui est choisie pour développer les véhicules à hydrogène qui sont en train d'être expérimentés.

Le dihydrogène produit (pour obtenir ensuite de l'hydrogène) n'est pas à proprement parler une source d'énergie, mais plutôt un vecteur d'énergie, tout comme l'électricité. Il sert à transporter l'énergie produite par une source primaire (pétrole, uranium, solaire…) jusqu'aux usagers. Il est aussi un moyen pour stocker de l'énergie électrique produite par intermittence par les éoliennes et les panneaux solaires. Dans ce cas, il favorise l'utilisation des énergies renouvelables et permet d'augmenter leur part dans le mix énergétique. Utilisé dans une pile à combustible, l'hydrogène ne génère comme déchet que de l'eau. C'est donc une énergie bas carbone.

▸ L'hydrogène, une énergie « verte » ?

Pour autant, l'hydrogène est-il une énergie propre, c'est-à-dire sans émission de polluants ni de gaz à effet de serre ? Pour cela, il faut prendre en compte son cycle de vie complet de sa production à son utilisation. Le dihydrogène n'existant pas en quantité suffisante à l'état naturel, il faut d'abord le produire à partir de molécules où il est lié à d'autres atomes : l'oxygène (O) dans l'eau ou le carbone (C) dans les hydrocarbures. Or, pour le séparer des autres éléments, il faut mobiliser de grandes quantités d'énergie tout comme pour sa liquéfaction ou sa compression. Si l'énergie utilisée pour ces procédés est issue des énergies vertes (éolien, solaire…), alors on aura de l'hydrogène bas carbone, appelé aussi « hydrogène vert » par les industriels. Malheureusement, aujourd'hui 95 % de l'hydrogène est produit à partir de ressources fossiles et par des techniques qui émettent du CO_2. Ces deux techniques sont la gazéification du charbon et le vaporeformage du méthane. Cette dernière technique est actuellement la plus utilisée. Elle représente 95 % de la production mondiale. Afin de réduire les nombreuses émissions de CO_2 de ces techniques, sont développées actuellement la capture et la séquestration du carbone qui sort des usines de production de l'hydrogène. Mais ces procédés sont coûteux, complexes et énergivores et donc peu utilisés (moins de 1 % de la production).

Une troisième technique est celle de l'électrolyse de l'eau. C'est une technique très ancienne. Elle consiste à séparer les atomes d'oxygène de l'eau des atomes d'hydrogène. Cette technique ne rejette alors que de l'oxygène (O_2), mais elle est très consommatrice d'énergie : il faut 50 kW/h pour 1 kg d'H_2. Si on voulait remplacer l'énergie fossile utilisée en France pour l'usage industriel par de l'hydrogène issu de l'électrolyse, il faudrait utiliser un dixième de la production totale d'électricité française, ce qui est largement supérieur à ce que produit l'électricité éolienne. On n'aurait donc pas une énergie propre pour autant, et de plus cette technique est une grosse consommatrice d'eau, ce qui peut poser des problèmes notamment pour les pays avec des accès restreints à l'eau.

D'autres techniques sont encore prospectives : extraire l'hydrogène à partir de la biomasse comme le bois ou du craquage du méthane en utilisant la chaleur, technique qui n'émet pas de CO_2 mais du noir de carbone (de très petites particules de carbone, plus pures que celles trouvées dans la suie).

Les procédés de production du dihydrogène

Gazéification du charbon

C	+	$2\,H_2O$	→	$2\,H_2$	+	CO_2
carbone	+	eau	→	dyhydrogène	+	dioxyde de carbone

Vaporeformage du méthane

CH_4	+	$2\,H_2O$	→	$4\,H_2$	+	CO_2
méthane	+	eau	→	dyhydrogène	+	dioxyde de carbone

Électrolyse de l'eau

$2\,H_2O$	→	$2\,H_2$	+	O_2
eau	→	dyhydrogène	+	oxygène

▸ Une recherche qui avance cependant

Néanmoins, l'urgence climatique impose que la recherche se tourne vers des procédés plus propres qui permettraient de réduire la dépendance aux énergies fossiles et de baisser les émissions de gaz à effet de serre. Les industriels se mobilisent donc pour développer l'utilisation de l'hydrogène comme source d'énergie dans les piles à combustible. Ainsi des piles à hydrogène à usage domestique sont-elles développées pour stocker l'énergie solaire, qui est intermittente. L'énergie produite lors des moments de fortes productions (été) est stockée dans la pile et redonnée aux moments de fortes consommations (hiver). À Dunkerque, l'écoquartier de Cappelle-la-Grande (projet GRHYD, gestion des réseaux par l'injection d'hydrogène pour décarboner les énergies) teste depuis 2014 une alimentation d'électricité mixte (hydrogène et gaz naturel). L'énergie utilisée pour extraire l'hydrogène vient des éoliennes situées en mer à proximité.

Des véhicules expérimentaux sont en essai, comme la voiture à hydrogène, utilisant de l'hydrogène compressé à 350 ou 750 bars. Le bateau *Energy Observer* est parti en 2017 pour effectuer un tour du monde en cinq ans. C'est un catamaran de 30 m à moteur électrique qui fonctionne par hydrolyse de l'eau de mer, effectuée grâce à l'énergie des panneaux solaires embarqués et de deux éoliennes à axe vertical. L'entreprise Energy Observer a fait le pari d'illuminer la tour Eiffel à partir d'une électricité issue de l'hydrogène vert, sans émission de CO_2. Elle le démontre le 21 mai 2021 lors d'une soirée très médiatique. Pour cela, elle a utilisé un groupe électro-hydrogène d'une puissance utilisable de 110 kW.

En Allemagne, c'est dans la Ruhr que naît un tel projet d'énergie décarbonée. La société RWE veut produire de l'hydrogène vert pour alimenter les usines chimiques et les aciéries de la Ruhr. Pour cela, elle utilisera l'électricité provenant des parcs éoliens de la mer du Nord afin de faire tourner un électrolyseur de 100 MW qui produira d'importantes quantités d'hydrogène et remplacera les centrales à charbon encore en activité d'ici à 2035.

L'hydrogène n'est donc une énergie bas carbone que si l'on arrive à utiliser de l'électricité renouvelable pour le produire. Or, cette énergie est encore largement insuffisante pour produire une quantité d'hydrogène permettant de compenser les énergies carbonées. L'hydrogène est donc une avancée vers le mix énergétique mais pas encore la solution idéale.

Production et consommation du dihydrogène dans le monde

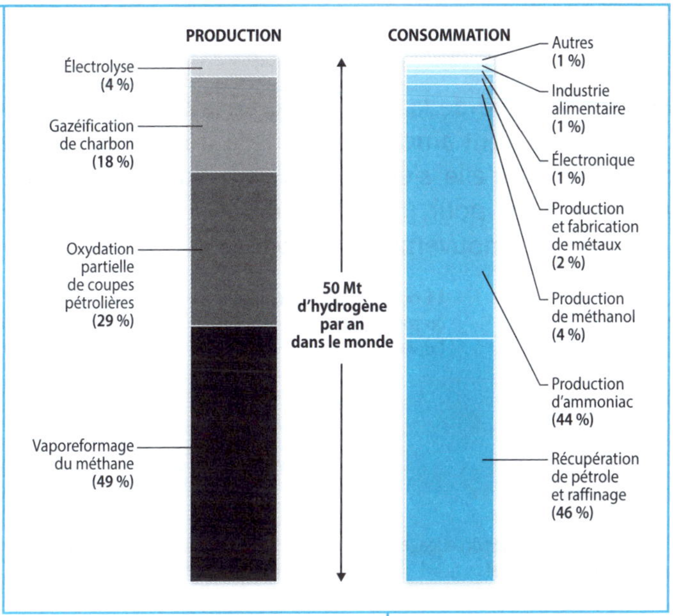

Source : Institution of Mechanical Engineers.

Mise en perspective

La production de l'hydrogène décarboné, ou hydrogène vert, devient une priorité pour les pouvoirs publics. Le gouvernement français débloque pour cela 7 milliards d'euros d'ici à 2030, dont 2 milliards d'euros en 2021-2022 avec France-Relance, a annoncé Bruno Le Maire, ministre de l'Économie, des Finances et de la Relance.

Hilda Flavia Nakabuye : une incarnation de la jeunesse militante africaine

par Jérôme Calauzènes

À 24 ans, elle est la figure de la mobilisation écologique en Ouganda et, plus largement, dans le continent africain. Certains la désignent comme la nouvelle Greta Thunberg tandis qu'elle s'engage au sein du Green Climate Campaign Africa (GCCA), mais aussi pour une plus grande égalité des sexes et pour la diversité raciale dans ces mouvements écologiques.

- **15 avril 1997** Naissance de Hilda Flavia Nakabuye
- **2017** Début de son engagement en faveur du climat
- **11 octobre 2019** Discours lors du sommet des maires du C40 à Copenhague
- **2019** Cofondatrice du mouvement « Fridays for Future » en Ouganda
- **2019** Participation au documentaire *Dear Future Children*
- **Août 2021** Participation au festival Africa Clima à Bordeaux

▸ À l'origine de son engagement : la crise climatique en Afrique

Née en 1997 en Ouganda, actuellement étudiante en économie, Hilda Flavia Nakabuye a pu observer les conséquences du changement climatique lorsque la ferme de sa grand-mère a été détruite par les intempéries. Elle a particulièrement observé, aussi, la dégradation du lac Victoria, dont l'écosystème a été totalement ravagé par l'introduction de la perche du Nil et par diverses pollutions chimiques.

Selon un rapport de 2020 de l'Organisation météorologique mondiale, en effet, le changement climatique fait peser de graves menaces sur la santé, la sécurité alimentaire et le développement socio-économique en Afrique. La température augmente désormais de 0,4 °C par décennie en Afrique, soit davantage que le taux de réchauffement global de 0,2 °C à 0,25 °C par décennie. Il en découle une multiplication des vagues de chaleur et des journées caniculaires, mais aussi des épisodes climatiques de plus en plus extrêmes : inondations dévastatrices, invasions de criquets pèlerins, augmentation du nombre et de la puissance des cyclones.

▸ Une prise de conscience et un engagement progressifs en faveur du climat

En 2017, Hilda Flavia Nakabuye commence à manifester à Kampala, la capitale de son pays, et participe à des discussions sur le climat organisées par la Green Climate Campaign Africa (GCCA) à l'université de la ville. À partir de là, elle s'engage comme du bénévole au sein de cette organisation.

Dès 2019, elle relaie en Ouganda le mouvement « Fridays for Future » (grèves pour le climat), emboîtant le pas à Greta Thunberg, jeune militante suédoise qui a lancé en 2018 les grèves scolaires pour le climat et qui a fondé ce mouvement. Le « Fridays for future » ougandais est d'ailleurs le plus important mouvement de jeunesse d'Afrique de l'Est, avec plus de 50 000 jeunes issus de 52 écoles et de 5 universités. Elle a également créé « Climate Striker Diaries », une plateforme en ligne pour encourager la sensibilisation *via* le numérique au changement climatique.

En 2021, elle participe, avec 400 autres jeunes, aux débats du sommet des jeunes pour le climat à Milan aux côtés de Vanessa Nakate (également ougandaise) mais aussi de Greta Thunberg, Mitzi Jonelle Tan (pour les Philippines), Luisa Neubauer (Allemagne), Anuna de Wever (Belgique) et d'autres.

En septembre 2021, elle envoie une lettre à E. Macron et au PDG de Total, P. Pouyanné, pour lutter contre un projet d'oléoduc en Ouganda, long de 1 443 km, qui doit longer le lac Victoria, la plus grande réserve d'eau douce du continent et traverser 178 villages en Ouganda et 231 en Tanzanie. Elle termine son courrier par ces mots : « *S'il vous plaît, faites que nos vies comptent. Nous ne méritons pas de souffrir d'une crise que nous n'avons pas créée. [...] Laissez nos rêves devenir réalité.* »

▸ Un engagement plus diversifié et une reconnaissance internationale

Hilda Flavia Nakabuye plaide également pour une plus grande égalité entre les sexes dans le mouvement pour le changement climatique. Elle se rend ainsi dans les écoles et les communautés pour permettre à davantage de femmes de se joindre à la lutte contre le changement climatique. Elle milite aussi pour une plus grande diversité raciale dans l'activisme climatique, déclarant que « *le débat sur le changement climatique n'est pas réservé aux Blancs* ». Elle a critiqué les médias après que Vanessa Nakate, une autre militante du climat ougandaise, a été coupée d'une photo prise au Forum économique mondial de Davos en janvier 2020. Elle dénonce un « *racisme environnemental et de discrimination* » puisque la photo sous-entendait que la lutte en faveur du changement climatique ne relevait que des Blancs.

Ses différentes actions lui confèrent de plus en plus une certaine notoriété internationale. Elle est apparue dans divers médias (BBC News, Vox et *Time*...) et a prononcé, en 2019, un discours lors du sommet des maires du C40 à Copenhague. Elle est aussi l'une des trois protagonistes du film documentaire *Dear Future Children*.

AUTRES FAITS

Dimanche 31 janvier En France, la tempête Justine s'abat sur le sud du pays. 25 départements sont placés en vigilance orange pour « *crues* » ou « *pluie inondation* ».

Jeudi 11 mars Le Japon célèbre le 10e anniversaire de la catastrophe nucléaire de Fukushima (11 mars 2011) qui a causé la mort de près de 22 500 personnes.

Vendredi 19 mars En France, le Conseil constitutionnel juge « *contraires à la Constitution* » les chartes censées encadrer l'usage des pesticides près des habitations. Ce dispositif était vivement critiqué par les associations de défense de l'environnement car jugé très insuffisant.

Jeudi 8 avril En Égypte, près de Louxor, les vestiges d'une ville antique datant du IIe millénaire avant notre ère sont exhumés par des archéologues.

Mardi 18 mai En Inde, une tempête tropicale frappe l'ouest du pays, causant la mort d'au moins 55 personnes.

Mardi 1er juin Au large du Sri Lanka, l'incendie du porte-conteneurs *MV X-Press Pearl*, en flammes depuis le 20 mai, est enfin éteint. Désormais, le navire risque à tout moment de sombrer et d'alimenter la pire catastrophe écologique de l'histoire du Sri Lanka.

Mercredi 30 juin La cour d'appel de Paris confirme la mise en examen de la société Lubrizol pour les dégâts environnementaux provoqués par l'incendie de son usine de Rouen en 2019.

Mercredi 30 juin Au Canada, le village de Lytton est détruit à 90 % par un incendie. La veille, la température de ce village avait atteint 49,6 °C, un record au Canada. L'ouest des États-Unis et le Canada sont touchés par de très nombreux incendies provoqués par un dôme de chaleur et la persistance d'un vent sec.

Dimanche 4 juillet L'île de Chypre est ravagée par un violent incendie où 4 personnes perdent la vie. Ces dernières années, Chypre subit des canicules et des épisodes de sécheresse de plus en plus violents.

Jeudi 15 juillet L'Union européenne annonce son intention d'interdire, d'ici à 2035, la vente de voitures thermiques. Cette proposition de la Commission doit encore être discutée, pendant plus d'un an, par le Parlement européen et les États membres.

Dimanche 18 juillet Le bilan des intempéries qui ont frappé l'ouest de l'Europe s'alourdit. 156 morts ont été recensés en Allemagne et la Belgique compte 31 morts. Outre ces deux pays, les Pays-Bas et le Luxembourg ont eux aussi fait face à des pluies d'une violence inédite entre le 14 et le 15 juillet, provoquant des crues subites.

Jeudi 23 juillet En Inde, d'intenses pluies s'abattent sur la région de Bombay, provoquant des glissements de terrain. Au moins 115 personnes ont perdu la vie.

MARQUANTS 2021

Dimanche 1er août En Turquie, les autorités décident d'évacuer les habitants et les touristes résidant dans le sud du pays du fait d'incendies d'une ampleur inédite qui ont déjà causé la mort d'au moins 7 personnes.

Lundi 2 août En Chine, les autorités réévaluent à la hausse le nombre de victimes des inondations qui ont touché la province du Henan à la mi-juillet. Plus de 300 personnes sont décédées et une cinquantaine restent portées disparues.

Mercredi 4 août Aux États-Unis, l'immense incendie qui ravage le nord de la Californie depuis trois semaines détruit la petite ville de Greenville.

Lundi 9 août En Grèce, de violents incendies se poursuivent et continuent de ravager l'île d'Eubée, en proie aux flammes depuis plus d'une semaine. Le bilan humain s'élève pour le moment à deux morts et à des dizaines de blessés.

Lundi 9 août En Algérie, de violents incendies frappent le nord du pays, alimentés par la canicule. 42 personnes au moins ont perdu la vie.

Lundi 9 août Le GIEC publie son 6e rapport sur le climat, particulièrement alarmant, qui insiste sur les conséquences très inquiétantes du réchauffement climatique.

Samedi 14 août Au Japon, des pluies d'une ampleur inédite provoquent des inondations et des glissements de terrain dans l'ouest du pays, causant la mort d'au moins une personne.

Samedi 14 août Haïti est frappé par un séisme de 7,2 sur l'échelle de Richter. On compte 2 250 personnes décédées et près de 12 700 blessées.

Jeudi 26 août Selon la revue scientifique *The Astrophysical Journal,* une nouvelle catégorie d'exoplanètes, appelées « hycéennes », serait susceptible d'héberger la vie.

Mercredi 1er septembre Aux États-Unis, le cyclone Ida qui a dévasté La Nouvelle-Orléans s'abat sur l'État de New York, occasionnant des dégâts considérables et entraînant la mort d'au moins 40 personnes.

Mardi 14 septembre La revue scientifique *Science Translational Medicine* annonce que les laboratoires BioNTech et Sanofi travaillent sur un nouveau traitement à base d'ARN pour lutter contre le cancer. Un essai clinique de phase 1 avec 230 participants est en cours.

Mardi 28 septembre Aux Canaries, la lave jaillissant du volcan Cumbre Vieja, entré en éruption le 24 septembre, atteint l'océan Atlantique, faisant craindre une émanation de gaz toxiques.

Samedi 13 novembre La COP26 s'achève avec plus d'un jour de retard. Première conférence sur le climat à cibler directement les énergies fossiles, la COP26 déçoit cependant : à la dernière minute, les engagements ont été revus à la baisse, notamment sur la question du charbon.

QCM

Pour chaque question, une seule réponse est correcte.

1 Quelle est la technologie utilisée pour les vaccins dits « classiques » ?

- ❍ a. L'ARN messager.
- ❍ b. Les virus atténués ou inactivés.
- ❍ c. Le vecteur viral.

2 Lequel de ces vaccins n'utilise pas la technologie de l'ARN messager ?

❍ a. Moderna. ❍ b. Pfizer. ❍ c. AstraZeneca.

3 Où la protéine « spike » est-elle répliquée avec les vaccins à ARNm ?

- ❍ a. Dans une couche de lipides.
- ❍ b. Dans le noyau des cellules.
- ❍ c. Dans le cytoplasme des cellules.

4 Sur combien d'êtres humains ont été testés les vaccins Pfizer et Moderna en phase clinique ?

- ❍ a. 34 000.
- ❍ b. 55 000.
- ❍ c. 74 000.

5 Quel est le nom de la société fondée par Richard Branson ?

- ❍ a. Virgin Galactic.
- ❍ b. Blue Origin.
- ❍ c. SpaceX.

6 Combien y a-t-il eu de touristes de l'espace différents de 2001 à 2020 ?

❍ a. 7. ❍ b. 8. ❍ c. 10.

7 Quel a été le prix approximativement déboursé pour un vol dans l'espace avec Virgin Galactic ?

- ❍ a. 150 000 dollars.
- ❍ b. 250 000 dollars.
- ❍ c. 1,5 million de dollars.

8 Comment appelle-t-on la ligne située à environ 100 km de hauteur qui définit la limite entre l'atmosphère terrestre et l'espace ?

❍ a. La ligne de Kárán. ❍ b. La ligne de Márkán. ❍ c. La ligne de Kármán.

9 De quelle école d'ingénieur Thomas Pesquet est-il diplômé ?
❍ a. ISAE-SUPAERO. ❍ b. ENAC. ❍ c. Polytechnique.

10 Dans quels pays les entraînements de Thomas Pesquet se sont-ils essentiellement déroulés ?
❍ a. En France, en Russie et aux États-Unis.
❍ b. En Allemagne, en Russie et aux États-Unis.
❍ c. Au Japon, en Russie et aux États-Unis.

11 Qu'est-ce que Thomas Pesquet est le premier Français à avoir fait ?
❍ a. Effectuer une mission extravéhiculaire.
❍ b. Mener des expériences scientifiques dans l'espace.
❍ c. Commander la SSI.

12 En 2020, à quel rang est classé Thomas Pesquet dans le classement des personnalités masculines préférées des Français ?
❍ a. Neuvième. ❍ b. Dixième. ❍ c. Onzième.

13 Combien de citoyens faisaient partie de la Convention citoyenne pour le climat ?
❍ a. 100. ❍ b. 150. ❍ c. 200.

14 Quelle a été, sur 10, la note attribuée par les membres de la Convention citoyenne au projet de loi climat et résilience ?
❍ a. 2,5. ❍ b. 3. ❍ c. 3,5.

15 Quelle proposition, parmi les 149 de la Convention citoyenne, a été directement rejetée par E. Macron, avant la définition d'un projet de loi ?
❍ a. Une taxe de 4 % sur les dividendes des entreprises.
❍ b. La renégociation du CETA.
❍ c. L'objectif de 50 % d'exploitations agricoles en agroécologie d'ici à 2040.

16 Quelle mesure a été décidée quant au trafic aérien intérieur en métropole ?
❍ a. Une interdiction des vols intérieurs s'il existe une alternative bas carbone satisfaisante en prix et en temps sur un trajet de moins de 2 heures 30.
❍ b. Une interdiction des vols intérieurs s'il existe une alternative bas carbone satisfaisante en prix et en temps sur un trajet de moins de 3 heures 30.
❍ c. Une interdiction des vols intérieurs s'il existe une alternative bas carbone satisfaisante en prix et en temps sur un trajet de moins de 4 heures

17 En quelle année a été signé l'accord de Paris par les participants de la COP21 ?
❍ a. 2014. ❍ b. 2015. ❍ c. 2016.

18 **Quel processus a conduit à la possibilité d'attaquer l'État français en justice pour inaction climatique ?**

❍ **a.** La signature de nombreux traités internationaux et l'avancée des connaissances sur le changement climatique.
❍ **b.** La création d'une instance internationale pour contrôler les engagements climatiques des États.
❍ **c.** La jurisprudence de la Cour de cassation créant le principe de préjudice écologique.

19 **Quelle décision le Conseil d'État a-t-il rendue en 2021 suite à la plainte de la mairie de Grande-Synthe contre l'État français pour inaction climatique ?**

❍ **a.** Il a rejeté la demande de la commune
❍ **b.** Il donne au gouvernement jusqu'à mars 2022 pour proposer de nouvelles actions.
❍ **c.** Il a condamné l'État à payer une amende 10 millions d'euros pour préjudice écologique à venir.

20 **Dans quel système juridique dénombre-t-on le plus de procès climatiques ?**

❍ **a.** Dans le système de *common law*, qui s'appuie sur la jurisprudence des juges.
❍ **b.** Dans le système de *civil law*, qui s'appuie sur la législation en vigueur.
❍ **c.** Dans les systèmes de droit coutumier, qui s'appuie sur la coutume orale.

21 **Qu'est-ce que le Gulf Stream ?**

❍ **a.** Un courant marin majeur qui régule le climat en Atlantique nord.
❍ **b.** Un courant atmosphérique qui régule la température sur Terre.
❍ **c.** Un surnom donné à la fonte des glaces en Antarctique.

22 **Quel est le nom du grand ensemble de courants océaniques auquel le Gulf Stream appartient ?**

❍ **a.** ACOM. ❍ **b.** AOMC. ❍ **c.** AMOC.

23 **Quel continent pourrait subir une sécheresse importante si le Gulf Stream ralentissait ?**

❍ **a.** L'Europe. ❍ **b.** L'Afrique. ❍ **c.** L'Amérique du Nord.

24 **Quel est le parcours du Gulf Stream ?**

❍ **a.** Du golfe du Mexique vers l'Atlantique nord.
❍ **b.** Du sud de l'Afrique vers le Groenland.
❍ **c.** De l'Arctique à l'Antarctique.

25 **Sous quelle forme l'hydrogène se trouve-t-il principalement dans la nature ?**

❍ **a.** Il se trouve sous forme d'atome isolé.
❍ **b.** Il se trouve combiné à d'autres éléments.
❍ **c.** Il n'existe pas.

26 Quelle est la particularité de l'hydrolyse de l'eau ?
- ❍ a. C'est la seule technique non émettrice de CO_2.
- ❍ b. C'est la seule technique émettrice d'O_2.
- ❍ c. C'est la seule technique émettrice de noir de charbon.

27 À partir de quoi produit-on principalement de l'hydrogène en 2021 ?
❍ a. À partir d'eau. ❍ b. À partir de bois ❍ c. À partir d'hydrocarbures

28 Qu'appelle-t-on « l'hydrogène vert » ?
- ❍ a. L'hydrogène produit à partir de la biomasse.
- ❍ b. L'hydrogène produit à partir du gaz naturel.
- ❍ c. L'hydrogène produit à partir d'énergies renouvelables.

29 De quel pays Hilda Flavia Nakabuye est-elle originaire ?
❍ a. Le Rwanda. ❍ b. L'Ouganda. ❍ c. Le Burundi.

30 Alors que l'Afrique représente 17 % de la population mondiale, de quelle part des émissions de gaz à effet de serre est-elle responsable ?
- ❍ a. 3,5 % des émissions de gaz à effet de serre.
- ❍ b. 5,5 % des émissions de gaz à effet de serre.
- ❍ c. 7,5 % des émissions de gaz à effet de serre.

31 À quelle occasion Hilda Flavia Nakabuye a-t-elle pris position contre le racisme environnemental ?
- ❍ a. Lorsqu'une militante ougandaise a été coupée sur une photo de militants pour le climat.
- ❍ b. Lorsqu'un chef d'État a affirmé que seuls les pays occidentaux étaient en mesure de lutter contre le réchauffement climatique.
- ❍ c. Lorsque des militants africains pour le climat ont été interdits d'accès lors d'une réunion du PNUE (Programme des Nations unies pour l'environnement).

32 Quel écosystème Hilda Flavia Nakabuye cherche-t-elle particulièrement à défendre ?
❍ a. Le lac Tanganyika. ❍ b. Le lac Malawi. ❍ c. Le lac Victoria.

Corrigé

1b, 2c, 3c, 4c, 5a, 6a, 7b, 8c, 9a, 10b, 11c, 12c, 13b, 14a, 15a, 16a, 17b, 18a, 19b, 20a, 21a, 22c, 23b, 24a, 25b, 26a, 27c, 28c, 29b, 30a, 31a, 32c.

Analyse d'un document iconographique

par Jérôme Calauzènes

Voici une méthode pour analyser les images. Elle vous servira dans le cadre de la préparation de votre concours ou examen ainsi que dans votre vie quotidienne.

▸ Méthode de l'analyse d'image

1re étape : présenter le document

Après avoir bien observé le document et repéré les principaux éléments, vous devrez présenter le document, de la façon suivante :

- la nature du document : dessin, caricature, photographie… Elle est en soi signifiante. Par exemple, la caricature a une fonction satirique ;
- la source du document : il faut donner le nom de l'ouvrage, du journal… d'où a été tiré le document. Il faudra évoquer le parti pris (le cas échéant) de l'ouvrage ou la ligne éditoriale du périodique.

Un dessin paru en une de *Charlie Hebdo* aura avant tout pour fonction d'attirer l'œil, voire de choquer. Il cherchera à dénoncer quelque chose ou à mettre l'accent sur un problème particulier, de façon humoristique. De plus, le journal est orienté à gauche et se veut très satirique.

De même, une image issue des réseaux sociaux devra être beaucoup plus remise en question, notamment sur la véracité des informations apportées (en fonction de la personne ou de l'institution qui l'aura publiée).

- l'auteur : il faudra le mentionner et, éventuellement, préciser ses opinions politiques (si elles sont connues ou si c'est important). L'essentiel est de montrer en quoi le document est partial, subjectif.
- les destinataires du document : il faut dire à qui s'adresse ce document. Il peut d'ailleurs y avoir plusieurs types de destinataires en fonction du type de document et du support dans lequel il est paru.
- la date et le contexte : il faut impérativement rappeler la date du document et surtout son contexte. Il faut bien penser au contexte politique, économique, social, international, culturel…

- la description du document. Vous décrirez rapidement ce que vous voyez et, éventuellement, les symboles que vous repérez. On pourra, sans y être obligé, utiliser « au premier plan », « au second plan »…

2e étape : dégager deux ou trois idées phares

Dégagez deux ou trois idées, voire plus, mises en avant par le document (dénonciation, débat mis en avant, éléments en filigrane…). Il ne faut en aucun cas se contenter d'une seule grille d'analyse, qui sera insuffisante et à la portée de tous.

Après avoir présenté le document, vous énoncez, en les explicitant et en vous fondant sur l'image, les deux ou trois idées phares que vous avez trouvées.

3e étape : conclure

Il semble pertinent de conclure en parlant du sentiment que vous avez ressenti à la vue de l'image et de ce qu'elle dégage.

On peut aussi conclure en évoquant des documents plus ou moins similaires ou qui traitent du même thème mais de façon différente, ou sous un autre angle, avec un autre point de vue.

Application de la méthode

Plantu, une du *Monde*, 31 mars 2021

Il s'agit ici d'une caricature parue dans le journal *Le Monde*, le 31 mars 2021. C'est le dernier dessin que Plantu a réalisé pour ce journal, avant de prendre sa retraite. Il semble donc particulièrement important pour lui, même si le dessinateur continue de publier des dessins *via* notamment les réseaux sociaux et son compte Twitter.

Les opinions politiques de Jean Plantureux, dit Plantu, sont peu connues et celui-ci a rarement pris parti. Il cherche le plus souvent à mettre en scène une situation, de façon plus ou moins humoristique.

Le 31 mars 2021, la France et le monde font toujours face à la crise du coronavirus, thème principal du dessin.

À gauche du dessin, on voit le président Macron, juste avant une conférence de presse, se tenir la tête dans les mains, ne sachant pas quoi dire ni quoi faire. À un personnage, sur la droite, vraisemblablement chargé du protocole, qui lui demande « *Qu'allez-vous annoncer M. le Président ?* », ce dernier répond : « *Si je savais !...* » marquant par là même qu'il reste très indécis. Autour de lui, on remarque plusieurs personnages, dont des colombes et des souris.

La première idée dégagée par ce dessin reste les injonctions paradoxales et les opinions très diverses des différentes parties de la population française.

Le corps médical, représenté par deux personnages, semble vouloir encourager la vaccination. On pourrait même ajouter qu'il existe des débats en son sein (le fait que l'un des médecins ne soit pas masqué tendrait à le prouver), certains refusant également de se faire vacciner.

De l'autre côté, les médias (radio et télévision) attendent des déclarations à grand renfort de matériels (micros, caméras, papiers et stylos). Les différentes chaînes d'information en continu, qui diffusent en permanence des chiffres, souvent alarmistes, contribuent ainsi à créer une certaine psychose.

Derrière eux, on aperçoit un élu, reconnaissable à son écharpe tricolore. Il semble lui aussi exiger des mesures ou se plaindre de leurs contradictions. Cela symbolise l'opposition entre la présidence et le gouvernement d'une part, et des élus de terrain d'autre part, dont on a pu affirmer qu'ils avaient été plus efficaces dans la gestion de la crise sanitaire, étant au plus près des besoins des citoyens. Marianne, masquée, allégorie de la République française, semble observer la scène. La question de la permanence des valeurs républicaines pourrait être ici posée, face à des restrictions en termes de liberté (interdiction des rassemblements) et à l'exacerbation des inégalités.

Mais les injonctions viennent également du peuple, représenté par le personnage à la casquette, à gauche. Cela démontre ici qu'une grande partie de la population se fait un avis sur des questions jugées pourtant complexes. Certains y voient une aberration, pensant qu'il faut laisser faire les experts alors que d'autres analysent cela comme un regain démocratique.

En second lieu, le dessin témoigne de la difficulté du pouvoir face à ces injonctions contradictoires. L'hésitation se faisait, à l'époque, autour de plusieurs questions.

Tout d'abord, l'hypothèse d'un reconfinement. Très impopulaire auprès de certains, et notamment de certaines professions qui ont souffert de cette mesure en 2020, le reconfinement était réclamé par d'autres, notamment les médecins, les lits de réanimation étant déjà saturés et la mortalité en France ayant été importante (environ 100 000 personnes à cette date). Le maintien des écoles ouvertes était aussi un sujet de débat.

Ensuite, il s'agissait de savoir si la vaccination devait être obligatoire, au nom d'un intérêt collectif qui semblait évident, ou si elle devait rester volontaire, au nom du respect de la liberté de chacun.

Au-delà, le rôle des experts en matière politique pouvait être directement remis en question.

Enfin, la caricature semble évoquer l'avenir et d'abord celui du monde.

Les deux colombes, en haut du dessin, l'une portant un rameau d'olivier, symbole de paix, associée à une dose de vaccin dans une seringue, l'autre un point d'interrogation avec une représentation de la Terre, nous interrogent. Plantu semble penser que le retour à la normale dépend de la possibilité de vacciner l'ensemble du monde, y compris les pays les plus pauvres, qui ont très peu accès aux vaccins, malgré les déclarations des pays riches s'engageant à leur en donner. L'avenir est également incertain puisque, avec l'arrivée des différents variants (anglais et indien à l'époque, delta ensuite), la question de la fin de la pandémie reste une énigme.

Mais l'avenir est aussi celui de Plantu qui quitte le journal *Le Monde*. La souris à droite fait ses adieux (au lectorat et au journal), tandis qu'une troisième colombe, avec un rameau d'olivier et un crayon, rappelle l'engagement du dessinateur pour la liberté de la presse face au terrorisme. Plantu manifeste enfin sa reconnaissance au journal qui l'a employé pendant près de cinquante ans (de 1972 à 2021), *via* les trois cœurs qui trônent au-dessus des deux souris et de la colombe. Il montre également que le journal *Le Monde* est présent sur différents supports : papier et numérique (présence d'un ordinateur et d'un téléphone mobile). Il encourage alors peut-être ceux qui l'ont suivi à continuer à lire ce quotidien.

Si cette caricature donne une impression de désordre, c'est pour mieux montrer la difficulté de la décision politique. Elle met le doigt sur différents débats qui animent la société française, tout en permettant au dessinateur de faire ses adieux et d'espérer un avenir plus radieux.

Ils nous ont quittés en 2021

Jean-Pierre Bacri (1951-2021)

Né en Algérie, il devient acteur, scénariste et dramaturge. Il est l'auteur de neuf scénarios écrits avec Agnès Jaoui, qu'il rencontre en 1987, avec laquelle il forme un couple jusqu'en 2012, dont cinq qu'elle réalise et dans lesquels il joue. *Le Goût des autres* est nommé à l'oscar du meilleur film international en 2001 et *Comme une image* reçoit le prix du scénario au Festival de Cannes de 2004. Il travaille régulièrement avec plusieurs réalisateurs comme Cédric Klapisch, Alain Resnais ou Claude Berri. Au théâtre, il reçoit le Molière de l'auteur avec A. Jaoui, pour *Cuisine et dépendances* en 1992, et le molière du comédien pour *Les Femmes savantes*. Il meurt d'un cancer à 69 ans.

Abdelaziz Bouteflika (1937-2021)

Il s'engage dans l'Armée de libération nationale pendant la guerre d'Algérie. Après l'indépendance, en 1962, il occupe plusieurs postes au gouvernement : ministre de la Jeunesse, des Sports et du Tourisme, ministre des Affaires étrangères de 1963 à 1979. Il participe à un coup d'État contre le président Ben Bella en 1965. En 1999, il est élu, dès le premier tour, président de l'Algérie, après le retrait de tous les autres candidats. Réélu en 2004, en 2009 et en 2014, sa volonté de se représenter en 2019 est contestée (mouvement du Hirak) et son aptitude à diriger le pays est mise en doute (il avait été victime en 2013 d'un grave accident vasculaire cérébral). Il quitte alors le pouvoir. Il meurt d'un arrêt cardiaque à 84 ans.

Idriss Déby (1952-2021)

Issu d'une famille pauvre de l'ethnie zaghawa, il suit une carrière militaire et devient officier. Il organise un coup d'État, avec l'aide de la France, en 1990 puis est désigné président de la République du Tchad en 1991. Il remporte toutes les élections suivantes (1996, 2001, 2006, 2011, 2016 et 2021), à chaque fois dès le premier tour, ce qui entraîne des contestations. Nommé maréchal du Tchad, en 2020, après une offensive victorieuse contre Boko Haram, il est mortellement blessé, peu après sa réélection, en 2021, dans une opération contre le Front pour l'alternance et la concorde venue de Libye. Son fils Mahamat Idriss Déby lui succède.

Patrick Dupont (1959-2021)

Il intègre à 16 ans le corps de ballet de l'Opéra de Paris, en 1975. En 1980, il est nommé danseur étoile de l'Opéra de Paris et rencontre un succès important, en France et à l'étranger. Il travaille notamment avec Maurice Béjart, Rudolf Noureev ou Alvin Ailey. Il succède d'ailleurs à Noureev en 1990 comme directeur de la danse du ballet de l'Opéra national de Paris. Il est licencié en 1997 pour avoir accepté de participer au jury du Festival de Cannes. Après une « traversée du désert », il apparaît essentiellement dans diverses émissions de télévision. Il meurt à 61 ans.

Axel Kahn (1944-2021)

Après des études de médecine, il se destine à la recherche. Il devient directeur de recherche à l'Inserm (1984 à 2002), puis membre du Comité consultatif national d'éthique de 1992 à 2004, directeur de l'Institut Cochin de génétique moléculaire en 2002 et président du Comité d'éthique de la Ligue nationale contre le Cancer (2019 à 2021). Ses recherches ont porté sur le génie génétique, la thérapie génique et les cancers. Il est l'auteur de nombreux ouvrages de vulgarisation sur la génétique, sur l'humanisme et l'éthique. Proche de la gauche, il s'est engagé contre le clonage, y compris thérapeutique. Il meurt en 2021 des suites d'un cancer généralisé.

Bernard Madoff (1938-2021)

Entrepreneur autodidacte, il fonde sa première société d'investissement en 1960. S'étant enrichi, il se sert de sa notoriété pour monter une escroquerie basée sur le système de la pyramide de Ponzi. C'est la crise financière qui a finalement révélé l'escroquerie. Arrêté en 2008, il a été condamné à cen cinquante ans de prison en 2009. Sa fraude aurait porté sur environ 65 milliards de dollars, ce qui serait, à ce jour, la perte la plus importante en la matière. Il meurt emprisonné à Butner, en Caroline du Nord.

Philip Mountbatten (1921-2021)

Prince de Grèce et de Danemark jusqu'à son mariage, il est issu d'une grande famille européenne (il est notamment le petit-neveu de la dernière tsarine, Alexandra Fiodorovna Romanova et l'arrière-arrière-petit-fils de la reine Victoria du Royaume-Uni). Ayant rejoint la Royal Navy en 1939, il sert pendant la Seconde Guerre mondiale dans la marine. Il épouse Elisabeth, fille du roi d'Angleterre Georges VI, en 1947 après avoir renoncé à ses titres allemands pour devenir le lieutenant Philip Mountbatten et recevoir le titre de duc d'Édimbourg entre autres. Il a quatre enfants, est fait prince du Royaume-Uni de Grande-Bretagne et d'Irlande du Nord en 1957 puis Lord Grand Amiral en 2011.

Donald Rumsfeld (1932-2021)

Issu d'un milieu modeste, il est élu à la Chambre des représentants des États-Unis en 1962. Surnommé le « JFK républicain », il est ensuite nommé ambassadeur à l'OTAN, en 1972, chef de cabinet de la Maison-Blanche sous Gérald Ford en 1974, puis secrétaire à la Défense en 1975. En 1977, il rejoint le secteur privé. Il revient en politique en 2001, à la tête du département de la Défense au Pentagone, sous la présidence de G.W. Bush. Après les attentats de 2001, il défend l'intervention en Irak (2003). Il est très critiqué pour avoir encouragé et couvert le programme de torture américain (prison d'Abou Ghraib en Irak).

20 CITATIONS INCONTOURNABLES DE L'ANNÉE 2021

Géopolitique

António Guterres, secrétaire général de l'ONU (28/01/2021)

« La science réussit, mais la solidarité échoue. »

Le pape François, en visite au Moyen-Orient, à Bagdad (05/03/2021)

« Que se taisent les armes ! Que la diffusion en soit limitée, ici et partout ! […] Assez de violences, d'extrémismes, de factions, d'intolérances ! »

Miguel Diaz-Cane, le nouveau chef d'État de Cuba et premier secrétaire du Parti communiste lors d'une réunion avec un groupe d'intellectuels et d'artistes (28/06/2021)

« La liberté d'expression dans la Révolution continue d'avoir pour limite le droit de la Révolution à exister. »

Thomas Gomart, directeur de l'IFRI (Institut français des relations internationales), dans *Guerres invisibles*

« Sur la scène internationale, il n'existe plus d'autorité morale capable d'imposer un ordre. »

Politique française et européenne

Emmanuel Macron, dans le discours annonçant la suppression de l'ENA (08/04/2021)

« Je suis convaincu que l'objectif que nous devons nous assigner, c'est d'avoir une administration où la décision se prend plus localement et qui puisse mener ce que j'appellerais une politique de décisions, de bienveillance et de reconnaissance. »

Céline Braconnier, enseignante-chercheuse en sociologie, directrice de l'IEP de Saint-Germain-en-Laye, dans *L'Humanité*, suite aux élections départementales et régionales (21/06/2021)

« Nous basculons dans une démocratie de l'abstention. »

Ursula von der Leyen, présidente de la Commission européenne, en réaction aux lois homophobes adoptées par le Premier ministre hongrois Viktor Orban (23/06/2021)

« Je crois fermement à une Union européenne où vous pouvez être vous-même et libre d'aimer qui vous voulez.»

Seize partis d'extrême droite des pays de l'Union européenne, dans une déclaration commune (02/07/2021)

« Toutes les tentatives de transformer les Institutions européennes en organes qui primeraient sur les institutions constitutionnelles nationales créent le chaos, sapent le sens des traités, remettent en question le rôle fondamental des constitutions des États membres. »

Économie, entreprises et monde du travail

L'association des Économistes atterrés à propos du sujet 2021 de bac en SES (14/06/2021)

« Tel qu'il a été conçu, ce sujet de SES nie les débats économiques en matière de lutte contre le chômage et suggère que la théorie du chômage structurel ferait consensus. Il n'invite en aucun cas le candidat à développer une approche problématisée, ni à adopter une démarche rigoureuse pourtant revendiquée par le ministère. »

Bruno Le Maire, ministre de l'Économie, des Finances et de la Relance, concernant le plan de relance du gouvernement (16/06/2021)

« Je pense qu'une fois encore, au-delà des critiques et du débat qui sont les bienvenus parce que cela nous permet de faire mieux, nous devrions tous collectivement être fiers de voir que la France et l'Union européenne ont réussi à protéger leur économie, leurs salariés, leurs entreprises en 2020. Nous devrions être fiers que la France en 2021 soit en train de réussir sa relance économique. »

Anne-Laure Kiechel, économiste (17/09/2021)

« Joe Biden veut prendre le taureau du capitalisme par les cornes de la concurrence. »

Société

Oxfam, ONG, dans une note d'information alertant sur la montée des inégalités (25/01/2021)

« Plus de deux millions de personnes ont perdu la vie, et des centaines de millions de personnes basculent dans la pauvreté alors que bon nombre des entreprises et des particuliers les plus riches prospèrent. »

Fabienne El-Khoury, porte-parole de l'association « Osez le féminisme », suite à la parution de certaines mesures du gouvernement contre les violences faites aux femmes (10/06/2021)

« Cette prise de conscience des autorités est une bonne chose mais cela reste des mesurettes bien insuffisantes. »

Emmanuel Macron, dans un discours à Papeete en Polynésie française (28/07/2021)

« Vaccinez-vous pour vous, vaccinez-vous pour vos parents, vaccinez-vous pour la Polynésie et la France. »

Culture et sport

Charles Berling, acteur et metteur en scène, directeur du théâtre Châteauvallon-Liberté à Toulon, concernant la non-réouverture des lieux culturels (03/01/2021)

« Nous, on veut bien être fermés si tout le monde est fermé. Si on laisse ouverts des endroits extrêmement contaminants et qu'ensuite on constate avec horreur que la situation sanitaire se dégrade, ça veut dire qu'il n'y a que l'économie qui compte et je pense que c'est une énorme erreur. »

Mickaël Terrien, économiste du sport, sur FranceTVInfo, après l'annonce d'Amazon du lancement de sa chaîne Prime Video Ligue 1 (13/07/2021)

« À l'heure actuelle le principal déterminant de la qualité d'un championnat semble être les droits télé, qui eux-mêmes sont déterminés par des critères socio-démographiques comme la taille de la population, la richesse économique du pays… »

Roxana Maracineanu, ministre des Sports, sur France InfoTV, à propos de l'organisation des JO de Paris 2024 (27/07/2021)

« Il n'y a pas de retards, nous sommes dans les temps, il n'y a pas de dépassement du budget… »

Sciences et environnement

Stéphane Foucart, journaliste au *Monde* (14/03/2021)

« Le rapport à la viande pourrait ouvrir une profonde division au sein du mouvement environnementaliste. »

William Schieff, immunologiste chez Scripps Research et superviseur de la conception des vaccins au Neutralizing Antibody Center d'IAVI, dans *National Geographic*, à propos des premiers tests en vue d'un vaccin contre le VIH (03/05/2021)

« C'est en quelque sorte un petit pas vers un vaccin contre le VIH, mais c'est aussi un bond de géant. »

Robert Vautard, climatologue, spécialiste des événements extrêmes, directeur de l'institut de recherche Pierre-Simon-Laplace, sur FranceInfo, à propos des inondations en Belgique et en Allemagne qui ont fait plus de 120 morts (16/07/2021)

« Le changement climatique s'opère sous nos yeux. »

PARTIE 7

CLASSEMENTS INCONTOURNABLES EN 2021

Rang	Pays	Effectifs militaires (actifs)	Forces terrestres	Flottes navales et aériennes
1	États-Unis	1 400 000	50 305	13 723
2	Russie	1 014 000	54 965	4 747
3	Chine	2 185 000	43 659	4 037
4	Inde	1 445 000	19 234	2 404
5	Japon	250 000	7 297	1 635
6	Corée du Sud	600 000	24 168	1 815
7	France	270 000	6 960	1 237
8	Royaume-Uni	195 000	5 859	826
9	Brésil	334 500	3 181	788
10	Pakistan	654 000	16 128	1 464

NB : classement établi à partir de 50 indicateurs
Source : Global Fire Power, www.globalfirepower.com, 2021.

Rang	Personnalité	Cote de popularité (pourcentage d'opinion favorable)
1	Édouard Philippe	46 %
2	Nicolas Hulot	41 %
3	Roselyne Bachelot	33 %
4	Xavier Bertrand	31 %
4	Nicolas Sarkozy	31 %
6	Bruno Le Maire	30 %
6	Jean-Yves Le Drian	30 %
7	Olivier Véran	29 %
8	Valérie Pécresse	28 %
8	Marine Le Pen	28 %
10	François Baroin	27 %

Source : sondage ELABE pour *Les Echos*, octobre 2021.

Rang	Pays	Population (âgée plus de 18 ans) vaccinée en juillet 2021 (deux doses)
1	Malte	90,3 %
2	Islande	85,4 %
3	Danemark	83,7 %
4	Belgique	81,8 %
5	Espagne	80,9 %
6	Irlande	77,2 %
7	Royaume-Uni	76,0 %
8	Pays-Bas	73,0 %
9	Italie	72,2 %
10	Luxembourg	71,8 %

Source : Euronews,14 janvier 2021.

Rang	Entreprise et secteur	Pays	Capitalisation en milliards de dollars (janvier 2021)
1	Saudi Aramco (hydrocarbures)	Arabie saoudite	2 458
2	Apple (électronique, informatique)	États-Unis	2 213
3	Microsoft (logiciels)	États-Unis	1 653
4	Amazon (commerce en ligne)	États-Unis	1 596
5	Delta Electronics (électronique, automatisation)	États-Unis	1 435
6	Alphabet (maison mère de Google, services en ligne)	États-Unis	1 203
7	Tesla (automobile)	États-Unis	834
8	Facebook (réseau social)	États-Unis	757
9	Tencent (réseaux sociaux, Internet, mass media)	Chine	738
10	Alibaba (commerce en ligne)	Chine	620

NB : le classement est établi en multipliant le prix des actions en janvier 2021 par le nombre d'actions en circulation.
Source : www.strategie-bourse.com

Rang	Personnalité	Fortune en milliards de dollars	Nationalité	Source de la fortune
1	Jeff Bezos	177	Américaine	Amazon
2	Elon Musk	151	Américaine	Tesla
3	Bernard Arnault	150	Française	LVMH
4	Bill Gates	124	Américaine	Microsoft
5	Marck Zuckerberg	97	Américaine	Facebook
6	Warren Buffet	96	Américaine	Berkshire Hathaway
7	Larry Ellison	93	Américaine	Oracle
8	Larry Page	91	Américaine	Alphabet (Google)
9	Sergey Brin	89	Américaine	Alphabet (Google)
10	Mukesh Ambani	84	Indienne	Reliance Industries

Source, classement Forbes 2021

Rang	Pays	Indice WPS
1	Afghanistan	0,278
2	Syrie	0,375
3	Yémen	0,388
4	Pakistan	0,476
5	Irak	0,516
6	République du Soudan du sud	0,541
7	Tchad	0,547
7	République démocratique du Congo	0,547
9	Soudan	0,556
10	Sierra Leone	0,563

NB : L'indice WPS *(Women Peace and Security)* repose sur plusieurs critères touchant la sécurité, l'inclusion et la justice.

Source : Georgetown Institute for Women, Peace and Security, Women Peace and Security Index 2021/22, 2021.

Rang	Pays	Part de la richesse nationale détenue par les 1 % les plus aisés (2020)
1	Russie	58,2 %
2	Brésil	49,6 %
3	Inde	40,5 %
4	États-Unis	35,3 %
5	Chine	30,6 %
6	Allemagne	29,1 %
7	Royaume-Uni	23,1 %
8	Italie	22,2 %
9	France	22,1 %
10	Japon	18,2 %

Source : Crédit suisse, *Wealth Report*, 2021.

Rang	Sport	Nombre de licenciés
1	Football	1 896 208
2	Tennis	950 000
3	Équitation	664 178
4	Basket-ball	514 776
5	Golf	402 991
6	Judo	370 251
7	Handball	334 588
8	Natation	316 000
9	Pétanque	280 000
10	Rugby	286 035

Source : CNews, août 2021.

Rang	Film	Nationalité	Box-office
1	*Mourir peut attendre*	Cary Joji Fukunaga	3 808 410
2	*Dune*	Denis Villeneuve	3 102 163
3	*Kaamelott. Premier Volet*	Alexandre Astier	2 645 670
4	*BAC Nord*	Cédric Jimenez	2 206 237
5	*Fast and Furious 9*	Justin Lin	2 025 112
6	*Conjuring. Sous l'emprise du Diable*	Michael Chaves	1 887 284
7	*Black Widow*	Cate Shortland	1 664 277
8	*OSS 117. Alerte rouge en Afrique noire*	Nicolas Bedos	1 619 109
9	*Venom. Let There Be Carnage*	Andy Serkis	1 523 820
10	*La Pat' Patrouille*	Cal Brunker	1 443 237

Sources : cbo-boxoffice.com, Cine-directors.net, jpbox-office.com et Mediavision.fr, 21 novembre 2021.

Rang	Pays	Nombre de lauréats de 1901 à 2021
1	États-Unis	104
2	Royaume-Uni	30
3	Allemagne	17
4	France	11
5	Suède	8
6	Australie	7
6	Autriche	7
6	Suisse	7
9	Danemark	5
9	Italie	5

Source : Wikipédia.

Rang	Pays	Part d'énergie renouvelable en 2019
1	Allemagne	242 435
2	Italie	115 860
3	France	113 112
4	Espagne	59 108
5	Autriche	54 380
6	Norvège	37 212
6	Suède	32 883
6	Finlande	31 876
9	Danemark	23 083
9	Belgique	19 516

Source : International Renewable Agency Agency, *Statistiques d'énergie renouvelable 2021*, 2021.

Dépôt légal : janvier 2022
Achevé d'imprimer en décembre 2021 par SEPEC en France
N° d'éditeur : MAGSI20210263
N° d'imprimeur : 09467211060

IMPRIM'VERT®

PEFC 10-31-1470 / Certifié PEFC / Ce produit est issu de forêts gérées durablement et de sources contrôlées. / pefc-france.org